NOTRE COLONIE
DE LA
COTE D'IVOIRE

PAR

Roger VILLAMUR
Ancien Administrateur
à Grand-Bassam,
Juge-Président du Tribunal
de Bingerville.

Léon RICHAUD
Administrateur des colonies,
Sous-Chef du Cabinet
du Ministre des Colonies.

PRÉFACE DE M. BINGER
Directeur au Ministère des Colonies.

PARIS
Augustin CHALLAMEL, Éditeur
Rue Jacob, 17
Librairie Maritime et Coloniale.

1903

NOTRE COLONIE
DE LA
COTE D'IVOIRE

OUVRAGES DE M. ROGER VILLAMUR

Instructions aux administrateurs et chefs de poste, en service à la Côte d'Ivoire, sur la police judiciaire. Un vol. in-16 (épuisé). Paris, 1901 (Librairie H. Charles-Lavauzelle).

Les Attributions judiciaires des administrateurs et chefs de poste en service à la Côte d'Afrique. Un vol. in-8. Paris, 1902. Médaille d'argent de l' « Union coloniale française ». (Librairie A. Pedone.)

Les Coutumes indigènes de la Côte d'Ivoire (En collaboration avec M. F.-J. Clozel). Un vol. gr. in-8 jésus. Paris, 1902. Médaille d'argent de l' « Union coloniale française ». (Librairie A. Challamel.)

NOTRE COLONIE

DE LA

COTE D'IVOIRE

PAR

Roger VILLAMUR
Ancien Administrateur
à Grand-Bassam,
Juge-Président du Tribunal
de Bingerville.

Léon RICHAUD
Administrateur des colonies,
Sous-Chef du Cabinet
du Ministre des Colonies.

PRÉFACE DE M. BINGER
Directeur au Ministère des Colonies.

PARIS
Augustin CHALLAMEL, Éditeur
Rue Jacob, 17
Librairie Maritime et Coloniale.

1903

A Monsieur BINGER

Directeur au Ministère des Colonies

Paris, le 31 janvier 1903.

Pardonnez-nous, Monsieur le Directeur, d'inscrire votre grand nom en tête de cette esquisse et de vous prier d'en accepter la dédicace.

En osant mettre sous votre éminent patronage ce modeste volume qui, à défaut d'autres mérites, a ceux d'avoir été vécu et d'être, suivant la vieille expression, un livre de bonne foi, *nous avons, du moins, une excuse : c'est un sentiment de respectueuse admiration, à l'égard du conquérant pacifique d'une des plus riches et des plus attirantes contrées de la France coloniale.*

Veuillez, Monsieur le Directeur, agréer l'hommage de notre profond attachement.

Roger Villamur.   Léon Richaud.

PRÉFACE DE M. BINGER

Voici un nouveau venu dans la littérature coloniale. Son titre? *Notre colonie de la Côte d'Ivoire*. Ses auteurs? Un magistrat, M. Roger Villamur, et un administrateur, M. Léon Richaud.

Ils ont pensé tous deux, — j'en suis sûr, — m'être agréables, en me présentant l'enfant que j'ai vu naître, il y a dix ans, et en m'amenant à constater, une fois de plus, qu'il est doué d'une robuste vigueur et qu'il a tenu la plupart des promesses, fondées sur lui à son berceau.

Vous avez eu raison, Messieurs. Rien ne pouvait, en effet, m'être plus sensible que de revivre, avec vous, la formation de notre colonie, son émancipation et son développement. Vous savez mon attachement à notre grande France africaine. Vous savez, en particulier, les liens qui m'unissent à l'une des plus belles provinces du vaste empire, à la Côte d'Ivoire. Ce m'a donc été une grande satisfaction que de retrouver, en vous lisant, l'expression de mes propres sympathies.

Vous avez appris à les aimer, ces magnifiques pays de Guinée : l'un de vous, en les voyant, au cours de longues années vécues là-bas, progresser étonnamment et passer de l'enfance à une exubérante adolescence ; l'autre, en y séjournant dans cette dernière période, l'étape décisive de la vie. Je ne puis que vous féliciter d'avoir su traduire vos sentiments, à l'égard de ces lointains parages, par un travail aussi remarquablement étudié et ordonné que celui qui paraît aujourd'hui.

Déjà, M. Roger Villamur a rendu, en collaboration avec M. Clozel, un immense service à la sociologie et à l'ethnographie, en dirigeant une enquête sur les indigènes de la Côte d'Ivoire, leurs institutions et leurs coutumes, en nous faisant vivre de la vie de leurs principales tribus, en nous montrant que, loin d'être supprimés, leurs tribunaux et leurs lois, — car ils ont, ces naturels, des juges et des règles de droit, — devaient être maintenus, mais amendés progressivement, avec suite et douceur, c'est-à-dire avec sagesse, enfin en insistant sur ce double fait, établi par les enseignements de la science, que l'humanité, aux premières étapes de la civilisation, est, dans le présent, ce qu'elle a été dans le passé, et que le meilleur moyen de connaître nos ancêtres, c'est d'étudier les peuplades primitives de l'époque actuelle. L'accueil, dont les milieux scientifiques de la France et de l'étranger ont honoré le travail de MM. Clozel et Villamur, dit la portée considérable de l'œuvre que, grâce au concours dévoué des administrateurs, officiers et agents des affaires indigènes, placés à la tête des cercles et postes de la colonie, ils ont pu rapidement mener à bien.

Le nouveau volume, qui paraît sur la Côte d'Ivoire, est le complément de ce dernier, comme aussi des autres études publiées sur le pays.

L'ordre et la méthode, qui ont présidé à sa rédaction, les scrupuleuses recherches bibliographiques ou autres, qui en ont précédé l'élaboration, en font un ouvrage, dont quiconque s'est attaché, par vocation ou par intérêt, à cette contrée de l'ouest africain, ne saurait se passer. C'est ainsi qu'il s'adresse à l'explorateur, à l'officier, au fonctionnaire, aussi bien qu'au négociant, à l'industriel des mines, au colon.

Votre livre constitue donc, Messieurs, le *vade-mecum* de tous ceux que la destinée appelle en ces régions, à quelque titre que ce soit, et de tous ceux qui, de par le monde, suivent attentivement les progrès économiques de notre empire africain. Il résume, à lui seul, l'ensemble des connaissances désirables en la matière ; et il évitera au lecteur de se reporter aux divers écrits, où sont traitées, plus ou moins complètement, les multiples questions abordées par vous.

L'un de mes vœux les plus chers, — et c'est aussi l'un de ceux qui vous tiennent le plus au cœur, — c'est d'activer la mise en valeur de la Côte d'Ivoire. Vous avez, pour y réussir, pris le meilleur moyen : la vulgarisation. Et vous y avez eu recours sous une forme attrayante, qui ne saurait vous ménager que des succès. Je vous en félicite très sincèrement et vous exprime tous mes remerciements de m'avoir donné le sujet de dire tout le bien que je pense de notre jeune possession, si riche, si captivante. si pleine de sève, et de ceux qui, comme vous, s'y attachent pour le plus grand avenir de l'œuvre coloniale de notre chère patrie.

Paris, le 7 février 1903.

G. Binger.

Le wharf et la barre de Grand-Bassam.

Passage de la barre.

NOTRE COLONIE

DE LA

COTE D'IVOIRE

AVANT-PROPOS

La colonie de la Côte d'Ivoire est entrée dans une phase de développement économique. A la période d'organisation a succédé celle de la mise en valeur. Aujourd'hui, grâce à l'impulsion qui lui a été donnée par M. Binger, la Côte d'Ivoire constitue l'une des parties les plus intéressantes du gouvernement général de l'Afrique occidentale.

Quiconque l'a visitée et a pu admirer les merveilleuses richesses de ce sol, dont la luxuriante végétation évoque les splendeurs des âges tertiaires, et de ce sous-sol, où les recherches de l'explorateur ne restent pas longtemps infructueuses, peut se faire une idée de l'avenir réservé à notre possession de l'Ouest africain.

Pour nous, qui avons vécu plusieurs années en

ces lointains parages et qui avons eu tout le loisir d'étudier les ressources du pays, nous avons une foi inébranlable en cet avenir. Nous voudrions la faire partager et contribuer, ne fût-ce que dans une faible mesure, à porter sur la colonie l'attention de ceux, de plus en plus nombreux chez nous, qui, doués de toutes les qualités requises et possédant la formation spéciale indispensable pour s'adonner avec succès aux grandes entreprises coloniales, ne demandent, pour s'y livrer résolument, qu'à être renseignés.

Nous nous efforcerons d'y réussir dans les pages suivantes.

Le présent ouvrage est divisé en neuf chapitres :

I. — *Données historiques.*
II. — *Limites géographiques, superficie et population. — Organisation politique, administrative, financière et judiciaire de la colonie.*
III. — *Le pays. — Son aspect général. — Sa flore et sa faune.*
IV. — *Le climat et l'hygiène.*
V. — *Les habitants. — Européens et naturels.*
VI. — *Les coutumes indigènes.*
VII. — *Le régime de la propriété. — Le domaine public et le domaine privé.*
VIII. — *Le régime des mines.*
IX. — *Situation et avenir économiques du pays. — Les facteurs de son développement : les grands travaux. — Conclusions.*

Notre livre comprend, en outre, quelques textes et documents, qui intéressent la colonie et qu'il nous a paru bon de mettre sous les yeux du lecteur.

Les chapitres I, III, IV, V, VI et VIII ont été rédigés par M. Roger Villamur. Les chapitres II et VII par M. Léon Richaud. Enfin, le chapitre IX, qui renferme les conclusions générales du volume, est l'œuvre commune des deux auteurs.

Paris, novembre-décembre 1902.

R. V.   L. R.

Nous devons la plupart des vues photographiques reproduites dans notre ouvrage à l'obligeance de MM. Barrié, Blondiaux, Eysséric et Van Cassel. Nous remplissons un agréable devoir, en leur exprimant à nouveau notre vive gratitude.

Nous remercions également M. Trouillet de nous avoir, — par son aimable communication des cartes, publiées dans la *Dépêche coloniale illustrée*, — mis en mesure de faire connaître à nos lecteurs le double projet de chemin de fer et de port en eau profonde, dû à la mission Houdaille.

CHAPITRE PREMIER

Données historiques.

(Roger Villamur)

Les navigateurs de l'antiquité ont ignoré, sinon toutes les régions de l'Afrique tropicale, du moins les parages baignés par le *Golfe de Guinée*. C'est au moyen âge que, pour la première fois, des représentants de la race blanche ont fait leur apparition sur ces côtes lointaines. Et nous savons aujourd'hui, grâce à *Villault de Bellefonds*, que ces Européens ont été des Normands. En effet, dans l'ouvrage qu'il a publié, au temps de Colbert, sous le titre de *Remarques sur les côtes d'Afrique, et notamment sur la Côte d'Or, pour justifier que les Français y ont été longtemps auparavant que les autres nations*, livre fort curieux et d'autant plus précieux qu'il s'appuie, en partie, sur des chroniques des xiv° et xv° siècles, consumées lors du bombardement et de l'incendie de Dieppe par les Anglais, en 1694, Villault de Bellefonds nous apprend que, vers les premières prises d'armes de la guerre de Cent ans, à la veille du combat naval de l'*Écluse*, trois frêles vaisseaux quittaient le port de Dieppe, prenaient hardiment la direction des mers du Sud et découvraient la Guinée.

Vingt-cinq ans plus tard, en 1364, deux autres caravelles, de même origine, faisaient le même voyage et fondaient le *Petit Dieppe*, à l'embouchure de la rivière qui, aujourd'hui, dans la République de Libéria, porte le nom de *Rio Cestos*. Au cours des années suivantes, les côtes des *Graines*, des *Dents* et de l'*Or* furent reconnues : à cette période se rattache le souvenir des audacieuses traversées de la *Notre-Dame-de-Bon-Voyage*, de la *Vierge*, de l'*Espérance* et du *Saint-Nicolas* et de la fondation de plusieurs établissements, dont ceux du *Grand-Sestre*, que nos aïeux appelèrent Paris, « à cause, nous dit le bon Villault, de la douceur du lieu et de ses habitants », et de *La Mine*, devenu *El Mina*, port florissant de la colonie britannique actuelle de la *Gold Coast*.

Malheureusement, ces premiers comptoirs, où nos Dieppois faisaient un actif commerce d'échange des marchandises françaises contre le *morphil*, ou ivoire, et la *malaguette*, ou poivre, des naturels, furent éphémères. Au cours des désastres qui marquèrent le règne du *povre fol de roy* Charles VI, ces comptoirs furent évacués et l'oubli se fit même sur les navigations, — pourtant bien glorieuses, — des caravelles de Normandie. C'est à ce point que, lorsque, vers le milieu du xv⁰ siècle, les marins, envoyés par Henri de Portugal, abordèrent aux côtes de Guinée, ils crurent de bonne foi en faire la découverte. Eux et leurs successeurs, ainsi que cela résulte de l'ouvrage de Villault de Bellefonds, déjà mentionné, et du témoignage des Hollandais Brown et Dapper [1], peu suspects d'une gallophilie excessive, ne firent, en réalité, quoi qu'en ait dit, il y a soixante ans, le vicomte de Santarem [2], que réoccuper d'abord les loges dieppoises. Puis, ils créèrent de nouveaux comptoirs ; et ceux-ci eurent plus de durée que les nôtres.

Après les voyages des *conquistadores* et l'extermination presque complète des peuples autochtones de l'Amérique, le manque de bras pour l'exploitation des richesses du Nouveau-Monde et la constatation de l'impossibilité en laquelle se trouve la race blanche de se livrer à des travaux corporels pénibles, sous le ciel des tropiques, sans se condamner à une extinction rapide, eurent pour résultat le développement de la traite des noirs. C'est en Guinée que les nations européennes allèrent surtout chercher les auxiliaires qui leur faisaient défaut dans leurs colonies américaines. Un com-

---

1. Samuel Brown et Dapper, *Description des côtes de Guinée*, 1686.
2. Vicomte de Santarem, *Priorité de la découverte des pays situés sur la côte occidentale d'Afrique, au delà du cap Bojador*, 1842.

merce lucratif s'organisa : celui des négriers. De grands marchés d'esclaves se créèrent. Des rapports fréquents se nouèrent entre les représentants des nations « civilisées » et les tyranneaux africains pour le trafic de la chair humaine. Et, chose triste à dire, ce sont surtout ces rapports qui facilitèrent le troc des marchandises européennes contre le poivre, l'ivoire, la gomme et autres produits indigènes.

La plupart des grands États maritimes de l'Europe eurent des établissements à la côte occidentale d'Afrique. Quant aux Français, si, en 1626, ils fondent *Saint-Louis du Sénégal*, si, à la fin du XVIIe siècle, grâce à un explorateur de tout premier ordre, *André Brue*, ils jettent les bases de leur futur empire colonial africain, si enfin leurs voyageurs, parmi lesquels le chevalier *Damou*, puis *des Marchais*, et leurs missionnaires, parmi lesquels le père *Loyer*, occupent un instant, au XVIIIe siècle, divers points de notre Côte d'Ivoire actuelle, dont *Assinie*, leurs premières tentatives, vraiment fructueuses, pour se créer des débouchés dans la région, ne remontent guère qu'à la seconde moitié du règne de Louis-Philippe.

M. Clozel a publié, en 1899, dans le *Bulletin de la Société de géographie*, une étude très solidement documentée, — et je dirai même définitive, — sur l'histoire de notre occupation à la Côte d'Ivoire. Je cite le passage de sa substantielle et intéressante notice, relatif à la reconquête du pays à cette époque [1] :

« Les traités de 1815 créèrent des loisirs aux marines de guerre européennes. D'autre part, la répression de la traite des nègres les amena à faire de nombreuses croisières le long des côtes d'Afrique ; elle fut aussi l'une des raisons de l'occupation permanente de certains points de la côte occidentale.

« Mais l'un de ses premiers résultats fut de nous faire mieux connaître l'hydrographie et les divers aspects de la côte. C'est de cette période que datent le grand atlas anglais d'Owen [2] et les travaux des hydrographes français, Le Prédour, Darondeau, etc., continués par de Kerhallet et Legros, sans parler de nombreux officiers de notre division navale de l'Atlantique sud. C'est alors aussi que commencent de nombreuses croisières que l'amiral *Bouët-Willaumez* fit le long de cette côte pendant vingt ans (1830-1850), ainsi que les prises de possession et les établissements qui en résultèrent.

« C'est en 1842 [3] que, sur la demande de plu-

---

1. *Bulletin de la Société de géographie*, année 1899, 3ᵉ trimestre.
2. Owen (W. F. W.), *Hydrographical Survey of the coast of Africa*, 50 cartes in-fº et 58 planches in-4º. Londres, 1822-1826.
3. *Les Colonies françaises*, notices publiées à l'occasion de l'Exposition de 1889. Paris, in-12, t. VI, p. 192 et suiv.

sieurs maisons françaises qui avaient créé quelques comptoirs sur la *Côte de l'Or* et y faisaient un trafic assez important, le ministre de la marine chargea le commandant Bouët-Willaumez d'entrer en relations avec les chefs de la contrée.

« Celui-ci obtint alors d'*Amatifou*, souverain d'un royaume situé à l'ouest du pays achanti, la cession du territoire d'Assinie, et du roi *Piter* (ou *Peter*), dont l'autorité s'étendait sur les villages de la lagune Ébrié, la cession des territoires de Grand-Bassam, ainsi que le droit d'établir un poste à Dabou, dans la partie moyenne de la lagune.

« Ces deux chefs s'engageaient, en outre, à assurer, dans toute l'étendue de la contrée qui leur était soumise, la sécurité des voies de communication et recevaient, en échange, une redevance annuelle du gouvernement français. »

De l'année 1843 date notre installation définitive dans le pays. Le lieutenant des spahis Hecquard [1], cité par M. Clozel, nous en fait le récit que voici :

« Le 4 juin 1843, la gabare l'*Indienne*, commandée par M. Rataillot, et le cutter l'*Éperlan*, sous les ordres de M. Darricau, lieutenant de vaisseau, partaient de Gorée pour Assinie, avec trois navires de commerce chargés du matériel et de la

---

1. Hecquard, *Voyage sur la côte et dans l'intérieur de l'Afrique occidentale.* Paris, 1853, in-4°, grav. et cartes, p. 51 et suiv.

garnison du fort que devait commander M. de Mont-Louis, enseigne de vaisseau. Le 2 juillet, cette petite escadre arrivait devant Assinie. MM. Rataillot et Darricau descendaient à terre, et, le 4, un traité était passé avec le roi Amatifou, qui nous concédait un territoire et se mettait sous notre protection contre les gens d'Apollonie, avec qui il était continuellement en guerre et dont il redoutait les fréquentes incursions. Le 5 juillet, M. Darricau prenait le commandement de la plage, où le débarquement commençait. Cette opération était excessivement périlleuse et difficile, et il ne fallait rien moins que la persévérance et le courage de nos officiers et de nos matelots pour en venir à bout. Des radeaux furent établis avec les planches destinées à la construction des baracons ; l'on y plaça les vivres, puis on les conduisit sur les bords des brisants, d'où ils furent remorqués vers la terre, au moyen de cordes disposées en va-et-vient, par des hommes placés près du rivage et ayant de l'eau jusqu'au milieu du corps. Quelques-uns de ces radeaux chavirèrent ; mais, dans tous les cas, les objets qu'ils portaient étaient mouillés, et il fallait les déballer aussitôt et les faire sécher sur le sol. Ceux qui connaissent les difficultés que présente un débarquement, même en pirogue, sur la côte d'Afrique, se feront facilement une idée des obstacles que nos marins eurent à vaincre dans cette circonstance. Cependant, quoique privés de toutes les ressources qu'on trouve près des lieux fréquentés par nos bâtiments, le 29 juillet, l'artillerie, les munitions, les vivres, tout était à terre, le blockhaus était élevé, et notre pavillon, flottant pour la première fois sur ce rivage, était salué de vingt et un coups de canon.

« Le poste d'Assinie, établi à neuf milles de l'embouchure de la rivière et sur la rive droite, est une bonne position militaire; car il commande de là les passes qui conduisent soit au lac d'Aby, soit à celui d'Apollonie, et est éloigné à peine d'un mille du village d'Assinie, qu'il tient ainsi facilement en respect.

« Le commandant habite une maison modèle envoyée de France et qui se compose d'un seul étage entouré d'une galerie couverte. Elle occupe le milieu d'un carré ceint de fortes palissades et flanqué à chaque angle d'un bastion en pierres. Autour de la maison s'élèvent quelques baraques en planches qui servent d'hôpital, de magasins et de caserne. La garnison compte un commandant, un chirurgien, un commis de marine chargé de la comptabilité, une vingtaine de soldats noirs, deux canonniers blancs et quelques laptots.

« A trois milles du comptoir sont les passes conduisant au lac Aby, qui a plus de 55 milles de long sur 8 ou 10 de large. Les principaux villages sont Aby, bâti sur la rive gauche, et dont le chef, nommé Biroué, a toujours été très bienveillant pour nous ; un peu plus loin, Azouan, village de cultivateurs et de pêcheurs, qui fournit au poste des provisions.

« Aby, le premier de ces villages, fut brûlé en 1848 à la suite d'une méprise fâcheuse. M. Thévenard, officier d'infanterie de marine, revenant de Kinjâbo, où il avait été voir le roi Amatifou, fut assailli, au moment où il s'y attendait le moins, par plusieurs pirogues armées en guerre. Quoique inférieurs en nombre, et bien qu'ils eussent à peine le temps de mettre les armes à la main, M. Thévenard et ses hommes se défendirent énergiquement. Mais bientôt ce brave officier, qui avait été blessé à la première décharge, succomba, ainsi que ceux qui l'accompagnaient, à l'exception d'un soldat noir qui s'échappa. Ce massacre avait lieu à l'entrée du grand lac d'Apollonie ; mais, pour détourner les soupçons, les Apolloniens qui montaient ces pirogues allèrent échouer notre canot sur la rive gauche du lac Aby ; puis, ils dépouillèrent les cadavres, en coupèrent les têtes et les parties génitales et les emportèrent avec les armes prises dans l'embarcation, n'épargnant que le soldat noir qu'ils emmenèrent avec eux.

« Or, la position dans laquelle on trouva la chaloupe et divers indices trompeurs faisant supposer que c'étaient les habitants d'Aby qui avaient commis le crime, ce village fut réduit en cendres, malgré les protestations du roi Amatifou, tandis que les habitants, à qui le roi, pour donner une marque de son dévouement aux Français, avait défendu de résister sous peine de mort, se sauvaient dans les bois, d'où ils assistaient à la destruction de leurs cases. Mais quelques mois plus tard, les Anglais ayant fait une expédition contre Kakou-Aka, roi d'Apollonie, et s'étant emparés du village, le soldat noir fut retrouvé, raconta toutes les circonstances de cette catastrophe et désigna les Apolloniens comme les seuls auteurs de ce guet-apens. Aussi, lorsque le commandant Bouët-Willaumez vint me conduire au Grand-Bassam, il fit appeler Amatifou, et, après quelques explications, il lui fit accepter, comme réparation du dommage qu'on lui avait causé, une somme de 5.000 francs. Il y ajouta comme cadeau mon uniforme d'officier de spahis, dont les vives couleurs causèrent une joie indicible au roi noir. »

En 1849, deux légers bâtiments, un vapeur et une goélette, le *Serpent* et le *Marigot*, commandés par Auguste Bouët, franchissent pour la première fois la *barre*; et, imitant cet exemple, navires de l'État et voiliers du commerce sillonnent, dans les années suivantes, la petite mer intérieure appelée à devenir l'une des principales artères du pays. C'est de ces temps, déjà loin de nous, que datent nos premières difficultés avec les *Akapless*, — cette peuplade guerrière, qui appartient au groupe des

Abouré, est fixée au nord-est de Grand-Bassam, sur la rive gauche de la *Comoë*, et nous a opposé, à maintes reprises, une hostilité dont les manifestations les plus récentes remontent à 1895, année marquée par la prise de *Bonoua* et par l'exil du chef *Amangoua*.

En 1853, une expédition est conduite contre la peuplade des *Ébrié* qui, elle aussi, s'est souvent montrée réfractaire à notre domination, notamment en 1887, lors de la campagne du *Goéland*, et en 1898, année où, sur les bords de la grande lagune, au village de *Pandah*, furent assassinés deux Européens, MM. Le Voas, mécanicien au service de la colonie, et Eudes, agent de la maison Swanzy. C'est à l'issue des opérations de 1853 qu'un jeune commandant du génie qui devait, plus tard, brisant la puissance d'El Hadj Omar au Sénégal, y substituer la nôtre, et, plus tard encore, s'immortaliser, en dirigeant contre les Allemands les opérations de l'armée du Nord, Faidherbe, fait construire à soixante-dix kilomètres, à l'ouest de Grand-Bassam, le fort de *Dabou*.

Dans cette première période de l'occupation française, des travaux hydrographiques sont accomplis. En 1849, le commandant Dubourquois reconnaît le *Tendo*. Puis, c'est le tour de MM. Cournet, Boullay et Leydet, officiers de marine, qui, accompagnés de deux négociants, MM. Audric et Lartigue, explorent, avec le *Guet n'Dar*, les rives de la lagune de Dabou. En 1869, MM. de Noë et Aymes, lieutenants de vaisseau, publient les *Croquis des lagunes de Grand-Bassam et d'Assinie*, cartes qui ont eu depuis de nombreuses éditions. Enfin, n'oublions pas l'amiral *Fleuriot de Langle* qui, tout jeune officier, midship de la veille, a participé à la première occupation de Grand-Bassam et d'Assinie et qui, une vingtaine d'années après, vers la fin du second Empire, a commandé la division de l'Atlantique sud. En 1873, il a, dans le *Tour du Monde*, fait connaître au public les résultats de ses croisières à la côte d'Afrique. Son travail est intéressant, et, encore aujourd'hui, on peut le consulter avec fruit.

A la veille de la guerre franco-prussienne, notre colonie, quoiqu'elle fût enserrée par des limites fort étroites, au delà desquelles notre action ne s'exerçait pas, avait acquis une certaine importance. Le gouvernement impérial n'avait-il pas cru, en effet, devoir la doter d'une organisation judiciaire, comportant trois tribunaux de première instance et un tribunal supérieur d'appel? Il n'est pas sans intérêt d'ajouter que, maintes fois, dans les tournées que j'ai eu l'occasion de faire en lagune, quand je commandais le cercle de Grand-Bassam, j'ai recueilli de la bouche des vieux chefs indigènes des renseignements très précis, d'où il résulte que les Ébrié et autres tribus faisaient avec les factoreries côtières, celles de MM. Régis et Fabre, de Marseille, Monk et Swanzy, de Londres, et Verdier, de La Rochelle, de nombreuses affaires, et que c'est avec surprise qu'elles virent, en 1871, les représentants du gouvernement et la petite garnison européenne de nos postes évacuer une contrée, à laquelle un avenir prochain de prospérité semblait avoir été réservé.

Cette évacuation eut pour cause principale les revers de l'année terrible. La garde du pavillon fut confiée à un ancien capitaine au long cours, M. Verdier, qui, pendant plus de vingt années, défendit contre les empiètements de l'étranger les droits de la France en ces parages.

Au même temps où notre pays, relevé des défaites de 1870-71, orientait son activité, ce besoin d'expansion, inhérent à notre race, vers la constitution d'un empire colonial en Asie, la mystérieuse terre d'Afrique attirait, elle aussi, l'attention de nos gouvernants. Des missions étaient organisées. D'immenses domaines étaient, presque sans coup férir, donnés à la France par des hommes, de qui les noms resteront immortels. Les comptoirs, jadis abandonnés, revenaient à la vie. C'est l'époque (1883) où M. Verdier remit aux résidents, désignés par le ministre de la marine, l'administration des territoires évacués en 1871.

Ces comptoirs, après avoir été une lieutenance du Sénégal, furent rattachés au gouvernement des *Rivières du Sud*, devenu ensuite celui de la *Gui-*

née française. Ils n'étaient ni plus ni moins prospères que vers les dernières années du règne de Napoléon III, lorsque M. Binger terminant son exploration *du Niger au golfe de Guinée*, — ces gestes d'autant plus admirables dans leur héroïsme qu'ils ont été pacifiques, — arriva à Grand-Bassam. Le jeune officier avait fait bien des découvertes, entre autres celle de la richesse du bassin de la Comoë, où il avait établi notre suprématie, comme MM. *Brétignière, Chaper* et *Treich-Laplène* l'avaient fortifiée dans le *Sanwi*.

« Le retentissement mérité qu'eut en France le voyage de M. Binger, le réveil de l'esprit colonial, les renseignements nombreux et précis rapportés par le voyageur ouvrirent les yeux sur l'importance économique et politique de nos établissements de la Côte d'Ivoire. Les projets rêvés par Bouët-Willaumez et Faidherbe venaient d'être exécutés par M. Binger avec une ampleur qu'ils n'avaient pu prévoir. Il fallait se mettre en mesure de faire donner à cette belle exploration tous ses résultats [1]. »

C'est ce à quoi s'est attaché le gouvernement de la République.

Convaincu de la nécessité, de l'urgence même qu'il y avait, afin d'éviter la mainmise de l'étran-

---

1. Clozel, notice déjà citée

ger sur des régions que la France avait fait siennes, d'occuper définitivement ces régions et de leur donner une organisation moins précaire que celle dont elles étaient dotées, il a pris une série de mesures qui ont abouti au décret du 10 mars 1893. En vertu de cet acte, nos possessions de la Côte d'Ivoire qui, en outre des territoires précités, comprenaient, depuis quelque temps déjà, les pays de *Grand-Lahou*, *Fresco*, *Sassandra*, *San-Pedro*, etc., étaient érigées en gouvernement. M. Binger qui, en 1892, après son glorieux voyage, avait fait partie de la commission franco-anglaise de délimitation, dont M. Marcel Monnier, en son élégante *France Noire*[1], nous dit l'échec, imputable aux commissaires britanniques, M. Binger était tout désigné pour devenir le premier gouverneur de la colonie. C'est sur lui que se porta, en effet, en 1893, le choix du département de la marine.

Le nouveau gouverneur se trouva aux prises, dès les débuts, avec ces nombreuses difficultés, auxquelles les nations européennes se heurtent toujours, sur le continent noir, dans la phase d'organisation, — et notamment celles nées de l'hostilité des naturels. Affaires de l'Akapless, de l'Indénié, du Baoulé, rien ne nous fut épargné de ce qui pou-

---

1. Marcel Monnier, *La France Noire*, 1 vol. in-8. H. Plon, édit.

vait compromettre les développements d'une colonie naissante. Les Akapless furent, nous l'avons vu, réduits à l'obéissance après la prise de *Bonoua*, où leur chef Amangoua s'était habilement et solidement fortifié et où il opposa à nos troupes une résistance, dont le canon vint à bout, mais qui nous coûta cher en hommes. Dans l'Indénié, M. l'administrateur Poulle fut assassiné en 1894, et la pénétration fut retardée en ces parages ; car il fallut d'abord venger cet assassinat et s'assurer de la personne de *Kassi-Dikié*, qui en fut l'instigateur et qui, en 1896, fut déporté au Gabon. Quant au Baoulé, vaste région, aux populations relativement denses, on n'a pas oublié les événements qui s'y sont déroulés, en 1895, et qui ont abouti à l'échec du colonel Monteil, à Satama, devant Samory.

En dépit de ces difficultés et de bien d'autres, dont l'exposé nous ferait franchir les limites de ces simples données historiques, M. Binger, de 1893 à 1896, c'est-à-dire jusqu'au moment où il est devenu directeur des affaires d'Afrique au ministère des colonies, a pu organiser, gouverner et ouvrir au commerce la majeure partie des territoires constituant le gouvernement actuel de la Côte d'Ivoire.

Sous ses successeurs, MM. Bertin, Mouttet et Roberdeau, le grand travail de pénétration et de mise en valeur s'est poursuivi avec succès. Dans le cercle de l'Indénié, M. Clozel, aujourd'hui secrétaire général du gouvernement, à Bingerville, a, en 1896, aidé de MM. Seigland et Lamblin, fait de nombreux relevés topographiques, amélioré ou créé tout un réseau de voies de communication et fondé plusieurs postes. En 1898, quelques sections de miliciens et de troupes, venues du Sénégal, eurent à lutter contre une rébellion, fomentée et appuyée par des Achanti, originaires de la Gold Coast. Elles en vinrent à bout, et, aujourd'hui, M. Clozel a la satisfaction de voir pacifié et entré dans une ère de progrès le pays qu'il commandait hier encore.

Aux abords de Grand-Bassam, notre action civilisatrice se fait aussi sentir : les peuplades de l'Ébrié, qui nous ont été si fréquemment hostiles dans la seconde moitié du XIXe siècle, ont pris conscience du but que nous poursuivons parmi elles, peu à peu se dépouillent de leur barbarie native et font présentement un commerce des plus actifs avec les factoreries côtières. Dans les contrées de l'ouest, nous avançons lentement, mais sûrement. Le cercle du Cavally, où une expédition habilement conduite par M. le commandant Kolb a soumis, en 1899, la tribu des *Tépo* et au nord duquel MM. Hostains et d'Ollone, d'une part, et les lieutenants Blondiaux et Wœlfel, d'autre part, ont mené à bien d'importantes missions, le cercle du Cavally, dis-je, est aux mains de l'autorité civile. Des négociants s'y sont fixés. Et tout donne à prévoir qu'avant longtemps leur exemple sera suivi, — et fructueusement, — par nos maisons françaises. Quant au bassin de la *Sassandra,* mon ami et ancien collègue Thomann, reprenant les travaux de M. l'administrateur Pobéguin, s'emploie, avec suite et méthode, à nous le faire connaître, — et il y réussit.

Pour ce qui est des autres provinces de la colonie, les unes ont été visitées, les autres offrent encore un champ, et non restreint, aux découvertes des explorateurs de l'avenir : la page est blanche ; il s'agit de la remplir ; et elle le sera très bien si, seuls, des faits de conquête pacifique, — les plus glorieux, — y sont inscrits. Parmi les courageux administrateurs, négociants, officiers ou simples voyageurs, qui ont apporté ou tenté d'apporter de sérieuses contributions à la géographie de la Côte d'Ivoire, je citerai, avec ceux déjà nommés, le capitaine Ménard, qui a trouvé la mort à *Séguéla*; MM. Arago, Quiquerez, de Segonzac, Armand et de Tavernost, qui, arrêtés par les obstacles naturels prenant naissance à quelques kilomètres du littoral, ne se sont guère enfoncés dans la forêt ; MM. Voituret et Papillon, deux jeunes, qui, à peine débarqués, tombèrent sous les coups des indigènes ; les capitaines Marchand et Manet, celui-ci noyé dans les rapides de la *Bandama,* et celui-là, après avoir reconnu le Baoulé, se heurtant devant Kong aux sofas de Samory ; MM. Bretonnet et Lamblin qui opérèrent chez les *Abbey*, aux environs de Bondoukou; les lieutenants Baud et Vermeersch qui, venus du haut Dahomey, ont visité Bouna pour redescendre ensuite vers le littoral par l'Indénié ; MM. Nebout, Pobéguin et Delafosse, administrateurs, dont les travaux sur le Baoulé sont de la plus haute utilité; M. Eysséric, qui a exposé dans le *Tour du monde* de 1899 les résultats de son voyage chez les *Gouro*; M. Pierre d'Espagnat, M. Camille Dreyfus et les membres de la mission Houdaille, grâce à qui, désormais, nous n'ignorons plus l'*Attié*, une des plus intéressantes contrées du Grand-Bassam ; MM. Clozel, Richaud et Michel, qui ont reconnu la région des lagunes de l'*Akapless*, etc., etc.

Ainsi, notre jeune colonie de la Côte d'Ivoire a définitivement fixé l'attention. Cela est dû, je le répète, à son premier gouverneur, qui est, en même temps, son plus éminent explorateur, M. Binger, dont l'un des grands mérites est d'en avoir fait comprendre la richesse à la France. L'ère des dévastations, auxquelles, pendant longtemps, ni les colonnes de nos officiers, ni les négociations diplomatiques, entre autres celles entreprises par le capitaine Braulot, massacré en 1897 par Sarantiéné-Mori, et celles entamées par MM. Bonhoure et Nebout, n'ont pu mettre fin, l'ère des grandes tueries et des abominables destructions est close.

Samory, le fléau des régions septentrionales de la Côte d'Ivoire, le capitaine des grandes compagnies soudanaises, a été pris enfin ; il est mort en exil. Avec lui a disparu l'un des principaux obstacles à l'œuvre de civilisation et de paix que notre pays poursuit là-bas, comme partout où flottent ses trois couleurs. Rien désormais, — pas même les malheureux événements qui ont causé la mort de mon pauvre ami Henri Seigland, en 1900, et nécessité l'occupation militaire du Baoulé, — n'arrêtera l'essor de notre belle colonie de l'Ouest africain. Elle a, sous le gouvernement de M. Binger, franchi l'âge critique. Elle est, sous ses successeurs, entrée résolument dans la voie d'un développement économique, inattendu si vite. Tout fait espérer que, dans quelques années, elle sera, suivant la prédiction des ouvriers de la première heure, une des provinces les plus florissantes de notre immense domaine d'outre-mer.

Construction d'un poste.

Le poste de Touba terminé.

CHAPITRE II

Limites géographiques, superficie et population. — Organisation politique, administrative, financière et judiciaire de la colonie.

(Léon Richaud)

I

Trois conventions et un décret fixent les limites de la colonie. Ce sont l'accord franco-libérien du 8 décembre 1892, l'arrangement du 12 juillet 1893 et la convention du 14 juin 1898, intervenus entre la France et l'Angleterre, enfin le décret du 17 octobre 1899 portant réorganisation du gouvernement général de l'Afrique occidentale.

Quelles sont, aux termes de ces divers actes, les limites du pays ?

1° A l'*Ouest*, la frontière avec la République de Libéria n'est pas nettement déterminée. Les explorations récentes, qui ont précisé le cours du *Cavally*, auront, sans doute, pour résultat une rectification de l'arrangement de décembre 1892.

2° A l'*Est*, la frontière française avec la *Gold Coast* part de *Newton* ou *Afforénou* et rejoint, par une ligne se dirigeant droit au nord, la lagune *Tendo*. Elle franchit cette lagune, en suit la rive nord, longe les rives nord et nord-est de la lagune *Ehy*, puis la rive droite du *Tanoë*, jusqu'à cinq milles en amont du village français de *Nougoua*. En ce point, elle rejoint la frontière anglaise, qui a suivi la rive gauche. La frontière commune va alors, suivant une ligne idéale, vers le sommet du mont *Ferra-Ferrako*, rejoint la rivière *Boÿ*, affluent du Tanoë, à deux milles de *Bamianko*, qui reste à la France, suit le thalweg de cette rivière jusqu'à *Dibi*, puis la ligne tracée par le capitaine Binger jusqu'en un point situé à 16.000 mètres, droit à l'est de *Yaou*, de là, suivant une ligne indiquée par lui, arrive à 1.000 mètres au sud d'*Abouroufuassi*, localité française, et se tient à une distance de 10 kilomètres à l'est de la route d'*Annibilékrou* à *Bondoukou*, passe à mi-chemin entre *Buko* et *Adjamrah*, court parallèlement à la route de Bondoukou à *Bandagado* et atteint la *Volta Noire* au point où elle est traversée par la route de Bandagado à *Kirkındi*, enfin suit le thalweg de la *Volta* jusqu'au 11° de latitude nord.

C'est au capitaine Binger qu'est dû le tracé de cette frontière. Au début de l'année 1892, une mission ayant à sa tête M. Binger, accompagné des lieutenants Braulot et Gay, du docteur Crozat et de

M. Marcel Monnier, fut chargée, concurremment avec une mission anglaise, d'opérer la délimitation sur le terrain. A la suite de difficultés, soulevées par le major anglais Lang, les deux missions se séparèrent, à peu de distance de la côte, et le capitaine Binger poursuivit seul, avec ses compagnons, la route vers le nord. A son retour en France, il établit une carte de la région et y indiqua le tracé de la frontière. Ce sont ces travaux qui ont servi de base aux conventions de 1893 et 1898.

L'œuvre, interrompue en 1892, a été reprise au mois de juillet 1901 par une commission franco-anglaise. M. l'administrateur-adjoint Delafosse, commissaire du gouvernement français, qui a pour seconds M. le capitaine d'artillerie Bouvet et M. le lieutenant Lafforgue, officiers des troupes coloniales, doit prochainement rentrer en France, après avoir terminé le travail d'abornement.

3° Au *Nord*, les limites du pays sont fixées par le décret du 17 octobre 1899, précité, qui a rattaché à la Côte d'Ivoire les cercles ou résidences d'*Odienné*, de *Kong* et de *Bouna*, sans rien changer à leur primitive étendue.

La colonie, ainsi limitée, affecte, dans ses grandes lignes, la forme d'un quadrilatère irrégulier, compris entre les 5° et 11° de longitude ouest et les 6° et 10° de latitude nord. Elle offre un développement de côtes, sur le *golfe de Guinée*, de 550 kilomètres. Et elle atteint une superficie de 300.975 kilomètres carrés, soit environ les deux tiers de celle de la France.

Quid maintenant de la population?

Malgré les travaux de Fleuriot de Langle, de Brétignière et Chaper, de Treich-Laplène, de Binger, de Marchand, continués par un grand nombre d'administrateurs, d'officiers, de voyageurs, tels que MM. Pobéguin, Clozel, d'Espagnat, Eysséric, Houdaille, Hostains, d'Ollone, Fabre, Delafosse et Thomann, il reste encore de vastes étendues de territoires totalement inconnus.

Néanmoins, au cours de l'année 1901, grâce au recensement fait, en vue de l'établissement d'un impôt de capitation, par les administrateurs, on a pu arriver à une estimation approximative de la population de la Côte d'Ivoire.

M. Clozel, dans l'ouvrage qu'il a publié récemment, en collaboration avec mon ami Roger Villamur, nous donne de nombreux détails sur les statistiques officielles de 1901. Je lui emprunte les données suivantes :

A la date du 1er décembre 1901, la population européenne de la colonie comprenait 173 militaires et fonctionnaires civils et 174 négociants et colons[1]. Total, 347.

---

1. « 173 fonctionnaires de toutes catégories contre 174 négociants et colons, diront les dénigreurs de profession ! Allons ! jusque dans les colonies de formation nou-

Ces 347 Européens étaient répartis entre les divers cercles et régions, de la façon indiquée au tableau ci-dessous :

Noms des cercles.	Militaires et fonctionnaires.	Négociants et colons.	Total.
Kong	16	2	18
Bondoukou	15	»	15
Indénié	5	3	8
Assinie	8	12	20
Grand-Bassam	20	80	100
Bingerville et lagunes	24	30	54
Lahou	8	20	28
Baoulé	64	5	69
Sassandra	5	16	21
Cavally	8	6	14
Totaux	173	174	347

velle, il sévit le grand mal de France. C'est le fonctionnarisme dans toute sa splendeur et *for ever*. Peuples de Guinée, combien triste est votre sort ! Mais vous êtes trop abrutis par le gin et le tafia de la civilisation pour gémir sur lui ! etc., etc. »

Eh bien ! le reproche d'être une colonie à fonctionnaires tombe à faux, quand on l'adresse à la Côte d'Ivoire, comme d'ailleurs à toutes nos possessions de l'Ouest africain. Il est vrai que le chiffre des colons est égal, là-bas, à celui des fonctionnaires et des militaires. Mais lorsque ces derniers auront définitivement cédé la place à l'administration civile, le nombre des blancs, commerçants ou colons, sera très supérieur à celui des agents du gouvernement. D'autre part, il n'est pas sans intérêt de considérer que la majorité des fonctionnaires n'est pas appelée à « adminis-

Quant à la population indigène, « il convient, dit M. Clozel, de distinguer entre les régions, où il a été possible de procéder à des recensements plus ou moins réguliers, et celles encore inoccupées ou même inexplorées, pour lesquelles nous ne pouvons procéder qu'à des évaluations forcément imparfaites ».

« La première catégorie nous donne les chiffres qui suivent :

	Habitants.
Cercle de Kong	400.000
— de Bondoukou	82.174
— de l'Indénié	7.008
— d'Assinie	52.627
— de Grand-Bassam	8.317
— des lagunes Potou et Ébrié avec le pays Attié	359.221
— de Lahou	26.385
Région du Baoulé (partie recensée)	142.548
Cercle de Sassandra	16.080
— du Cavally	45.000
Total	1.139.359

« Pour la seconde catégorie, poursuit M. Clozel, la population est évaluée, en raisonnant par ana-

trer » les seuls Européens, qu'elle a aussi et surtout affaire aux naturels et que, vu le chiffre de ces derniers, on arrive à la proportion d'un fonctionnaire civil ou militaire pour 12.000 habitants. C'est peu.

logie avec les régions similaires que nous connaissons et en tenant compte de la configuration générale du sol, de la nature de la végétation (forêts et savanes), qui influent sur la densité des habitants. Cette deuxième catégorie de territoires nous donne les chiffres suivants :

	Habitants.
Partie sud de la région comprise entre le Nzi et la Comoë...................	10.000
Morénou...........................	5.000
Populations non recensées du Baoulé....	500.000
Hinterland des cercles de Sassandra et du Cavally...........................	300.000
Total.................	820.000
Populations recensées...	1.139.359
Total général de la population indigène...	1.959.359

« Si nous tenons compte de la modération apportée dans l'évaluation de la population non recensée, des considérations énoncées plus haut, en ce qui concerne celle pour qui des recensements ont été effectués, nous pouvons attribuer à la Côte d'Ivoire 2 millions d'indigènes en chiffres ronds, en restant très probablement encore au-dessous de la vérité [1] ».

---

[1]. Clozel et Villamur, *Les Coutumes indigènes de la Côte d'Ivoire*, introduction. 1 vol. gr. in-8° jésus, Aug. Challamel, édit.

Les principaux centres du pays sont :

Bingerville, le nouveau chef-lieu de la colonie, dont les premiers travaux ont été entrepris au mois d'octobre 1900. Un arrêté local du 24 novembre de la même année y a transféré le siège du gouvernement. Un arrêté du 26 décembre suivant lui a donné le nom du premier gouverneur de nos possessions.

Malgré les difficultés considérables de la première heure, difficultés dues à la mauvaise volonté et à l'hostilité même des indigènes, que l'on n'avait pas prévues et dont l'habileté et la fermeté de M. l'administrateur Lamblin ont pu venir à bout, les travaux ont été, au cours de 1901, poussés avec une grande activité.

Bingerville s'élève aujourd'hui dans un site admirable, en plein cœur de la colonie, sur le plateau d'*Adjamé* qui domine la grande lagune de l'*Ébrié*. C'est une capitale habitable et aussi salubre qu'on peut l'espérer dans cette partie de l'Afrique.

Quelques-uns des services de la colonie y ont été transportés successivement.

La ville est divisée en deux : la ville haute et la ville basse, communiquant entre elles par une large avenue de 1.200 mètres de long sur 30 de large. Dans la ville basse, les chantiers et les ateliers, les hangars à marchandises et les entrepôts.

Dans la ville haute, le gouvernement, le secrétariat général, l'hôpital et les divers services du pays.

Des rues de 20 mètres de large, complantées d'arbres fruitiers, relient entre elles les diverses habitations, construites chacune au milieu d'une concession de 100 mètres carrés.

On a installé à Bingerville le jardin d'essai de la colonie, auprès duquel se trouve un potager pour les besoins des habitants européens du chef-lieu.

Sur la côte, nous trouvons :

Assinie, réunion des trois villages de *Mafia*, sur la rive nord de la lagune, où réside l'administrateur, de *France* et de *Commantou*, sur la plage, qui encadrent le groupe des habitations européennes ;

Grand-Bassam, ancien chef-lieu administratif de la colonie, et toujours sa capitale commerciale, à l'embouchure de la grande artère économique de ces parages, la *Comoë*. Bassam, construit sur le sable, est le point le plus malsain de la côte occidentale d'Afrique ; véritable foyer d'épidémies, il est, d'ailleurs, appelé à disparaître dans un avenir rapproché, lorsque les travaux du port de Bingerville-Abidjan auront été exécutés. Il possède actuellement un wharf, qui permet de se soustraire au danger de la barre, au débarquement et à l'embarquement ;

Petit-Bassam, village de pêcheurs, où doit être

faite la percée qui reliera la lagune à la mer. Autrefois, la *Comoë* venait déboucher à Petit-Bassam;

Jacqueville, par lequel s'embarque une partie des produits de la lagune, centre commercial assez important ;

Grand-Lahou, à l'embouchure de la *Bandama*, point commercial de premier ordre, où se concentrent les marchandises de la région du Baoulé et de la lagune. Lahou, comme Assinie et Bassam, est appelé à perdre une grande partie de son importance par la création du port et la jonction des lagunes;

Dibou et *Fresco*, où l'on trouve quelques factoreries;

Sassandra, chef-lieu du cercle de Sassandra, à l'embouchure de la rivière du même nom, localité qui se développe de jour en jour, depuis que les explorations de l'administrateur Thomann ont ouvert le fleuve aux transactions commerciales;

Drewin, qui s'élève sur un des points les plus salubres du pays et où il avait été jadis question de transférer le chef-lieu ;

San-Pedro, qui possède un phare ;

Grand-Béréby, *Rock-Béréby*, *Petit-Béréby*, qui exportent du café et du piassava ;

Wappou, centre d'exploitations forestières ;

Tabou, où réside l'administrateur du Cavally et dont le commerce deviendra très prospère, lorsque les routes, en cours d'exécution, seront terminées;

Bliéron, poste frontière avec le Libéria, qui fait un commerce actif de café.

Dans l'intérieur, on remarque :

Krinjábo, capitale des anciens États d'Amatifou et de notre allié Aka-Simadou, à qui a succédé son neveu Kouassi ;

Nougoua, sur le Tanoë ;

Aboisso, au terminus de la navigation sur la Bia, où aboutit la route de l'Indénié et qui est devenu, dans l'espace d'une année, un centre commercial très important ;

Alépé, poste de la *Comoë*, d'où les produits, amenés de l'intérieur, descendent sur Grand-Bassam par vapeur ;

Bettié, autre poste de la Comoë, où nous avons en *Bénié-Couamié* un précieux auxiliaire ;

Attakrou, dernier poste du fleuve ;

Zaranou, chef-lieu du cercle de l'Indénié ;

Assikasso, qui fut assiégé pendant soixante jours par les Achanti de Koumassi ;

Bondoukou, capitale de l'Abron et résidence de l'almamy *Sitafa* ;

Bouna, capitale du *Lobi* ;

Dabakala, résidence de l'administrateur du cercle de Kong ;

Kong, bien déchu de son ancienne splendeur, depuis la chute de notre vieil ennemi *Samory* ;

Groumania, *Odienné*, *Touba*, *Séguéla*, où périt assassiné, le 4 février 1892, le capitaine *Ménard* ;

Bouaké, chef-lieu du Baoulé nord ;

Kouadiokofi ;

Toumodi, résidence du commandant de la région du Baoulé ;

Ouossou et *Tiassalé*, au terminus de la navigation sur la Bandama.

Sur la lagune Ébrié, nous devons citer :

Mouôsso, le Grand-Bassam des indigènes ;

Abidjan, qui attend la création du port pour devenir la véritable capitale commerciale de la colonie. Abidjan sera aussi la tête de ligne du chemin de fer ;

Dabou, poste où se dresse le fort construit en 1858 par Faidherbe ;

Tiakba et *Kosrou*, où la production de l'huile de palmes est particulièrement abondante.

A l'est enfin, les points principaux sont :

Boutoubré, poste construit en 1900 par Lahaye, au cours d'une reconnaissance de la Sassandra avec l'administrateur Thomann ;

Olodio, capitale du pays Tépo, sur le Tabou ;

Grabo ou *Fort-Dromard*, notre poste avancé sur le Cavally ;

Taté et *Prollo*, sur le même fleuve.

II

La Côte d'Ivoire, comme ses voisins, le Sénégal, la Guinée, le Dahomey et aussi le Congo, est, en vertu du sénatus-consulte du 3 mai 1854, soumise au régime des décrets.

Tour à tour indépendante et rattachée à l'une ou l'autre de nos possessions, elle fait, dès l'origine, partie du gouvernement du Sénégal jusqu'au 1er août 1889.

A cette date, un décret constitue, sous la dénomination de *Rivières du Sud*, nos établissements du golfe de Guinée en une colonie autonome, administrée par un lieutenant-gouverneur, placé sous la haute autorité du gouverneur du Sénégal. Pour la première fois, la Côte d'Ivoire a son budget distinct.

Le 17 décembre 1891, les Rivières du Sud deviennent indépendantes du Sénégal.

Un décret du 10 mars 1893 a érigé la Côte d'Ivoire en colonie distincte et autonome. Le même acte a fixé les règles qui la régissent encore aujourd'hui.

Le 16 juin 1895, le gouvernement général de l'Afrique occidentale est créé. La Côte d'Ivoire cesse de relever directement de la métropole.

Elle recouvre son indépendance, le 25 septembre 1896 ; et elle la garde pendant six ans.

Enfin, le décret du 1er octobre 1902, en assurant l'unité de direction administrative, politique et militaire de nos possessions de l'Afrique occidentale, l'a définitivement et étroitement rattachée au gouvernement général.

La Côte d'Ivoire, comme le Sénégal, la Guinée et le Dahomey, est donc administrée, sous le contrôle du gouverneur général, par un lieutenant-gouverneur.

Elle conserve son autonomie administrative et financière, son budget propre, ses douanes, ses services locaux ; elle contribue seulement, pour une part, au budget général de l'Afrique occidentale, en vue de l'exécution des travaux d'un intérêt économique commun.

Elle continue, aussi, à être représentée au conseil supérieur des colonies par un délégué élu.

Le lieutenant-gouverneur, nommé par décret du Président de la République, est le représentant direct du gouverneur général.

Il appartient au corps des gouverneurs, réorganisé et hiérarchisé par le décret du 2 février 1890, qui, en leur accordant des classes personnelles indépendantes de la région dans laquelle ils servent, leur a donné certaines garanties et a créé pour eux la position de disponibilité.

Le décret du 14 mars 1893 détermine les conditions de leur avancement.

Ajoutons que le corps des gouverneurs a été,

pour la dernière fois, réorganisé par un décret du 6 avril 1900, qui résume les règles auxquelles il est soumis.

Les principes généraux, qui déterminent la situation du lieutenant-gouverneur, son rôle administratif, politique et militaire, se trouvent condensés dans l'ordonnance organique du 7 septembre 1840, qui définit, en même temps que les responsabilités qui lui incombent, les pouvoirs qui lui sont conférés.

Il fait, de droit, partie du conseil du gouvernement général avec voix délibérative.

Il promulgue et rend exécutoires les lois, décrets, etc.

Il nomme directement, ou par délégation du gouverneur général, à tous les emplois dans les services locaux.

Tel un chef d'État, le lieutenant-gouverneur dirige la colonie avec son parlement et ses ministres : le conseil d'administration et les chefs d'administration ou de service.

Le *Conseil d'administration*, institué par le décret du 26 janvier 1895 et remanié par celui du 11 octobre 1899, est composé, sous la présidence du lieutenant-gouverneur, de trois fonctionnaires, désignés par lui, et de trois habitants notables, nommés par arrêtés, pour une période de deux ans.

Trois autres notables sont également désignés

comme membres suppléants, pour remplacer les titulaires absents.

Les fonctionnaires, membres du conseil, sont désignés dans l'ordre de préférence suivant :

Le secrétaire général ;

Le chef du service des douanes ;

Un administrateur, — en général le directeur des affaires indigènes, — ou un magistrat ou un chef de bureau.

Les chefs de service peuvent siéger au conseil, avec voix consultative, pour les affaires intéressant leur service, et, en cas d'absence, remplacer, avec voix délibérative, les membres titulaires.

Le chef du secrétariat du gouvernement remplit les fonctions de secrétaire-archiviste.

Le lieutenant-gouverneur doit, dans certains cas, consulter le conseil. Mais il n'est jamais lié par ses avis et peut toujours, lorsqu'il le juge utile, passer outre à ses délibérations.

En dehors de son rôle de conseil consultatif, le conseil d'administration peut être appelé à juger comme tribunal administratif. Il lui est, dans ce cas, adjoint deux magistrats ou, à défaut, deux fonctionnaires, de préférence licenciés en droit, désignés par le lieutenant-gouverneur : il devient alors le *Conseil du contentieux administratif*.

Un fonctionnaire, choisi par le lieutenant-gouverneur, remplit les fonctions du ministère public avec le titre de commissaire du gouvernement.

Le secrétaire-archiviste du conseil d'administration fait fonctions de greffier.

Le lieutenant-gouverneur ou un fonctionnaire, désigné par lui, préside les séances avec voix prépondérante, en cas de partage.

La composition du conseil de contentieux, son fonctionnement et la procédure à suivre devant lui sont soumis aux règles édictées par les décrets des 5 août et 7 septembre 1881.

Le lieutenant-gouverneur a, auprès de lui, son cabinet, placé, en général, sous la direction d'un administrateur et chargé de la centralisation et de l'examen de toutes les affaires.

Le cabinet comprend :

1° Le *Secrétariat particulier* ;
2° La *Direction des affaires politiques et indigènes*.

Le secrétariat du gouvernement a, dans ses attributions, l'ouverture, l'enregistrement et l'expédition de la correspondance, sa répartition entre les divers services, la conservation des archives.

Le service des affaires indigènes et politiques a été, de tout temps, considéré comme un rouage indispensable à l'administration du pays. Tour à tour rattaché au secrétariat du gouvernement, puis bureau du secrétariat général, il fait définitivement partie du cabinet, depuis le mois de janvier 1901. Il a constamment été dirigé par un administrateur.

Il s'occupe, plus particulièrement, de tout ce qui concerne l'administration de l'intérieur de la colonie, l'organisation des divers cercles, la direction et la répartition, dans ces circonscriptions, des agents des affaires indigènes et des brigades de police ; il centralise la correspondance des administrateurs, prépare les instructions à leur adresser, fait pourvoir à leurs besoins de toute nature.

A côté du secrétariat particulier du gouverneur, le secrétariat général, dont la création remonte au 21 mai 1898. Elle résulte du décret, pris à cette date, portant suppression des fonctions de directeur de l'intérieur et confiant aux gouverneurs, à titre d'attributions propres, celles qui étaient primitivement dévolues à ces fonctionnaires.

A sa tête, est placé le secrétaire général qui seconde le gouverneur dans l'administration générale.

Il n'a pas de pouvoirs propres ; mais le lieutenant-gouverneur peut lui déléguer tout ou partie des siens. Il occupe le premier rang, après celui-ci, le remplace de plein droit, en cas de mort, d'empêchement ou d'absence, à moins d'ordre spécial du ministre. Il est membre du conseil d'administration, du conseil du contentieux, du conseil sanitaire.

Il est, plus spécialement, chargé des bureaux du secrétariat général, qui sont placés sous ses ordres directs et se répartissent le travail, ainsi qu'il suit :

1ᵉʳ *bureau*, administration générale, contentieux, concessions.

2ᵉ *bureau*, finances, travaux et approvisionnements.

L'ensemble du cabinet et du secrétariat général constitue les bureaux du gouvernement.

Avant de passer en revue les divers services de la colonie, il me paraît nécessaire de donner quelques indications sur l'organisation financière du pays.

Si c'est, en effet, un axiome connu que l'on ne peut faire de bonne politique sans avoir de bonnes finances, on peut dire, aussi, qu'il est difficile de bien administrer et de faire œuvre utile, dans nos établissements d'outre-mer, si l'on n'a pas des finances en bon état.

L'organisation financière de la Côte d'Ivoire est soumise aux règles générales édictées par le décret du 26 novembre 1882.

La Côte d'Ivoire se suffit à elle-même. En dehors des quelques unités militaires, stationnées momentanément sur son territoire, elle fait face, avec ses seules ressources, à toutes ses charges. Elle inscrit même, chaque année, dans ses dépenses obligatoires, en tête de son budget, une somme de 10.000 francs, comme part contributive aux besoins militaires de la métropole.

Le budget local est préparé, par les soins du secrétaire général, sous le contrôle du lieutenant-gouverneur. Il est soumis aux délibérations du conseil d'administration. Arrêté par le lieutenant-gouverneur, avant l'ouverture de chaque exercice, il est définitivement rendu exécutoire par le gouverneur général, en conseil de gouvernement, et approuvé par décret, rendu sur la proposition du ministre des colonies.

Il se divise : 1° en recettes ordinaires et recettes extraordinaires; 2° en dépenses ordinaires et dépenses extraordinaires.

Les *recettes ordinaires* comprennent :

Les taxes et contributions de toute nature ;

Les droits de douane ;

Les revenus des propriétés coloniales ;

Les produits divers dévolus au service local (postes et télégraphes, imprimerie, etc.).

Les subventions accordées, s'il y a lieu, par la métropole; — la Côte d'Ivoire, nous l'avons vu, n'en a pas besoin.

Les *dépenses ordinaires* se divisent en dépenses obligatoires et dépenses facultatives.

Les premières sont déterminées par les actes législatifs en vigueur dans le pays. Parmi ces dépenses, en dehors de la part contributive aux charges militaires de la France en Afrique occidentale, je citerai une annuité de 125.000 francs à la Compagnie française de Kong.

Les secondes sont celles que la colonie a la faculté de s'imposer.

Les *recettes extraordinaires* comprennent les contributions extraordinaires, les prélèvements sur les fonds de réserve, le produit des emprunts et autres ressources extraordinaires, spécialement affectées à des travaux ou entreprises d'utilité publique.

Les *dépenses extraordinaires* sont celles, à l'acquittement desquelles il est pourvu au moyen des recettes extraordinaires.

En 1901, les prévisions budgétaires étaient de 1.908.300 francs : les recettes se sont élevées à 2.202.702 fr. 92.

Les dépenses ont atteint la somme de 2.174.845 fr. 16.

Il y a donc eu un léger excédent de recettes qui a été versé à la caisse de réserve.

Cette caisse de réserve, instituée par le décret du 20 novembre 1882, constitue un fonds de prévoyance, destiné à subvenir à l'insuffisance de revenus de l'exercice et à faire face aux dépenses extraordinaires que des événements imprévus peuvent nécessiter. C'est ainsi qu'à la date du 14 mars 1900, un arrêté a autorisé le prélèvement d'une somme de 141.000 francs, en vue de l'exécution des premiers travaux de Bingerville.

Au 30 juin 1902, notre caisse de réserve possédait une somme de 410.879 fr. 70.

Je donne ci-dessous un tableau qui résume les recettes et les dépenses du budget local pendant les cinq dernières années.

Années	Recettes	Dépenses	Caisse de réserve	
			Versements	Prélèvements
	Antérieurement		1.032.791 65	
1897	1.230.498 16	1.623.927 63		393.429 47
1898	1.474.287 38	1.531.176 23		56.888 85
1899	1.636.765 29	1.901.029 09		264.263 80
1900	2.185.076 40	1.979.263 69	205.812 71	141.000 00 [1]
1901	2.202.702 62	2.174.845 16	27.857 46	
		Total....	1.266.461 82	855.582 12

(1) Ce sont les 141.000 francs prélevés pour les travaux de Bingerville.

On le voit par les quelques chiffres qui précèdent, depuis cinq ans les ressources de la colonie ont augmenté sans discontinuité. Celle-ci se développe, de jour en jour; et les grands travaux qui sont à la veille de s'accomplir ne peuvent que donner un essor plus rapide à l'ère de prospérité et de richesse qui s'ouvre devant elle.

Les services financiers sont assurés par un trésorier-payeur, placé à côté du gouverneur, nommé par le ministre des finances et justiciable de la Cour des comptes.

Il est chargé de la centralisation des revenus de l'impôt et des diverses contributions.

Il n'existe, à la Côte d'Ivoire, comme contributions directes, que l'impôt de capitation sur l'indigène établi par un arrêté local du 14 mai 1901, et un droit sur les patentes de colportage, institué par celui du 22 mai de la même année.

Une autre contribution est la taxe d'émigration fixée par l'arrêté du 25 octobre 1901, réglementant l'émigration des indigènes.

Il n'existe pas d'impôt foncier.

Les contributions, imposées aux naturels par l'administration locale, résultent de la nécessité où se trouve le gouvernement de se créer des ressources nouvelles sans augmenter les droits de douanes. Il a paru juste, en effet, que les natifs participassent, dans une large mesure, aux dépenses indispensables à un développement dont, les premiers, ils doivent bénéficier.

On espère que, dans quatre ou cinq ans, les ressources provenant de l'impôt de capitation pourront atteindre la somme de 400.000 francs environ, qui permettra de faire face aux dépenses nécessitées par les grands travaux, actuellement en projet : routes, port et chemin de fer.

Autour du gouverneur, nous l'avons vu, sont groupés les divers services. A leur tête se trouvent des fonctionnaires qui portent le titre de chef de service et sont placés sous l'autorité immédiate du lieutenant-gouverneur ou, par délégation, du secrétaire général.

Ils sont ordonnateurs secondaires de leurs budgets.

Je vais passer en revue ces divers services et, — à tout seigneur tout honneur, — d'abord ceux qui contribuent aux recettes, les services financiers.

Douanes. — La *douane*, quelles idées n'éveille pas ce mot? Tracas, ennuis, vexations, que sais-je encore! Elle est, pourtant, bien affable et fort complaisante à la côte. Ses agents sont de braves et modestes serviteurs, toujours disposés à rendre service à l'Européen qui arrive dans le pays. Leur vie n'est pas précisément bien agréable, perdus et isolés qu'ils sont, presque tous, dans un misérable trou du littoral, où les ressources de toute nature leur font généralement défaut.

Ce service, le plus nombreux, est dirigé par un vérificateur. Il comprend 3 ou 4 commis, 11 brigadiers et sous-brigadiers, et 25 préposés européens, appartenant tous à l'administration métropolitaine.

Ils sont répartis sur les divers postes du littoral et sur les frontières : ils y sont seuls ou aidés de préposés indigènes.

Dans les chefs-lieux de cercles, ils sont, le plus souvent, agents spéciaux.

D'aucuns ont rempli par intérim les fonctions d'administrateurs à la côte ouest.

Le *régime douanier* est soumis à certaines obligations résultant de stipulations diplomatiques. La Côte d'Ivoire n'est pas comprise dans les colonies auxquelles le régime de la métropole est applicable.

En exécution de la convention du 14 juin 1898, il n'est plus perçu que des taxes de consommation et un droit de sortie sur les bois.

Tiassalé. — Rapides de la Bandama.

Équipe de porteurs près de Loossou.

Les recettes de douanes se sont élevées, en 1901, à la somme de 1.528.577 francs.

Elles constituent, à elles seules, la presque totalité des revenus du budget, soit en chiffres ronds 1.600.000 francs sur 2.200.000.

On avouera que si la douane a un personnel nombreux, elle rend aussi quelques services.

Postes et Télégraphes. — Avec celui des douanes, le service des postes et télégraphes a, jusqu'à ce jour, assuré la majeure partie des recettes de la colonie.

Un inspecteur est chef de ce service. Il est secondé par 10 commis européens de l'administration métropolitaine et par 12 commis du cadre local. Ces agents desservent 23 bureaux, dont 17 mixtes et 6 exclusivement postaux.

Le transport des correspondances est assuré journellement, dans les lagunes et sur la portion navigable des fleuves, par les canonnières du service local ou les chaloupes à vapeur des maisons de commerce. Sur la côte et dans l'intérieur, par des piroguiers ou des piétons.

Les dates de départ et d'arrivée de ceux-ci correspondent avec le passage des paquebots sur rade.

L'étendue du réseau télégraphique est de 1.271 kilomètres, celui du réseau téléphonique de 665 kil. 100.

Il me paraît intéressant de donner ci-dessous la liste des bureaux de la colonie (P. = Postes; T. = Télégraphe; t. = Téléphone) :

Côte.	Intérieur.
Bingerville P. T. t.	Alépé P. T.
Grand-Bassam P. T. t.	Bettié P. t.
Assinie P. T. t.	Zaranou P. T. t.
Grand-Lahou P. T.	Assikasso P. T.
Jacqueville P. T.	Bondoukou P. T.
Fresco P. T.	Dabou P.
Dibou P.	Tiassalé P.
Sassandra P. t.	Groumania P. T.
Drewin P. T. t.	Dabakala P. T.
San-Pedro P. T.	Kong P.
Béréby P. T.	
Tabou P. T. t.	
Bliéron P. t.	

Sous peu, sera achevé le tronçon de ligne télégraphique devant mettre en communication la Côte d'Ivoire avec le réseau général de l'Afrique occidentale [1].

Enfin, la colonie est reliée à la métropole par un câble sous-marin, appartenant depuis peu à la France.

Les recettes du service ont atteint, en 1901, la somme de 35.598 fr. 70.

1. Ce tronçon vient d'être terminé.

L'échange des correspondances est soumis aux règles et tarifs de l'Union postale ; et la législation métropolitaine lui est applicable.

Le régime télégraphique intérieur est régi par des arrêtés du gouverneur, et, pour ce qui a trait à la correspondance internationale, il est réglementé par la convention de 1896.

IMPRIMERIE. — Il existe, au chef-lieu, une imprimerie. Indépendamment des travaux faits pour l'administration locale (publications officielles, imprimés divers, etc., etc.), elle peut, bien que son outillage soit assez restreint, exécuter des travaux pour les particuliers.

Elle a ainsi obtenu, en 1901, un revenu de 2.497 francs au profit du budget local.

ENREGISTREMENT. — Depuis le mois de janvier 1902, un receveur de l'enregistrement est installé à Bingerville. Il est chargé de la perception des droits de timbre, d'enregistrement, de greffe, d'hypothèques, de celle des produits domaniaux, des redevances diverses prévues par les actes législatifs sur le régime foncier et le régime minier. Le receveur de l'enregistrement est curateur aux biens vacants.

Passons maintenant en revue les autres services locaux.

Travaux publics. — Un ingénieur colonial est chargé de leur direction. Il est assisté de deux conducteurs, qui assurent l'exécution des divers travaux de la colonie.

Les ouvriers d'art viennent, presque tous, du Sénégal, et les manœuvres sont recrutés, en général, dans le pays, particulièrement à la côte de Krou.

C'est à l'ingénieur-chef, M. Michel, et à ses adjoints qu'on doit l'édification de la nouvelle capitale, Bingerville.

Le chef de service a dans ses attributions :

La préparation des projets, plans, cahiers des charges des travaux publics.

La conduite et la surveillance de ces travaux, la constatation des dépenses et la préparation des pièces de paiement.

L'entretien et la conservation des travaux existants, le service de la voirie, des appontements en lagune.

La préparation des plans d'alignement des villes.

La conservation des terrains domaniaux, les rapports sur la concession ou la vente de ces terrains, les concessions minières, la rédaction et le dépôt des titres et plans y relatifs, le service et le contrôle des exploitations minières.

Le contrôle des travaux exécutés par des concessionnaires pour le compte de la colonie.

Il est également chargé de la flottille locale.

Service de santé. — Ce service est assuré par des médecins des troupes coloniales, placés hors cadres et mis à la disposition du lieutenant-gouverneur.

Un médecin-major de 1re classe est à sa tête, et réside au chef-lieu. Il répartit, dans les divers postes, les médecins placés sous ses ordres. Ceux-ci assurent le service de l'hôpital et sont, dans les postes côtiers, chargés du service d'arraisonnement.

Ces officiers soignent aussi bien les fonctionnaires que les colons européens.

Qu'il me soit permis de faire ressortir ici le rôle de ces serviteurs, toujours dévoués.

Ils sont quatre, en tout, dans une des régions les plus malsaines de la côte d'Afrique, chargés de donner leurs soins à environ 260 Européens répartis dans 23 centres.

Leur nombre, réellement insuffisant, fera comprendre combien lourde est la tâche qui leur incombe, surtout si l'on se rend compte que tous ces postes sont situés à un minimum de deux jours de marche les uns des autres.

Je ne parle pas ici, bien entendu, des médecins spécialement attachés aux unités militaires. Ils sont 5 dans les cercles militaires pour 60 Européens environ, officiers ou sous-officiers.

Un conseil sanitaire fonctionne au chef-lieu, sous la présidence du secrétaire général. Il doit se réunir, une fois par mois, pour examiner l'état sanitaire de la colonie. Et, toutes les fois que celui des pays voisins peut inspirer des craintes, il prescrit des mesures quarantenaires.

Gendarmerie et Police. — Dans les régions directement soumises à l'autorité civile, la police est faite par des brigades de police qui sont, dans chaque cercle, placées sous les ordres des administrateurs.

Les effectifs de ces brigades varient suivant les besoins et l'importance de chaque circonscription.

La création de la police remonte à 1901. Un arrêté du gouverneur a supprimé, cette année-là, la milice de la Côte d'Ivoire.

Instruction publique. — Un arrêté local du 30 décembre 1897 a réorganisé l'instruction publique.

Les élèves sont admis, de 6 à 15 ans, dans les écoles.

Les instituteurs sont, dans chaque cercle, subordonnés aux administrateurs, à qui ils doivent fournir, chaque mois, un rapport.

Il existe des écoles à Grand-Bassam, Assinie, Jacqueville, Mouôsso, Memni et Dabou.

Dans les principales localités de l'intérieur, l'instruction est donnée par des agents européens, si possible, ou les interprètes, sous la surveillance des administrateurs ou chefs de poste.

AGRICULTURE. — Un agent principal de culture est chargé du jardin d'essai de la colonie. Autrefois situé à Dabou, ce jardin a été transporté à Bingerville. Les pépinières ont fourni aux concessionnaires bon nombre de plants de cacaoyers, caféiers, canneliers, kolatiers, etc.

Un potager assure, au chef-lieu et dans chaque poste, la provision de légumes frais pour les Européens.

ORGANISATION JUDICIAIRE. — Deux décrets récents, ceux des 6 août 1901 et 15 avril 1902, ont réorganisé la justice dans nos trois possessions de la Guinée, de la Côte d'Ivoire et du Dahomey, qu'elles ont groupées sous la haute autorité d'un chef de service, résidant à *Conakry* et ayant tous les pouvoirs des procureurs généraux, sans en avoir le titre.

Ces actes ont eu pour but de mettre l'organisation judiciaire de nos jeunes colonies de l'Ouest africain en harmonie avec les développements économiques, si rapidement atteints par elles dans ces dernières années. Et c'est pourquoi aux fonctionnaires de l'ordre administratif, primitivement investis de la délicate et redoutable mission d'y rendre des jugements et arrêts, ils ont substitué des magistrats de carrière.

Le principe de la séparation des pouvoirs se trouve donc consacré, en des parages où il y avait jusqu'ici été dérogé et où la confusion, dans les mêmes mains, des pouvoirs administratifs et judiciaires, toute naturelle qu'elle fût, dans la première phase de notre occupation, aurait fini par exposer les sentences des juges aux plus graves critiques.

Trois tribunaux de première instance ont été créés : ceux de Conakry, Bingerville et Porto-Novo. Ils se composent d'un juge-président, d'un procureur de la République, d'un juge suppléant et d'un greffier-notaire. Au civil et au commercial, ils statuent, en premier et dernier ressort, sur tous les procès dont la connaissance, soit en dernier, soit en premier ressort, est attribuée par la législation métropolitaine aux justices de paix ; ils connaissent, également, de tous les litiges qui, en France, sont de la compétence des tribunaux civils d'arrondissement et dans les mêmes conditions que ces juridictions. En matière répressive, ils jugent, en premier et dernier ressort, les contraventions de simple police, et, pour les délits, leur compétence est identique à celle des tribunaux correctionnels de la métropole.

Les appels sont portés devant une cour dite « tribunal supérieur », dont le siège est à Conakry, qui comprend un président, trois juges et un greffier, et où les fonctions du ministère public sont exercées par le procureur, chef de service pour les trois colonies.

Le tribunal supérieur peut, de plus, avoir à se prononcer sur les appels interjetés contre les décisions des justices de paix à compétence étendue, dont les décrets précités prévoient l'institution, par simples arrêtés des gouverneurs, dans les territoires situés hors du ressort des tribunaux de première instance. Il s'érige enfin en cour de cassation, lorsque les arrêts, rendus en dernier ressort par les tribunaux civils ou les justices de paix, sont attaqués par la voie de l'annulation pour excès de pouvoir, incompétence ou violation de la loi.

La distribution de la justice criminelle appartient à des cours instituées à Conakry, Bingerville et Porto-Novo.

A Bingerville, la cour se compose d'un membre du tribunal supérieur, désigné par le président, sur l'avis du chef de service, président, du juge-président du tribunal civil, d'un fonctionnaire de la colonie, désigné au commencement de chaque année par le lieutenant-gouverneur, de deux assesseurs, du greffier du tribunal.

La cour criminelle juge tous les crimes commis dans l'étendue du gouvernement et toutes les affaires qui sont déférées en France aux cours d'assises, lorsque les Européens sont des Européens ou assimilés ou des indigènes des territoires annexés, ou bien encore lorsque les victimes de ces crimes sont l'une ou l'autre de ces personnes. Elle connaît aussi des mêmes crimes, à quelque nation qu'appartiennent les accusés, quand ils sont commis dans l'étendue du tribunal civil.

Les fonctions de juge d'instruction sont dévolues, dans l'ordre criminel : 1° au juge-président; 2° en dehors du ressort du tribunal civil, aux juges de paix à compétence étendue; 3° dans les lieux où il n'y a pas de juge de paix, aux administrateurs, chefs de province, qui se conforment aux dispositions du décret du 22 septembre 1887.

A côté des juridictions ordinaires, les décrets de 1901 et 1902 ont placé des juridictions spéciales. En effet, dans les localités sises hors du ressort des tribunaux de première instance, les crimes commis sur des indigènes ou assimilés au préjudice d'autres indigènes ou assimilés doivent être jugés par les tribunaux locaux actuellement existants et qui vont être réorganisés. Ces juridictions, pour l'application de la loi, pourront se conformer aux coutumes et usages du lieu. Il leur sera néanmoins interdit de prononcer des peines ou châtiments corporels que réprouverait la civilisation française. Aucune décision des tribunaux indigènes, prononçant une peine supérieure à une année de prison, ne sera exécutée avant d'avoir été homologuée par un tribunal spécial qui fonctionnera au chef-lieu de la colonie et dont les membres sont le président de première instance, deux fonctionnaires et deux notables indigènes, désignés au commencement de chaque année par le lieutenant-gouverneur. Le procureur de la République près le tribunal civil remplira les fonctions du ministère public. Quand le tribunal spécial annulera une décision des juridictions indigènes, il pourra évoquer l'affaire et statuer au fond : en ce cas, la présence des accusés ou prévenus ne sera pas obligatoire. Indépendamment de ses pouvoirs d'homologation, le tribunal jugera tous les appels introduits, tant par la partie poursuivante que par la partie condamnée, contre les décisions des justices indigènes.

A signaler, de plus, une disposition, qui existait déjà dans les actes de 1892, 1894 et 1896, et que nous ne voyons pas la possibilité d'abroger avant longtemps. C'est celle relative aux tribunaux indigènes, jugeant au civil, au correctionnel ou en simple police des procès intéressant exclusivement des naturels. Ces juridictions sont maintenues. Néanmoins, les indigènes peuvent, en tout état de cause, saisir de leurs litiges les tribunaux français. Dans cette hypothèse, le juge appliquera les usages et coutumes locaux, — à moins que les parties n'aient déclaré, dans un acte, qu'elles entendent contracter sous l'empire de la loi française.

C'est là un ensemble de dispositions très sages et dénotant, chez leurs auteurs, un sentiment très net du régime judiciaire le plus apte à concilier les besoins de nos sujets noirs avec la mission civilisatrice que nous poursuivons parmi eux.

Enfin, les arrêts des cours criminelles et du tribunal supérieur n'échappent pas au contrôle de la Cour de cassation.

Telle est, brièvement ébauchée, l'organisation de la justice à la Côte d'Ivoire, où les décrets de 1901 et 1902, s'ils ont substitué aux administrateurs, seuls juges, des magistrats de carrière, n'ont pas touché aux importantes attributions dont les actes antérieurs investissaient les commandants de cercle et chefs de poste, comme officiers de police judiciaire et officiers de l'état civil.

J'ai donné, ici, les grandes lignes de cette organisation et je renvoie le lecteur, désireux d'avoir des données plus précises, à l'ouvrage publié l'an dernier par M. Roger Villamur sous ce titre : *Attributions judiciaires des administrateurs et chefs de poste en service à la côte d'Afrique* [1].

DIVISIONS ADMINISTRATIVES. — Il me reste, maintenant, à dire quelques mots de l'administration intérieure de la colonie.

La Côte d'Ivoire est divisée en onze cercles, subdivisés eux-mêmes en circonscriptions.

Sept cercles sont placés sous l'autorité des administrateurs civils; quatre sont occupés militairement.

Les cercles civils sont ceux :

1° D'*Assinie*, avec les circonscriptions d'Assinie et d'Aboisso;

---

1. 1 vol. in-8°, A. Pédone, édit.

2° De *Bassam*, avec celles de Grand-Bassam et d'Alépé;

3° De *Lahou*;

4° De *Sassandra*, avec Sassandra, Boutoubré et San-Pedro;

5° Du *Cavally*, avec Tabou, Béréby, Olodio, Grabo ou Fort-Dromard, Taté et Bliéron;

6° Des *Lagunes*, avec Bingerville, Dabou et Jacqueville;

7° De l'*Indénié*, avec Zaranou, Bettié et Attakrou.

Les cercles militaires sont les suivants :

1° *Baoulé sud*, avec Toumodi, Tiassalé, Ouossou;

2° *Baoulé nord*, avec Bouaké, Kouadiokofi;

3° *Kong*, avec Dabakala, Kong, Groumania ou Mango, Tiémou ou Bandama, Odienné, Touba et Séguéla;

4° *Bondoukou*, avec Bondoukou, Bouna, Assikasso, Niabley.

A la tête de chacune de ces divisions, se trouve un administrateur ou un officier, qui prend le titre de *commandant du cercle*.

On connaît suffisamment la vie des militaires aux colonies pour qu'il ne me soit pas nécessaire d'y insister.

Ce que l'on sait moins, c'est l'existence des administrateurs civils.

Le corps de ces fonctionnaires, qu'on a appelés

les *sous-préfets coloniaux*, a été organisé par le décret du 2 septembre 1887, — dont M. Eugène Étienne reconnaît la paternité dans la préface de notre *Annuaire et Livre d'or* [1], — et a été réorganisé par les décrets des 4 juillet 1896 et 6 avril 1900, qui leur assurent certaines garanties et fixent les règles de leur avancement.

Aux termes de ces divers actes et des arrêtés, pris par les gouverneurs, pour en assurer l'exécution, l'administrateur est, dans sa circonscription, le représentant direct du chef de la colonie.

Il a, pour auxiliaires, des adjoints et commis du cadre local des affaires indigènes : ces agents, qu'ils soient ou non *chefs de poste*, relèvent directement de lui.

Au point de vue financier, il est ordonnateur secondaire du budget local. Il établit, en fin d'année, le budget de son cercle et adresse au gouverneur un état de prévisions, relatif aux crédits, qui lui seront nécessaires pour parer aux diverses dépenses. Il établit les rôles d'impôt indigène et fait effectuer, sous son contrôle, la perception de cette contribution, ainsi que celle des patentes de colporteur. Il est aidé, dans cette partie de sa tâche, par un agent spécial qui a la charge d'une caisse

---

1. Moulins et Séris-Raymond, *Annuaire et Livre d'or des administrateurs coloniaux*, avec préfaces de MM. Binger (1900) et Étienne (1902). 1 vol. in-8, Henri Charles-Lavauzelle, édit.

de menues dépenses dont, chaque mois, la comptabilité est adressée au chef-lieu.

Au point de vue judiciaire, nous avons vu que les décrets de 1901 et de 1902 prévoient que les administrateurs pourront remplir les fonctions de juge de paix à compétence étendue. En général, ils sont officiers de police judiciaire et, comme tels, « ils recherchent les crimes et délits, en rassemblent « les preuves et en livrent les auteurs aux tribu- « naux chargés de les punir ».

Ils sont les auxiliaires directs du procureur de la République, en ce qui concerne les crimes et délits commis par des Européens, ou par ceux-ci à l'égard des indigènes et inversement, et sont chargés de l'instruction.

En ce qui regarde les naturels, ils surveillent l'exercice de la justice, rendue par les tribunaux locaux. Ils doivent, surtout, s'appliquer à ce que la procédure suivie et les coutumes appliquées dans les palabres ne soient pas en flagrante opposition avec les principes d'humanité et les enseignements du droit naturel.

Comme pouvoirs répressifs propres, à l'égard des indigènes, ils ont, à titre de mesures disciplinaires, le droit d'infliger des peines, qui ne peuvent dépasser quinze jours d'emprisonnement, et des amendes, qui ne peuvent être supérieures à 100 francs.

Enfin, ils doivent tenir un registre, sur lequel

sont inscrites toutes leurs décisions, motivées et datées.

Ils remplissent aussi les fonctions d'officiers de l'état civil ; ils tiennent les divers registres et rédigent les actes de naissance, de mariage et de décès.

Ils sont également commissaires aux délégations judiciaires et, comme tels, procèdent aux enquêtes civiles, commerciales et administratives.

Ils apposent et lèvent les scellés, réunissent les conseils de famille et dressent des actes de notoriété.

Ils font office de magistrats conciliateurs; procèdent aux saisies et en rédigent les procès-verbaux, reçoivent les testaments et dressent les inventaires, les procurations ; ils procèdent à l'ouverture et à l'inventaire des successions.

Ils s'occupent des faillites, reçoivent l'affirmation des procès-verbaux de douanes ; ils sont, parfois, agents sanitaires et, à ce titre, chargés de la police sanitaire maritime.

En résumé, ils peuvent être appelés à remplir les diverses fonctions de juge de paix, de greffier, d'huissier et de notaire.

L'administrateur assure la police de son cercle, au moyen des brigades de police, mises à sa disposition et réparties dans chaque circonscription, suivant les besoins du service et l'état d'esprit des populations.

Il surveille les écoles, fonctionnant dans les différents postes de son cercle et où l'instruction est, en général, donnée par l'interprète.

Il est chargé de la conservation et de l'entretien des bâtiments et du mobilier des postes.

Il fait construire des routes, veille à leur entretien.

A côté de ces attributions si diverses, il en est une qui doit l'occuper particulièrement, c'est l'administration des indigènes.

Pour la mener à bien, il faut qu'il soit, le plus souvent possible, par monts et par chemins, que lui et ses chefs de poste visitent fréquemment tous les villages du cercle; que, par un contact étroit avec les naturels, il se rende un compte exact des dispositions des populations; qu'il soit constamment renseigné sur les incidents qui se produisent, de façon à prévenir les mouvements de mécontentement, qui pourraient naître et tourner à l'hostilité.

Que surtout, *pacifiquement*, comme les moyens dont il dispose et son caractère de civilisateur l'y obligent, il amène, peu à peu, l'indigène à aimer le blanc qu'il connaît peu et la France qu'il ne connaît pas.

Que par des palabres, souvent renouvelés, il montre aux natifs les bienfaits de notre civilisation, fasse pénétrer, chez eux, les idées de progrès. Qu'il conquière leur confiance et leur attachement, leur enseigne les méthodes, propres à améliorer leurs cultures, à développer les exploitations agricoles et forestières, à perfectionner l'industrie locale. Qu'il les amène, par la raison, à coopérer au développement de leur pays, en leur faisant comprendre l'utilité des travaux, pour l'accomplissement desquels leurs bras sont nécessaires. Et ce faisant, il ouvrira la route aux commerçants et aux industriels et il ménagera, à la colonie et à la France, un avenir de richesse et de prospérité.

C'est une conquête pacifique, dont le soin lui incombe. Celle-ci sera parfois obscure, souvent lente et difficile, mais toujours elle sera efficace et durable; car elle aura pour moyens la patiente pratique des grands enseignements d'humanité !

En résumé, grande est sa tâche; complexes sont les aptitudes et solide, autant que variée, la culture qu'il doit posséder pour la mener à bien. Il n'est donc plus donné, comme jadis, à n'importe qui de remplir convenablement les fonctions d'administrateur colonial.

« Les temps sont passés, où une santé robuste et une culture intellectuelle modeste, jointes à des qualités de courage, d'énergie, d'initiative, de bon sens et d'expérience pouvaient suffire au commandant de cercle, dans l'accomplissement de sa mission. L'administrateur n'est pas le commandant supérieur ou particulier d'autrefois. Il doit, — c'est la grande, c'est l'inéluctable loi d'évolution, — posséder, avec les dons naturels qui suffisaient à ces derniers, une formation, solidement empreinte d'idées générales, une instruction, non moins variée qu'étendue et, partant, fort au-dessus de la connaissance vulgaire, ensemble de notions vagues et sans liens [1]. » C'est Roger Villamur qui dit cela ; et il a raison. Oui, *les temps sont passés!...* Et je ne vois pas qui pourrait bien les regretter.

1. Roger Villamur, *Les Attributions judiciaires des administrateurs coloniaux*, 1 vol. in-8°, A. Pedone, édit.

Pont de lianes sur la Férédougouba à Dougouguela.

CHAPITRE III

Le Pays. — Son aspect général. — Sa flore et sa faune.

(Roger Villamur)

Quand, après avoir franchi le *Cap des Palmes*, les navires entrent dans le golfe de Guinée, ils suivent d'assez près le littoral pour que, tantôt à l'œil nù, tantôt à l'aide de jumelles marines, il soit donné au voyageur d'en distinguer l'aspect. Il lui est loisible d'admirer la puissante végétation tropicale qui, coupée de loin en loin par de gracieuses embouchures de rivières, ou refoulée, par endroits, pour laisser la place aux cases rondes, à toitures de palmes, des villages, se dessine, à quelques mètres de la mer. Et le soir, lorsque souffle la brise de terre, il respire les odorantes et dangereuses émanations de la forêt. Puis, sa faculté d'admirer s'affaiblit. Le passager espère, désire des sensations nouvelles. C'est en vain. Il se lasse ; et

---

1. Ce chapitre a été publié par le *Bulletin du Comité de l'Afrique française*, en son numéro de janvier 1903,

le voici, maintenant, sous l'influence de ce je ne sais quoi de mélancolique et d'accablant, qui se dégage de cette côte, uniformément basse et sablonneuse, et de cette immense barrière, toujours verte.

Le reproche de monotonie n'est malheureusement pas le seul qu'on puisse adresser aux abords de notre colonie de la Côte d'Ivoire. On peut aussi et surtout leur reprocher de n'être guère hospitaliers. Le lecteur n'est pas sans avoir ouï parler de la *barre*. Il sait, sans doute, que l'accès de la majeure partie de la côte, dans les régions intertropicales de l'Ouest africain, est rendu périlleux par une succession de lames ou rouleaux, se formant au large et venant se briser avec fracas à quelques mètres de la terre. Plusieurs explications ont été données, au sujet de cette barre, qui varie en intensité suivant les saisons. La plus plausible me paraît être celle qu'on lit dans l'encyclopédie coloniale, publiée sous la direction de M. Maxime Petit.

« La présence et la continuité de la barre, y écrit M. Henri Lorin, l'un des auteurs du chapitre sur la Côte d'Ivoire, s'expliquent par la structure générale du sol. Les influences océaniques, venues du large, sont arrêtées, à peu de distance de la côte, par la dernière marche immergée des plateaux intérieurs. Les couches profondes sont ainsi refoulées vers la surface et gonflent les couches superficielles de leur poussée verticale ; il y a là comme un rapide marin. Le nom de barre est improprement donné à cet obstacle. Il ne s'applique exactement qu'aux dépôts d'alluvions que forme, devant les embouchures des fleuves, le conflit des eaux d'amont et des flots de l'Océan. Mais, comme là aussi la mer brise, de même qu'à la rencontre du socle qui porte le continent, l'habitude a prévalu de confondre, sous une dénomination unique, des formes géographiques différentes, mais exprimées par les mêmes manifestations [1]. »

Les victimes faites, à l'embarquement et au débarquement, par la barre, dont les flots sont, par surcroît, peuplés de requins, ces guetteurs de proies humaines, ont été, depuis les premières visites des nefs normandes, très nombreuses à la côte occidentale d'Afrique. Depuis 1896, époque à laquelle je débutai dans l'administration coloniale à Grand-Bassam, jusqu'à ces temps derniers, il ne s'est pas passé d'année où je n'aie été le témoin d'accidents, — certains mortels, — causés par le chavirement des baleinières dans les lames.

Souvent — environ soixante fois en six ans — j'ai été appelé à franchir la barre. Je n'étonnerai pas le lecteur, en lui disant que ce n'est pas sans appréhension qu'à chaque voyage, je prenais place

---

[1]. Maxime Petit, *Les Colonies françaises*, tome II, p. 681. Larousse, édit.

dans le *surfboat*, armé pourtant de robustes pagayeurs et toujours pourvu du *maître-barreur*, grand évocateur des fétiches marins. Au mois de septembre 1899, quand, après l'épidémie de peste et de fièvre jaune, au cours de laquelle j'avais assuré le service judiciaire à Grand-Bassam, j'allai a Jacqueville, prendre passage sur le *cargoboat* l'*Amérique*, qui devait me rapatrier, j'eus particulièrement maille à partir avec la barre — cette concierge des côtes de Guinée qui, non contente d'être sans cesse capricieuse, se montre cruelle, lorsque vous voulez, contre son gré, aborder en ces parages ou les quitter.

Une première baleinière contenait une partie de mes bagages, et, avec eux, de mes économies. Elle fut renversée, en ma présence, par les vagues. C'en fut fait, en quelques secondes, de mes vêtements et de mon linge de rechange ; et oncques je ne revis, ni personne après moi, les sommes en argent monnayé que renfermait ma valise, engloutie par la mer. On a beau être optimiste, ces aventures-là vous indisposent contre la destinée ; et, pour un moment du moins, l'on cesse d'être de l'avis de l'ami Candide : tout n'est plus pour le mieux dans le meilleur des mondes. Surtout quand une seconde baleinière vous attend, vous et le restant de vos colis, pour vous conduire à bord.

Installé dans l'embarcation, je restai environ un quart d'heure, triste et rêveur, en présence des hautes lames, qui déferlaient avec un tel vacarme et une telle fureur sur le rivage qu'il était inutile de songer à lutter contre elles. A un moment donné, cependant, un semblant d'accalmie. Le *surfboat* est poussé dans l'eau par une douzaine de solides *Kroumen*. Ils se jettent dedans et pagayent ferme, en vociférant dans leur rude langage : *Pagayons vite ! Pagayons bien ! Le blanc est bon ! Il y aura du gin ! Vite, vite! Il y aura du tafia !* Hélas ! malgré cette belle ardeur, ces séduisantes perspectives et les supplications du barreur à tous les fétiches de la mer, voici une forte lame. Tous mes noirs plongent sous elle. Par bonheur, la baleinière où j'étais resté n'a pas chaviré. Elle s'est bornée, après s'être aux trois quarts remplie d'une eau sablonneuse, — oh ! combien ! — à revenir à terre.

Les autres lames furent plus clémentes. Elles se laissèrent franchir. Mais j'arrivai à bord dans une tenue que je n'ose recommander aux Don Juans de l'avenir. Il est vrai qu'il n'y avait aucune passagère sur l'*Amérique*. Les hommes — et notamment l'aimable commandant Nègre — se montrèrent indulgents pour les accoutrements, dont j'étais forcé de m'affubler, lorsque mon unique complet blanc, sorti des ateliers d'Alcibiade Portella, le roi nègre de la couture à Bassam, était aux mains du matelot lessiveur... et repasseur. Ces accoutrements invraisemblables se composaient d'un pantalon, beaucoup trop long et douloureusement collant, dû à l'obligeance de ce pauvre Vaillant, mon compagnon de traversée, mort depuis, de chemises à ramages, où s'était complue l'imagination fertile d'un fabricant, évidemment très facétieux, chemises achetées, presque au poids de l'or, à un traitant noir, passager lui aussi, et enfin d'une veste étriquée dont, malgré mes efforts rageurs, j'ai dû me résigner à ne jamais boutonner que le premier bouton. A *Las Palmas*, nous ne fûmes pas, comme à Dakar, mis en quarantaine. Je pus y acheter des vêtements confectionnés. Et j'arrivai à Marseille dans une tenue, oh! qui n'était pas le dernier cri de la mode, ni la suprême expression des élégances boulevardières, mais qui n'était plus celle d'un échappé de quelque vague cour africaine des miracles.

Pour en revenir à la barre, elle n'est plus à craindre, à Grand-Bassam. En 1898, la construction d'un wharf y a été entreprise par la maison Daydé et Pillé. Entravée, un instant, par le raz de marée qui, en 1899, au fort de l'épidémie, dont il sera parlé plus loin, vint accroître la désolation, qui pesait sur le chef-lieu du pays, elle a été reprise avec activité, en 1900, sous la direction du regretté M. Vaillant et de son adjoint, M. Daveux. En 1901, le wharf a été officiellement inauguré et ouvert à l'exploitation. Ainsi, à la Côte d'Ivoire, le travail de l'homme est arrivé à vaincre les éléments, comme il en a triomphé à Cotonou, et à pourvoir la colonie d'un très appréciable facteur de développement.

Ajoutons que la nature, — guidée, semble-t-il, par le dessein d'atténuer les effets du grand obstacle aux progrès économiques de la région, — avait déjà doté ces contrées d'un régime de lagunes, voisines du rivage. Véritables petites mers intérieures, aux eaux calmes, ces lagunes sont actuellement les principales artères commerciales de la colonie. Comment se sont-elles formées? Cette question est examinée par M. Binger, dans son bel ouvrage *Du Niger au Golfe de Guinée*. « Le courant marin et la barre, écrit le grand explorateur, ont ensablé les embouchures des fleuves et transformé les baies et anfractuosités de la côte en lagunes, séparées de l'eau salée par une étroite bande de sable, sur laquelle se sont élevées les factoreries. Les lagunes sont de formes variables. Les unes sont perpendiculaires à la côte, comme les lagunes de *Potou*, d'*Assinie* et d'*Ehy* ; les autres, au contraire, s'allongent parallèlement au littoral, telles que les lagunes du Lahou, de Grand-Bassam et du Tendo. Il semble que la Providence ait voulu donner une compensation à cette côte inhospitalière, en permettant au commerce de naviguer en dedans, à l'abri de la grosse mer, et de drainer ainsi, sans danger, les produits vers le mouillage.... C'est ainsi probablement, grâce au phénomène de la barre, que les embouchures des rivières se bouchent si facilement et d'une façon si inopinée. Peut-être même, arrivera-t-on plus tard à expliquer la formation des lagunes et à prouver que, dans le temps, les rivières, qui s'y jettent, tombaient directement dans l'Océan, en même temps qu'on expliquera pourquoi, près du village de *Petit-Bassam*, il existe une singulière dépression dans le fond de la mer, dépression profonde de 340 à 360 mètres, que les marins appellent *Vallée sous-marine*[1]. »

Ce qu'on remarque, en premier lieu, en jetant un coup d'œil sur la carte de la colonie, c'est donc le nombre et l'étendue des lagunes. Très peu distantes de la mer, elles sont, tout comme les cours d'eau, qui s'y déversent, bordées par la forêt. Celle-ci occupe la majeure partie du sol. Sa prise de possession de la terre commence, on l'a vu, tout près du littoral. La végétation s'étend sur toute la longueur de la côte et, sauf dans la région de la *Bandama* et de son affluent, le *N'zi*, s'enfonce, dense, marécageuse et malaisément pénétrable, à une profondeur d'environ 300 kilomètres. Au delà, c'est la plaine, c'est la savane. Régions très différentes, géographiquement, de celles du sud. Riches en or, elles aussi ; propres aux diverses cultures qui réussissent au Soudan ; éminemment propices à l'élevage, presque impossible dans la zone forestière.

1. Le Capitaine Binger, *Du Niger au Golfe de Guinée*, tome II, p. 309 et 310, Hachette et Cie, édit.

Les accidents du sol présentent un intérêt secondaire. Rien qui rappelle les grands soulèvements de l'Afrique septentrionale ou qui ressemble à cette fameuse ligne des *montagnes de Kong*, figurée dans les atlas d'il y a vingt ans. Pas de système de chaînes nettement accentuées. Quelques collines éparses et capricieuses. C'est tout. Les points les plus élevés (environ 800 mètres) paraissent être dans le Bondoukou. Les ondulations de la forêt, que sont-elles? On ne le sait guère; et il se passera bien des années, avant que l'orographie de la basse Côte d'Ivoire soit connue.

« Ce ne sont pas les lignes du relief culminant, qui jouent le principal rôle dans la division géographique du pays ; on doit plutôt considérer leur exposition, plus ou moins découverte, aux vents pluvieux de l'Atlantique; ces vents viennent de l'ouest et du sud-ouest, et les plus chargés d'eau circulent dans les couches basses de l'atmosphère; ils s'arrêtent, dans la partie occidentale de la colonie, sur les revers extérieurs des marches du plateau africain, dont l'écran abrite ainsi le Baoulé et permet la descente des savanes soudaniennes, en arrière de la forêt, jusqu'à la hauteur de Tiassalé. A l'est du Baoulé, au contraire, la forêt remonte vers le nord; c'est que le relief moins accusé, dès le voisinage du littoral, permet la pénétration des vents atlantiques assez avant dans l'intérieur, jusqu'aux collines de Bondoukou et de la montagne Volta. Les étages supérieurs du plateau sont assez élevés pour attirer, par-dessus les collines plus proches de la côte, des pluies océaniques ; le pays ondulé de Sikasso, le Mossi sont ainsi des centres de distribution des eaux, d'où les sources divergent vers le Mayel-Balevel, affluent du Niger, la Volta et la Comoë ; mais la chaleur n'est plus suffisante, comme à la côte, pour que ces pluies fassent pousser du sol la futaie souveraine de la forêt [1]. »

La colonie est assez bien arrosée. Les cours d'eau qui la sillonnent suivent, en général, la direction du nord au sud et ont un débit abondant. Les principaux sont, en allant de l'est à l'ouest, le *Tanoë*, la *Bia*, la *Comoë*, la rivière *Mé*, les tributaires de la lagune Ébrié, puis la *Bandama*, la *Sassandra*, le *San-Pedro*, les rivières *Dodo* et *Tabou* et le *Cavally*. La plupart de ces fleuves et rivières ne sont navigables que dans la partie tout à fait inférieure de leur cours. C'est ainsi que les vapeurs ne remontent pas la Comoë au delà du village d'*Alépé*, ni la Bandama au-dessus de celui de *Brou-Brou*. Ils en sont empêchés par les premiers rapides qu'on trouve à très peu de distance de l'embouchure.

[1]. Maxime Petit, *ouv. déjà cité*, tome II, p. 685 et 686.

Ce qu'est un rapide, quiconque, sans avoir voyagé, n'est pas absolument ignorant, en matière de géographie, en peut avoir une idée. Mais ce qu'on ne peut se représenter en imagination, ce sont nos rapides de la Côte d'Ivoire et c'est surtout la manière dont on les franchit. Mon ami Pierre d'Espagnat qui, par ses écrits, avait acquis une notoriété, — et non des moindres, — dans les milieux coloniaux et qui est mort tout jeune, l'an dernier, au seuil de cette forêt de Guinée, qu'il aimait tant et dont il a si bien décrit les splendeurs, mon pauvre ami d'Espagnat a su nous donner l'impression du passage et des aspects de ces grands barrages.

Lisez ces lignes. Elles sont d'une rigoureuse exactitude et fort suggestives. Quand vous aurez, avec l'élégant auteur des *Jours de Guinée*, fait connaissance avec les chutes d'*Amenvo*, vous aurez une conception nette de ce que sont les rapides de là-bas. Je cite :

« Le grand rapide d'*Amenvo*, — le plus long, le plus violent et le plus dangereux de tous ceux, sur lesquels bondit la *Comoë*. De loin, on l'entend, au grondement de ses chutes, et de loin aussi, en aval, les tourbillons de la rivière nous l'annoncent, avec la fréquence plus croissante des dents aiguës de pierre, bleuâtres entre deux eaux. C'est un bruit sourd, lointain, inquiétant, qui se rapproche très vite et qui pourtant ne perd jamais son intonation éloignée, même lorsqu'on se trouve tout auprès.

« Terrible, tout de même, et impressionnant, un pareil obstacle, par la dimension du fleuve, en cet endroit, par la masse de ce cataclysme, l'aspect tragique de ce bouleversement, en plein écrasant soleil.

« Des trombes d'eau se ruent par les brèches des barrages ; des enchevêtrements gigantesques de gneiss et de diorites bouleversés, avec des cascades précipitées pêle-mêle, furieuses, par-dessus.

« Et quand on a franchi cela, à miracle, l'on ne se souvient plus du tout comment l'on s'y est pris. Il nous reste seulement, à peu près, le souvenir de pirogues heurtées, de bagages, précipitamment débarqués, de sauts dans l'eau et parmi les roches, de torsions de dos bruns, ruisselants de sueur et d'écume, d'une lutte très longue, acharnée, se terminant brusquement dans une large baie aux eaux calmes, par une sorte d'hymne lent, très pur, de tous ces noirs.

« On dirait presque une invocation au soleil, un chœur de revanche et de triomphe sur la nature...

« Successivement, l'on gravit ainsi deux de ces marches géantes, séparées l'une de l'autre par un bief calme. Au sommet de la dernière, devant la belle plaine apaisée de la Comoë, qui se poursuit maintenant complètement libre jusqu'à l'*Alangoua*, nous nous retournons.

« Avec son air de grande ruine naturelle, abandonnée là par le déluge, il s'étale, ce chaos, dans un cadre véritablement charmeur. Le site est tranquille, endormi, illuminé ; et il y a, surtout, le ton gris rose des roches éloignées, qui est particulièrement caressant dans ce manteau vert poudreux des chutes de verdure.

« Contraste très grandiose, aussi, que la puissance de cette rumeur, emplissant un horizon aussi profondément immobile et mélancolique.

« D'ailleurs, sur les rives, des toucans, des singes, des coins exquis de ramures, de petites rivières affluentes, fuyant sous des berceaux très bas, des retraites attendries, et puis, encore, de longs arceaux de branches rasantes, sous lesquels nos voyageurs veulent, à toute force, nous faire passer, au grand dommage de nos vêtements et de nos figures ; et des aigles blancs, perchés sur les arbres, aux plus inaccessibles cimes, et des éperviers « charognards », qui tournoient éternellement au-dessus du fleuve, pour s'envoler ensuite d'une tangente rapide dans la forêt ; et le bourdonnement fiévreux, frémissant, des mouches vertes ; et, à travers l'air illuminé, quelques zigzags en éclair, où le soleil étincelle brusquement sur un corselet d'émeraude et d'or[1]... »

---

[1]. Pierre d'Espagnat, *Jours de Guinée*, 1 vol, in-12, Perrin et Cie, édit.

Les ressources, offertes par la colonie, sont nombreuses. M. Binger a eu le mérite de savoir appeler l'attention sur elles. Depuis plusieurs années, grâce au mouvement dont il a été l'initiateur, les richesses naturelles du sol ont été étudiées; et, de loin en loin, celles-ci fournissent à ceux qui les ont examinées sur place la matière d'instructives publications.

Un point, sur lequel tous ceux qui ont visité la Côte d'Ivoire et fait connaître, par leurs travaux, les résultats de leurs voyages, me paraissent d'accord, c'est que, si son sol est riche, son sous-sol ne l'est pas moins. C'est là, d'ailleurs, une des premières remarques du nouveau venu en ces parages; car il est frappé par ce double fait que la poudre d'or sert, en bien des endroits, d'intermédiaire aux échanges et que, presque partout, les notables indigènes possèdent des provisions de métal assez importantes.

Les jours de gala, les chefs étalent leurs richesses, sous forme de pépites, sur leurs pagnes de soie, de bagues massives, aux dix doigts de leurs mains, de lourds anneaux, aux poignets, de fétiches bizarres, suspendus à leur cou. Les belles *Apolloniennes* et les jolies *Fanties*, qui, le dimanche soir, dansent au tam-tam de Grand-Bassam, montrent volontiers aux curieux les boucles d'oreilles et les épingles d'or, dont elles n'ont jamais oublié de se parer et qui sont l'œuvre d'artisans noirs, parfois non dépourvus de goût et d'habileté.

Au cours de ces dernier mois, de nombreux prospecteurs ont fouillé le sol, et, de retour en Europe, n'ont pas tardé à publier leur foi dans l'avenir doré de ces contrées de Guinée. Des sociétés minières se sont formées; et, aujourd'hui, il est permis d'espérer que, au point de vue du rendement de l'or, notre vaste et riche possession n'aura, avant peu, rien à envier à sa voisine anglaise, la *Gold Coast*.

La *Dépêche coloniale illustrée*, cette très instructive publication, qui contribue, en mêlant fort heureusement l'agréable à l'utile, à fixer l'intérêt du public français sur nos diverses terres d'outre-mer, la *Dépêche coloniale illustrée* a consacré son numéro du 30 novembre 1902 à la Côte d'Ivoire, étudiée comme productrice d'or. J'y renvoie ceux de mes lecteurs, pour qui la question présente un attrait particulier. Ils y trouveront de précieux renseignements sur la géologie du pays, les gîtes aurifères, le mode d'occurrence du métal, les travaux effectués et ceux en cours, etc. Et ils apprendront que l'or se trouve sous trois formes dans la colonie : en conglomérat, en filons de quartz et en alluvions.

Comment les naturels, qui, comme il est dit plus haut, tirent parti des richesses, mises sous leurs mains par la nature, obtiennent-ils le métal? C'est ce qu'il est curieux de savoir et c'est ce sur quoi M. Camille Dreyfus nous offre des données, en son dernier livre, *Six mois dans l'Attié*, où sont consignées ses observations, fruit d'un long séjour au Grand-Bassam et d'une exploration au nord-est de cette province; je ne saurais mieux faire que de lui céder, pour un instant, la plume :

« Le 24 août 1898, dit-il, entre six et sept heures du matin, je partis accompagné d'Esseens, de Fyne et d'un vieil homme, n'ayant autour des reins qu'un lambeau d'étoffe et le corps couvert des tatouages de circonstance. Le *placer* est à une heure d'*Adoquoi* nord-est, ou plutôt entourant le village d'un croissant, qui va du nord-est au sud-est. Il est séparé du village par trois vallées. Au fond de la dernière, coule une petite rivière qui longe d'abord et coupe ensuite le chemin, en roulant ses eaux transparentes sur un lit de cailloux. Les femmes viennent y laver le sable aurifère. Dès qu'on a franchi ce cours d'eau, on arrive, par une légère pente, à la maison du garde, qui commande les différentes routes d'accès du gisement. Puis, le chemin devient difficile ; il faut se faufiler entre des puits, creusés à droite et à gauche des sentiers, et dont quelques-uns ont plus de dix mètres de profondeur. Sur ce sol, toujours humide, sur cette glaise rouge, glissante, on est exposé à des chutes dangereuses.

« **Nous arrivons.**

La Comoë à Pétépré.

Environs de Grand-Bassam.

« Il est impossible de décrire la majesté sauvage de ce lieu, perdu dans une brousse si épaisse qu'elle forme une muraille presque impénétrable. Quand on sort de dessous cette voûte, que jamais 'ne perce un rayon de soleil, on se trouve dans une étroite clairière, en face d'une masse énorme de quartz, formée de quatre blocs superposés, mesurant à la base vingt mètres de circonférence, et près de cinq mètres de hauteur, du ras du sol au plateau supérieur.

« J'en fais détacher quelques éclats, ils contiennent de l'or...

« Je fais ouvrir immédiatement un puits, au pied du bloc quartzeux. Le vieil homme, après une invocation au fétiche, travaille dur et ferme. Nous ne tardons pas, d'ailleurs, à retrouver le quartz en petits quartiers, qui s'enlèvent assez facilement. Le sol est, ici, un long plateau quartzeux, recouvert d'une couche de glaise à laquelle se trouve mélangée une mince couche de terre végétale. Par moments, la glaise est encastrée entre deux blocs de quartz et prend la forme d'une brique ; il semble qu'il n'y aurait qu'à cuire.

« En creusant le sol, on trouve d'abord cette terre argileuse rouge, qui contient quelquefois de l'or, mais en petite quantité, puis, quand on atteint une profondeur moyenne de quatre mètres, mais qui peut aller jusqu'à dix mètres, on rencontre une espèce de sable blanc, à éléments anguleux, qui n'est autre chose que du quartz pulvérisé : c'est le gît de l'or.

« Le premier puits terminé, on en fore un second, à trois ou quatre mètres de distance du premier ; on lui donne la même profondeur et on fait communiquer les deux puits par une chambre en sous-sol, juste assez haute pour qu'on puisse y travailler, couché sur le dos ou étendu sur le ventre. La terre et le sable, rejetés sur les bords du puits, sont enlevés par les femmes ou les captives du travailleur. Elles portent le sable à la rivière voisine et le versent dans de grandes cuves en bois. Elles agitent les cuves, ainsi remplies à même l'eau courante, par un mouvement de droite à gauche et réciproquement, avec une légère secousse d'avant en arrière et d'arrière en avant.

« Les pierres, ramenées au bord de la cuve, sont écartées, non sans avoir été préalablement examinées. Le résidu, qui se trouve au fond de la cuve, est versé dans une autre plus petite, en bois ciré, de façon que les parcelles d'or ne puissent ni se cacher, ni se perdre dans les rugosités du récipient.

« Cette seconde cuvée est soumise au même traitement que la première ; mais le résidu, au lieu d'être lavé à plein courant, est lavé par l'eau qu'on fait passer de la grande cuve dans la seconde. On achève l'opération, en jetant un peu d'eau avec la main. S'il y a de l'or, il apparaît tantôt en pépites, tantôt en poudre.

« Cet or est versé dans une sébile de forme presque conique ou plutôt parabolique, ce qui permet de rassembler au fond, le métal. Sur les bords de cette sébile, on dispose une petite claie, sur laquelle on place quelques charbons de bois et on souffle légèrement, de façon à sécher l'or et à faire disparaître les dernières traces terreuses.....

« L'outillage se compose de pics pour briser et forer le quartz, de houes pour ramener la terre et le sable dans les vannes en bois, à l'aide desquelles on les porte au lavage [1]. »

L'exploitation des richesses aurifères du sol est-elle possible à l'Européen ? Je ne le pense pas. Le blanc ne peut pas, — je ne saurais trop le répéter, — se livrer, sous les latitudes de Guinée, à des travaux corporels pénibles, comme cela lui est permis au Transvaal et, plus encore, dans l'Alaska. Il ne peut que diriger ces sortes de travaux. Ici, se dresse donc le problème de la main-d'œuvre. Il ne faut pas que les exploitants comptent trop sur les indigènes du Sanwi, de l'Attié et du Baoulé. Ils devront, dans les premiers temps, — suivant, en cela, l'exemple des maisons côtières, qui se livrent à l'exploitation de la forêt, — recourir surtout à des travailleurs, pris au Sénégal, à Sierra-Leone ou ailleurs.

[1]. CamilleDreyfus, *Six mois dans l'Attié*, 1 vol. in-12. L. Henry May, édit.

La Côte d'Ivoire est-elle un vaste champ d'or ? Plusieurs de ceux qui l'ont étudiée sérieusement, au point de vue minier, en semblent convaincus. J'espère que l'avenir donnera raison à leurs pronostics. Mais je pense qu'avant de devenir un petit Transvaal, la colonie continuera à marcher dans la voie qu'elle suit, depuis quelques années, si fructueusement : son commerce se développera par l'exportation de ses produits forestiers. La richesse végétale de ce sol de Guinée n'est-elle pas, en effet, l'une des plus puissantes du globe? M. Pierre d'Espagnat a écrit, à ce sujet, dans la *Revue des Deux Mondes* du 1er septembre 1896, des lignes qui méritent d'être reproduites. Ce sont les suivantes :

« Ce sol, perpétuellement humide et chaud, est, à n'en pas douter, un milieu de prédilection pour le végétal. On n'a, si l'on veut s'en rendre compte, qu'à considérer, un instant, cette magnifique forêt de Guinée, auprès de laquelle nos futaies du Bas-Bréau ne sembleraient guère que de maigres taillis, sans énergie et sans sève. C'est, en se promenant sous ce dais continu de feuillages solennels, étalés à cent pieds au-dessus de votre tête et projetant sur le sol l'ombre diffuse et mystérieuse d'une cathédrale, dont les fûts droits et gigantesques de tant d'arbres centenaires seraient les piliers ; c'est, en sentant constamment sous vos pieds la fraîcheur et la fermentation de la terre, qui embrasse instantanément l'arbre abattu par les ans pour le décomposer aussitôt et créer des vies nouvelles de sa pourriture et de son humidité, qu'on se rend compte de la puissante et éternelle vitalité de cette nature, de ce grand Pan si prompt à pétrir, à absorber tout ce qui languit, tout ce qui succombe, à refaire, sans s'arrêter jamais, de l'existence et de l'énergie avec de la mort.

« On peut dire que toutes les productions végétales se développent à souhait sur cette terre de Chanaan, où la graine, que la main laisse tomber, le pépin, qui s'échappe du fruit mûr, le léger et soyeux parachute, que le vent emporte, germent spontanément, là où le hasard les a fait s'abattre. »

Quelles sont donc, avec l'or, les principales richesses de ce sol, qui a inspiré à M. d'Espagnat cette belle page ?

Les ressources, dont les maisons de la côte tirent pour le moment parti, sont celles offertes par l'abondance des acajous, des bahias, des palmiers oléifères, des arbres et lianes à caoutchouc. Ces diverses essences existent, un peu partout, dans l'immense forêt. Cependant, les régions, où l'écoulement des amandes et de l'huile de palme est le plus important, sont celles de Grand-Bassam, Dabou et Grand-Lahou ; celles, où l'exploitation de l'acajou et du bahia est le plus en honneur, les environs de Bassam, Assinie et Lahou ; celles, enfin, où l'on se livre plus spécialement au commerce du caoutchouc, les bassins de la Bandama, des rivières Tanoë et Bia, de la Comoë.

De ce qui précède, il paraît résulter que les territoires, situés entre la Bandama et le Cavally, sont improductifs. Il n'en est rien. Ils renferment, eux aussi, de grandes richesses forestières. Mais l'œuvre de pénétration est, en ces parages, on le sait, tout à fait à ses débuts. Notons que la région de l'ouest, si l'on se base sur les premiers résultats obtenus par les commerçants, qui s'y sont récemment établis, semble appelée à un avenir brillant : il s'y fait, à *Wappou*, notamment, un très actif commerce d'*acajou* et de *piassava*.

L'exploitation des essences sus-indiquées n'est pas exclusivement digne d'intérêt. M. l'administrateur Pobéguin a procédé, voici déjà quelques années, au cours de ses explorations, à un examen consciencieux des bois, dont l'industrie pourrait tirer parti. Il a noté que plus de cent espèces, fournies presque toutes par des bois résistants, à fibres très denses, pourraient être exploitées utilement par l'industrie. Les échantillons, recueillis par lui, ont figuré, il y a trois ans, à la section coloniale de l'Exposition universelle.

Après M. Pobéguin, les membres de la mission Houdaille ont été amenés, — cela rentrait, en effet, dans la spécialité de leurs travaux, — à étudier les richesses forestières du pays. Les résultats de l'étude, à laquelle ils se sont livrés, sont consignés en ces termes, dans le rapport que, le 7 février 1899, M. le capitaine Houdaille adressait de Bettié à M. le gouverneur de la Côte d'Ivoire et dans le compte rendu qu'à son retour en France le distingué chef de mission a publié, en l'agrémentant de très intéressantes vues photographiques :

« Dans les régions forestières les plus riches, le cube de bois équarri à vives arêtes, que l'on pourrait retirer d'un hectare, est supérieur à quatre-vingts mètres cubes, et, dans les régions les moins riches, à vingt mètres. La moyenne paraît être voisine de cinquante mètres par hectare : sur ce chiffre, la proportion d'acajou est comprise entre cinq et dix pour cent... Comme la forêt a une surface de six millions d'hectares, on arrive au chiffre fantastique de 300 millions de mètres cubes de bois équarri à vives arêtes, représentant, au prix du sapin, à 50 francs le mètre cube, une valeur de 15 milliards.

« Les cinquante mètres cubes, dont il vient d'être question, sont constitués presque uniquement par des bois durs, qui paraissent pouvoir être utilisés par l'ébénisterie, la menuiserie et le pavage en bois de la ville de Paris. »

En outre des bois, propres à servir à ces divers usages, les produits du sol, présentent un intérêt d'exploitation, sont les bois de teinture, la gomme copal, la noix de kola. Mais, plus encore que ces produits, le café et le cacao, dont la culture a été introduite, hier à peine, dans le pays, nous semblent devoir, dans quelques années, fournir un appoint sérieux aux exportations. Les premiers essais de culture du café ont été faits, sur les bords de la lagune Aby, à *Élima*, non loin d'Assinie, par les agents de la maison Verdier. Aujourd'hui, la *Compagnie française de Kong*, qui a succédé à cette maison, possède là-bas une caféière de cent cinquante hectares environ en plein rapport. Le café assinien est, sans contredit, l'un des meilleurs existant dans le commerce. M. Adrien Fraissinet s'est, de son côté, livré avec succès aux cultures riches : ses caféières et cacaoyères de *Prollo*, à la côte ouest, ont produit les meilleurs résultats.

Les plantations d'Élima et du Cavally ne sont plus aujourd'hui les seules exploitations agricoles de la Côte d'Ivoire. Des concessions, pour la culture du café et du cacao, ont été accordées à plusieurs commerçants établis à la côte. Les caféières, installées dans le *M'Bâto*, l'*Akapless*, l'*Ébrié*, etc., ne tarderont pas à donner des produits. Les caféiers plantés sont originaires, soit du Rio-Nunez, soit de la République de Libéria. Les cacaoyers sont importés de la possession portugaise de San-Thomé.

A côté des produits d'exportation, ceux utilisés

ou consommés sur place. Ce sont : la banane, dont, à ma connaissance, le sol fournit trois variétés, les arachides, les épices, le maïs, le manioc, l'igname, le taro, la patate douce, l'oseille dite de Guinée. Dans la haute Côte d'Ivoire, le mil, le sorgho, la canne à sucre, etc., viennent, en outre, à merveille. Dans la zone forestière, les indigènes se nourrissent d'un plat unique, le *foutou*, composé de poissons ou viandes fumés, accommodés au piment et à l'huile de palme ou d'arachide. Au nord, la base de la nourriture est une sorte de *couscous*. D'Assinie à Grand-Lahou, le pain est remplacé, dans l'alimentation, par une pâte de bananes, d'ignames ou de manioc bouillis. A la côte ouest, c'est le riz indigène qui en remplit l'office. Les fruits les plus répandus sont, avec la banane, le fruit de l'arbre à pain, l'orange, le citron, le limon, la goyave, l'ananas, l'avocat, la mangue, la papaye, la pomme-cannelle, la pomme d'acajou, une sorte de datte rachitique, etc. Tous ces fruits se trouvent en abondance dans le pays.

Le sol se prête, de plus, au développement de tous les produits de la zone tropicale. Les essais réalisés, à cet égard, au jardin botanique de la Côte d'Ivoire et dans les postes de l'intérieur ou du littoral, sont des plus concluants. Le corossolier, le barbadinier, l'avocatier, etc., importés en ces contrées, y trouvent un terrain des plus favorables; et leurs fruits y sont, comme aux Antilles, excellents. Les fruits innommés ont droit à une mention : maintes fois, en effet, pendant mes voyages en forêt, j'ai, sur le bord des sentiers, cueilli et mangé des baies, qui, pour n'être pas connues des naturalistes, n'en étaient pas moins douées d'une fort agréable saveur. Enfin, il me paraît intéressant de faire connaître que la Guinée donne naissance à l'*indigofera tinctoria*, au cotonnier, au tabac, à la vigne, au pourpier, au henné et à quantité de plantes médicinales, entre autres le ricin, le *kinkélibah*, la citronnelle, le thé de Gambie, dont certaines sont employées par les naturels et qu'il y aurait la plus grande utilité à étudier, au point de vue des services qu'elles peuvent rendre pour le traitement des affections endémiques; qu'elle nourrit des végétaux odorants, utilisables commercialement, et, parmi ses variétés de fleurs, les *orchidées*; et qu'elle est propice à la culture de certains produits de nos jardins, ainsi les melons, les concombres, les radis, les petits pois, les haricots, les tomates, les choux, les épinards, l'oseille.

Cette *magna parens frugum*, cette terre de Chanaan, comme l'appelait Pierre d'Espagnat, ne se borne pas à nourrir des milliers d'espèces végétales : elle est peuplée d'une multitude d'espèces animales ; et ses lagunes regorgent de poissons, qui sont d'une précieuse ressource pour l'alimentation.

Les animaux domestiques sont représentés par

le chien, le chat, les volailles, le mouton, la chèvre, le cochon, le bœuf; à remarquer, dans la *basse Côte d'Ivoire*, l'absence totale de chevaux : ils ne s'acclimatent pas, en cette zone forestière, assez pauvre d'herbages, et où ils auraient, dit-on, pour ennemie mortelle, la fameuse mouche *tsé-tsé*. L'Européen ne s'est pas encore livré à l'élevage là-bas. Mais il y aurait, en cette voie, beaucoup à faire. Je ne saurais trop conseiller aux personnes, douées des aptitudes et des ressources nécessaires, à s'y engager : à mener l'élevage et le commerce des animaux de boucherie, que nourrissent les petites savanes de *Mouôsso*, *Adjamé*, *Dabou*, etc., concurremment avec la vente de certains produits de consommation, qu'on ne trouve pas dans les factoreries, il y aurait, je crois, de l'argent à gagner, — et vite.

Le gibier n'est pas rare ; il est représenté par les pigeons verts, les tourterelles, les perroquets, une sorte de toucan, une variété de faisan, les pintades sauvages, le gibier d'eau, l'iguane, le rat palmiste, la civette, fléau des poulaillers, ornement des étalages de fourreurs et fortune des vendeurs de musc, la belette, la fouine, le furet, le hérisson, le tatou, le pangolin, le porc-épic, plusieurs espèces de singes et d'antilopes, etc. Aux abords du chef-lieu, on trouve des buffles, des sangliers, des hippopotames et lamantins, encore des éléphants, mais devenus si rares que l'exportation de l'ivoire est presque nulle et que la désignation géographique du pays a cessé d'être justifiée. Au nord, au delà des forêts, les perdrix grises, les outardes, les lièvres offrent aux chasseurs des proies nombreuses.

Il existe, dans la colonie, des variétés intéressantes d'oiseaux, mais bien moins nombreuses qu'au Sénégal. A citer : l'aigle à tête blanche, les échassiers, les aigrettes, le foliotocol, le colibri, et, sur les roches des rapides. du haut desquelles ils vous regardent sans crainte passer en pirogue, — car ils vous savent en proie à des préoccupations, qui les mettent à l'abri de toute velléité de chasse, — plusieurs espèces de passereaux au plumage éclatant. Il existe aussi, parmi les animaux inoffensifs, des tortues; on en consomme les œufs, qui constituent un mets très sortable.

Au nombre des animaux dangereux, on remarque, dans la haute Côte d'Ivoire, le lion, la hyène, l'once, et, dans la zone de végétation dense, les crocodiles, qui peuplent les lagunes et rivières, les scorpions, qui fréquentent le voisinage des habitations, le chat-tigre et la panthère, dont, la nuit, on entend les miaulements alterner parfois avec le cri plaintif de l'*ahua*, les serpents, surtout nombreux parmi les marécages, et représentés notamment par la vipère cornue, le serpent vert, le serpent noir, le naja, les trigonocéphales, toutes espèces très venimeuses, et le python, qui est

La Bandama à Bouanero.

Marigot près de Ouassou.

redoutable par sa force musculaire, suffisante pour broyer une antilope de belle taille et qui arrive à atteindre des proportions énormes, enfin, puisqu'une théorie médicale récente les range au nombre des propagateurs, les uns de la fièvre jaune, les autres de la peste bubonique : les moustiques et les rats.

De l'énumération précédente, il ne faudrait pas conclure qu'il est impossible de faire un pas dans la brousse, en Guinée, sans risquer sa vie. Certes, bien des animaux, dangereux par les armes que la nature leur a données, habitent ces contrées ; et quelquefois, il arrive de faire, dans la forêt ou la savane, des rencontres dont on se passerait, mais, à moins que vous ne les fouliez aux pieds par inadvertance, ou, ce qui est moins probable, que vous ne vous amusiez à les exciter, les serpents vous laisseront passer, sans vous attaquer, ou bien fuiront sous les broussailles.

On peut même arriver à vivre avec eux. Témoin les faits suivants. Je demande pardon au lecteur d'évoquer encore des souvenirs personnels, mais, dans un ouvrage de la nature de celui-ci, — ouvrage vécu en cette si dure et si attachante Guinée, — il me paraît difficile, pour ne pas dire impossible, que le moi, — ce moi haïssable, j'en conviens avec Pascal, — n'entre quelquefois en scène. S'il parvient à mettre en relief certains de mes développements, ce me sera une excuse de ne l'avoir pas

La Côte d'Ivoire.

impitoyablement honni du livre. Cela posé une fois pour toutes, je relate :

Il y a quelques années, au temps où je remplissais cumulativement, à Grand-Bassam, les fonctions de juge de paix à compétence étendue et celles de chef du secrétariat du gouvernement, j'avais la spécialité, sans cependant m'être exercé à les charmer, d'attirer les serpents. Sous la toiture de ma maison d'habitation s'abritait, la nuit, un gros et long python, qui signalait sa rentrée au logis par des sifflements. Un soir, j'avais des invités ; l'un d'eux me fit remarquer qu'on entendait un drôle de bruit au-dessus de la tête. « Ne faites pas attention, lui dis-je, c'est un python, qui a trouvé ma maison à sa convenance. Je lui ai abandonné les combles, et, pour me témoigner sa gratitude, il s'emploie à me préserver de la peste[1] en dévorant mes rats. »

Dans la salle du tribunal de la Côte d'Ivoire, un serpent vert avait élu domicile. L'officier du ministère public, le greffier-notaire et moi, nous ne nous alarmions pas, outre mesure, de la présence, apparente ou cachée, de ce reptile, ami de Thémis, lorsqu'un jour d'audience correctionnelle, celui-ci jugea bon de se montrer en public. Grand émoi. Forcément, je suspendis l'audience. Mon serpent vert, plus effrayé que ceux qu'il effrayait, cherche

---

1. On était alors en pleine épidémie.

une issue, un trou pour disparaître. On court après lui ; on l'atteint ; on le met à mort et on le jette en pâture aux canards du commissaire de police. Je suis encore convaincu que cette exécution sommaire, que je n'ai pas ordonnée, et dont je me suis lavé les mains, ne s'imposait pas, que le public ne courait aucun danger.

Pas plus que le danger des serpents, celui des crocodiles ou des fauves ne doit inspirer de sérieuses craintes au voyageur ; il lui est aisé d'éviter les uns, en ne se baignant pas dans les eaux où ils prennent leurs ébats ; quant aux autres, du plus loin qu'ils l'apercevront, ils s'enfonceront, de toute l'agilité de leurs membres, dans l'épaisseur de la forêt.

Une catégorie d'êtres, avec lesquels il sera, par exemple, constamment aux prises, ce sont les insectes. Négligera-t-il, pour marcher sur le sable, de se munir de chaussures de cuir ? Il aura des chances pour avoir les pieds endommagés par les chiques. A l'intérieur des terres, passera-t-il la nuit sous la tente ou sous une case indigène en pisé ? Il courra le risque d'être importuné par les termites ou les fourmis.

La *chique* n'existait pas en Afrique, il y a un demi-siècle. Elle y a été importée des régions intertropicales de l'Amérique. On l'appelle aussi la *puce des sables*. Mais elle est beaucoup plus petite que la puce ordinaire. Il y a, dans l'ouvrage classique de M. le docteur Brocq, sur les maladies de la peau, des détails exacts à son sujet et, contre ses atteintes, l'indication d'un traitement auquel on a recours en Guinée et qui donne de bons résultats.

« Quand la chique est fécondée, écrit M. Brocq, elle pénètre dans la peau, surtout aux jambes, aux pieds, aux orteils et sous les ongles, puis elle grossit démesurément, par suite du développement des œufs, et ressemble à un petit pois : elle cause alors une inflammation douloureuse, des vésicules, des pustules, des lymphangites, des abcès.

« Il faut l'extraire avec une aiguille ou avec un instrument approprié et avoir bien soin de ne pas la crever, car alors les œufs se répandent dans la plaie, germent et peuvent déterminer de la gangrène. On la détruit aussi sur place avec le fer rouge. Comme moyen préventif, on ne doit pas marcher nu-pieds ; il est bon de s'enduire les extrémités inférieures d'huiles essentielles.

« On a préconisé contre ce parasite les frictions à l'onguent mercuriel, les lotions de térébenthine, de benzine, de chloroforme, d'acide phénique dilué, ou bien des cataplasmes de farine de graine de lin, arrosés d'alcool camphré[1]. »

---

1. Dr L. Brocq, *Traitement des maladies de la peau*, 1 vol, gr. in-8, Octave Doin, édit,

Les *termites* ressemblent beaucoup aux fourmis. On les appelle aussi, d'ailleurs, *fourmis blanches*. Ce sont des insectes constructeurs. Lorsqu'ils établissent le siège de leurs opérations dans les cases en pisé, on est forcé d'abandonner les lieux. Le plus souvent, il est vrai, ils ont le bon goût de choisir des emplacements inhabités, et alors ils y font des constructions de forme conique et pouvant atteindre jusqu'à trois mètres de hauteur. J'ai vu des termitières sur le plateau d'Adjamé ; abandonnées par leurs constructeurs, elles offraient l'aspect étrange de je ne sais quelles ruines soudaniennes. Elles étaient d'une solidité telle que nous avons pu, sans les endommager, Richaud et moi, faire l'ascension de plusieurs de ces monticules.

On peut, en somme, se protéger contre les attaques des fourmis, des termites et des chiques. Mais, à côté de ces insectes, que d'autres, et qui sont redoutables ! En outre des moustiques, déjà mentionnés, maringouins, mille-pattes, charançons, cancrelats, etc., etc., agiront comme les malfaiteurs de profession, c'est-à-dire à la faveur de la nuit : ils viendront traîtreusement, les uns, troubler votre sommeil par de cuisantes piqûres, les autres, détériorer votre linge, vos vêtements, vos livres, vos archives personnelles, voire même le précieux manuscrit, destiné à une publication prochaine. Pour moi, j'aimerais mieux qu'il y eût en Guinée beaucoup plus de serpents, de crocodiles, de panthères, etc., et beaucoup moins d'insectes. J'ignore ce qu'il convient de penser de la théorie, relative à la propagation du typhus amaril par les piqûres de moustiques. Mais ce que je peux certifier, c'est que souvent j'ai eu la fièvre, à la suite de rages, prises contre trois ou quatre chétifs insectes, parvenus à s'introduire nuitamment sous ma moustiquaire, et à m'empêcher, par leurs bourdonnements et leurs attaques incessantes, de me livrer aux douceurs du sommeil. L'insecte est, en règle générale, à la Côte d'Ivoire, comme en n'importe quel pays tropical, l'un des ennemis contre lesquels l'homme est le plus impuissant.

Gué de la Férédougouba à Touna.

CHAPITRE IV

Le Climat et l'Hygiène.

(Roger Villamur)

I

« Comment ! Vous partez pour la Côte d'Ivoire ?... Vous souriez... Ah ! je devinais que vous ne parliez pas sérieusement... La Côte d'Ivoire, allons donc, cher ami ! C'est la région la plus malsaine de l'Afrique tropicale ; et il n'y a que les noirs, les singes, les serpents, les crocodiles et autres êtres sauvages, qui réussissent à y vivre... Vous vouliez vous faire plaindre. Cela ne prend pas... » C'est par ces exclamations d'incrédulité et ces appréciations sommaires sur le pays que, très généralement, lorsqu'on fait part à ses amis de France d'un prochain début dans la vie coloniale, sur les bords du *Golfe de Guinée*, on voit accueillir la nouvelle. Elles subissent, en effet, une bien triste réputation, parmi le grand public de la mère patrie, nos belles forêts de là-bas. Elles méritent quelques-uns des griefs qu'on leur fait. Mais ce serait une très grave erreur de croire que la déplorable opinion, qu'ont d'elles ceux qui ne les ont jamais visitées, soit fondée de tous points. Quel est donc ce climat, dont on dit si communément tant de mal ?

Il est certain qu'il est loin d'être un des meilleurs du continent noir. Ce n'est pas que la chaleur soit excessive à la Côte d'Ivoire, comme le lecteur en peut juger par le tableau ci-dessous, qui résume les observations météorologiques faites à Grand-Bassam en 1899 :

Moyenne annuelle de la température	Moyennes trimestrielles	Moyennes mensuelles	
27° 5	1er trimestre 27° 66	Janvier Février Mars	27° 27° 40 28° 50
Le minimum extrême de la température a été de 20° en janvier ; le maximum de 38° en janvier et avril.	2e trimestre 28° 70	Avril Mai Juin	29° 60 29° 40 27°
	3e trimestre 26° 30	Juillet Août Septembre	27° 40 25° 52 26°
	4e trimestre 27° 30	Octobre Novembre Décembre	26° 52 27° 90 27° 64

Ces diverses températures, qui, à peu de différences près, se remarquent dans toute la zone forestière, n'ont rien d'exagéré, pour les latitudes sous lesquelles on se trouve, puisque le thermomètre y oscille, à l'ombre, sans distinction des saisons, — *sèche*, du 1er décembre au 15 mai, et *pluvieuse*, du 15 mai à la fin novembre, — entre 20° et 38°. Mais cette chaleur est d'une humidité constante[1]. On doit à cette température de salle de bains très chauds l'une des plus opulentes végétations du monde. On lui doit aussi ce climat, si fréquemment impitoyable à l'Européen.

Impitoyable, la Côte d'Ivoire l'est à tout étranger, — blanc, métis ou même noir, — qui y est venu affecté d'une tare organique quelconque : le milieu a vite raison de lui. Elle l'est encore à tout nouveau débarqué, qui, doué d'un tempérament robuste, compte sur lui et n'a cure de s'astreindre à une vie régulière, se laisse aller à l'usage habituel des boissons fortes et des mets trop épicés et s'abandonne trop volontiers aux charmes des belles Apolloniennes, des gracieuses Fanties ou des Callipyges Vénus des villages de lagunes. Elle l'est rarement, — sauf, bien entendu, le cas d'épidémie, dont il sera parlé tantôt, — à ceux qui, tout en n'observant pas cette malpropreté, destinée à répandre sur nos moines d'Europe une bienfaisante odeur de sainteté, imitent de ces derniers la régularité, la tempérance et autres vertus, que les per-

---

[1]. Il est tombé à Bassam, en 1899, près de trois mètres d'eau.

sonnes bienveillantes leur supposent, et ont soin de faire alterner fréquemment leurs campagnes à la côte avec des séjours réparateurs au pays natal.

Est-ce à dire qu'il soit possible à l'Européen, possesseur des dons physiques et moraux, indispensables pour y vivre, sans y être exposé à trop de secousses, de s'acclimater relativement dans la colonie? Non, certes. Nos organismes ne sont pas faits pour acquérir l'immunité absolue contre les affections paludéennes ; et celles-ci règnent en souveraines, avec plus ou moins de tyrannie, sur toutes les parties de l'Afrique tropicale.

Les fièvres des marais se manifestent à la Côte d'Ivoire, comme au Congo, au Dahomey, aux Rivières du Sud, etc., sous trois formes : *intermittente, bilieuse, hémoglobinurique.*

La première forme est celle se présentant avec le plus de fréquence, celle à laquelle aucun Européen, aucun indigène, je pourrais même ajouter aucun animal domestique, n'échappe, celle qui est, par excellence, la forme classique de la malaria africaine. La fièvre intermittente est caractérisée par des nausées, de la céphalalgie, des maux de reins, un état de lassitude générale. Le bromhydrate de quinine, à dose quotidienne de 1 gramme à 1 gr. 50, les purgations et la diète en ont raison.

La fièvre bilieuse est caractérisée par des vomissements bilieux répétés, la couleur foncée et le peu d'abondance des urines, une lassitude plus accentuée que dans l'accès simple. C'est encore la quinine, administrée en injections sous-cutanées, si elle ne peut être supportée autrement, qui, avec l'aide de l'ipéca, en viendra à bout. L'accès à forme bilieuse n'apparaît qu'après quelques mois de résidence dans le pays : si l'on y est devenu souvent sujet, il ne faut pas hésiter ; il faut le quitter momentanément, ou, si l'on a été très touché, *définitivement*. A s'éterniser à la côte, malgré les médecins, comme ils ont une tendance à le faire, les Européens ont 95 chances sur 100 d'y devenir la proie de la fièvre bilieuse hémoglobinurique, dernier stade de la cachexie paludéenne.

Nos colonies, situées au sud et au sud-est du Sénégal, sont les pays d'élection de l'hémoglobinurie, comme nos possessions de l'Afrique orientale sont la terre choisie de l'hépatite. Les caractères généraux de la fièvre à forme hémoglobinurique sont ceux de la bilieuse. Ses caractères particuliers, la teinte ictérique, prise presque au début par la peau, l'extrême rareté des urines et leur couleur rappelant celle du vin de Malaga. Rarement, la quinine triomphe de l'état d'intoxication profonde, en lequel se trouve le sujet atteint d'hémoglobinurie. Bien des Européens, que j'ai vus pris par cette forme de fièvre à Grand-Bassam, sont morts de ses suites.

En outre des affections paludéennes, il en est d'autres dans la colonie qui, en certains cas, peuvent être la conséquence de l'impaludisme. Je citerai l'hépatite et la dysenterie.

L'hépatite est assez répandue parmi les étrangers. Mais les cas de suppuration sont exceptionnels, grâce aux rapatriements faits à temps : en quatre années deux blancs, une mulâtresse du Sénégal et un noir de Sierra-Leone sont, à ma connaissance, décédés des suites d'abcès du foie.

Quant à la dysenterie, elle est rarement grave à la Côte d'Ivoire. Remarquons, de plus, que les accidents dysentériques sont, les trois quarts du temps, là-bas, causés par l'imprudence. Si l'on varie sa nourriture, qu'on ait soin, — lorsqu'on est indisposé, qu'on redoute un refroidissement ou qu'on bivouaque, — de recourir à l'emploi de la ceinture de flanelle, qu'on aille naturellement ou artificiellement à selle tous les jours, et qu'on s'astreigne enfin à boire de l'eau filtrée et bouillie, on a des chances sérieuses de se soustraire à la dysenterie dans le pays.

En s'abstenant de l'usage interne ou externe d'eaux non purifiées, on échappe plus sûrement encore à l'invasion d'un parasite, qui s'empare des indigènes avec d'autant plus de fréquence qu'ils sont réfractaires, par nature, comme tous les primitifs, aux précautions dont on leur recommande l'observation. C'est de la *filaire de Médine*, appelée aussi *ver de Guinée*, que je veux parler.

« La filaire de Médine, écrit M. le docteur L. Brocq, dans l'ouvrage, déjà cité, sur les *Maladies de la peau*, est un helminthe nématoïde des pays tropicaux, qui pénètre dans le corps par l'intermédiaire des cyclopes, petits crustacés d'eau douce dont il est le parasite. D'après quelques auteurs, il traverserait directement les téguments, en venant du dehors ; mais l'opinion, généralement admise aujourd'hui, est qu'il pénètre, au contraire, dans l'économie par le tube digestif. Quoi qu'il en soit, il se fixe sous la peau, surtout aux membres, aux bras, aux avant-bras, aux jambes et aux pieds ; il s'y développe, en donnant lieu à des tumeurs inflammatoires au niveau desquelles le derme s'amincit et s'ulcère, peu à peu, en donnant passage au ver adulte dont la longueur varie de 50 centimètres à 2 mètres.

« Le seul traitement possible consiste à extraire la filaire : on le fait avec précaution et peu à peu, en l'enroulant autour d'une baguette. Cette extraction dure plusieurs jours ; il ne faut pas la casser, car autrement les œufs se répandraient dans les tissus et occasionneraient des désordres considérables.

« On doit éviter de faire usage, soit à l'intérieur, soit à l'extérieur, de toute eau suspecte, avant de l'avoir purifiée par le filtrage et l'ébullition. »

Pendant mes séjours à la Côte d'Ivoire, je n'ai pas connu d'Européen, tourmenté par le ver de Guinée. En revanche, j'ai appris que de nombreux indigènes, envahis par le parasite, avaient eu recours aux médecins en service à Grand-Bassam. Ces naturels ont été opérés avec succès.

Je viens d'indiquer les affections, auxquelles les étrangers sont le plus exposés dans la colonie. J'ajoute que, parmi eux, les blancs sont les sujets donnant le plus de prise à ces maux. Si la fièvre paludéenne peut aussi se développer, chez les mulâtres ou noirs d'autres parages, c'est exceptionnellement qu'elle mettra leur vie en péril.

Les personnes de couleur, originaires de la Côte d'Ivoire ou d'ailleurs, possèdent également une immunité presque absolue contre la fièvre jaune. C'est ce que les faits sont venus prouver, deux fois de plus, en 1899 et 1902, lorsque le fléau, connu encore sous la désignation de *typhus icterodes*, *typhus amaril* ou *vomito negro*, a fait sa réapparition à Grand-Bassam.

Comme certains produits du sol américain, la fièvre jaune a été importée sur les côtes de l'Afrique occidentale par des navires, venus du *Golfe du Mexique*. Elle s'est acclimatée sans peine au continent noir. Elle y est devenue endémique ; et, de temps en temps, elle y sévit. Les principales épidémies de typhus amaril, dont les vieux habitants de ces contrées aient conservé le souvenir et au sujet desquelles certains d'entre eux m'ont donné des détails précis, sont celles de 1854, qui firent à *Ouidah* et *Grand-Bassam* de nombreuses victimes, de 1856, 1863 et 1868, qui eurent encore pour théâtre cette dernière localité ; de 1871, qui se développèrent sur presque tous les points de la colonie actuelle de la Côte d'Ivoire, où existaient des agglomérations de blancs ; de 1878 et 1881, qui détruisirent au Sénégal les trois quarts de l'élément européen ; de 1880, qui furent, à *Old Calabar*, assez meurtrières ; de 1883, qui ravagèrent la population blanche de *Lagos*. Enfin, le Sénégal a, de nouveau, été endeuillé par la fièvre jaune dans le courant de l'année 1900.

Quelles sont les causes de ces réveils du vomito negro, et, en particulier, comment expliquer que le grand mal américain, qui, depuis vingt-huit ans, n'était pas entré en scène à Grand-Bassam, — tout au moins sous la forme épidémique, — y ait soudain fauché tant d'existences en 1899? *Medici certant*. Une opinion, qui n'est pas inadmissible, est celle, d'après laquelle l'infection, dès le mois de mars, par la peste bubonique, de cette plage désolée, aura offert au virus de la fièvre jaune un terrain essentiellement revivifiant.

Les statistiques de la double épidémie de peste et typhus amaril de 1899 n'étaient pas faites pour encourager le retour des blancs et des noirs à Bassam. Au 1ᵉʳ mai de cette année, la population du chef-lieu de la colonie se composait de 1.800 noirs, d'une trentaine de sang-mêlé et d'une soixantaine d'Européens. En septembre suivant, époque à laquelle, après avoir vécu dans ce centre épidémique, je fus forcé de le quitter, pour raisons de santé, il ne restait, à Grand-Bassam, que 350 individus à peine. Des 60 blancs, 20, dès les premiers cas, avaient évacué la ville, sur les conseils du gouverneur et du chef du service de santé. Sur les 40 restés au chef-lieu, 30 étaient morts de la fièvre jaune, 5 l'avaient eue, mais en avaient guéri, 5, dont j'étais, avaient été oubliés par elle. Quant aux indigènes, les uns étaient morts de la peste, la plupart des autres avaient émigré.

Des mesures rigoureuses de désinfection ayant été prises par M. le médecin principal Mondon, on fut enfin maître de la fièvre jaune. Mais, malgré la statistique, que je viens de rappeler, et malgré le transfert, à la fin de l'année 1900, du chef-lieu sur le plateau d'*Adjamé*, en un lieu dont l'altitude relative fait la salubrité, de nouvelles agglomérations se sont très rapidement constituées à Bassam. Durant la période où j'y ai rempli les fonctions de délégué du gouverneur, c'est-à-dire de novembre 1900 à février 1902, il ne s'y est pas fixé moins de 100 Européens. Vivant sous la menace constante des pires fléaux, ils n'ont pas tardé à être, eux aussi, visités par le vomito negro. Mais il s'est montré, en 1902, moins cruel que trois ans avant, puisque le nombre de ses victimes, — parmi lesquelles, je l'ai rappelé plus haut, M. Pierre d'Espagnat, — a été de 14, au lieu de 30.

Les chiffres disent la violence des épidémies à Bassam. Ce qu'ils ne disent pas, ce sont nos tristesses, à nous, les survivants de ces temps, aux dures épreuves. Je n'insiste pas. On a le sentiment de ces tristesses. Mais qu'il me soit permis de m'arrêter, un instant, sur des souvenirs personnels.

Au mois de mars 1899, j'étais, un dimanche, invité à déjeuner chez mon pauvre ami Chaban qui, associé à MM. Gravière et Rouffiat, dirigeait, à deux kilomètres au nord du chef-lieu, non loin de *Mouôsso*, une scierie mécanique, le premier établissement industriel de ce genre installé dans le pays. Ces trois associés dormaient sous le même toit, prenaient leurs repas à la même table.

Je me rendis avec d'autant plus de plaisir à l'invitation de M. Chaban qu'on était toujours certain de se trouver chez lui dans un milieu gai sans effort et hospitalier avec cordialité. De ce même déjeuner étaient deux autres invités : M. le docteur Chaussade, chef du service de santé, et M. Ribes, administrateur du cercle de Grand-Bassam. Jamais je n'ai passé, à la Côte, de plus agréables instants qu'en ce dimanche de mars 1899.

A quelque temps de là, des six convives quatre étaient morts de la fièvre jaune. C'était cet énergique et excellent docteur Chaussade, cette admirable victime du devoir qui, avec une lucidité, une fermeté et une possession de soi, saisissantes en un pareil moment, indiquait, de son lit d'agonie, dans la nuit du 30 avril au 1er mai, les mesures à prendre, après sa mort, pour tenter d'arrêter l'épidémie[1]. Et c'étaient les trois associés, MM. Gra-

---

[1]. Les officiers du corps de santé des colonies, détachés à la Côte d'Ivoire, ont été particulièrement frappés par la destinée en 1899. Nous avons eu la douleur de perdre trois d'entre eux : M. le médecin stagiaire Baillif, qui venait de débarquer à Grand-Bassam plein de forces, et, cruelle ironie du sort, doué d'une foi robuste en l'avenir, M. le médecin de 1re classe Chaussade, décédés tous deux des suites du vomito negro, et M. le docteur Létinois, mort au champ d'honneur, entre *Ibo* et *Ollodio*, le 22 avril, au cours des opérations dirigées par la colonne Kolb contre la tribu rebelle des *Tépo*.

A la mort de M. le docteur Chaussade, les soins médicaux ont été assurés, à Grand-Bassam, par un des membres de la mission Houdaille, M. le médecin de 2e classe Lamy, qui ne tardait pas à être atteint, à son tour, par la fièvre jaune, mais avait la chance inespérée d'en guérir. Peu après, sont arrivés au chef-lieu M. le médecin de 1re classe Rimbert, à qui devait bientôt incomber la tâche d'organiser un sanatorium à *Drewin* et qui s'en acquittait avec distinction, M. le médecin principal Mondon, le nouveau chef de service, et MM. les médecins de 2e classe Germain, mis à la disposition du gouverneur par le gouverneur général de l'Afrique occidentale, et Morin, descendu de l'Indénié, où il était attaché aux troupes du corps d'occupation.

Est-il besoin de dire que la conduite de ces officiers et de ceux qui, en 1902, sous la direction de M. le docteur Rousselot-Benaud, un chef de grande valeur, ont été appelés à combattre le fléau renaissant, a, de tous points, été héroïque ? Ces hommes de science et ces très braves

vière, Rouffiat et Chaban, décédés : le premier, le 12 mai ; le second, le 15 ; le troisième, le 19. Insoucieux du péril de la contagion, dont ils avaient été prévenus, Rouffiat et Chaban avaient soigné et veillé Gravière. Rouffiat, atteint de la fièvre, Chaban agissait pour lui, comme tous deux l'avaient fait pour l'ami disparu, et ce sublime dévouement le conduisait à la tombe, où Rouffiat l'avait précédé de quelques jours.

C'est avec un sentiment de profonde tristesse que M. l'administrateur Ribes et l'auteur de ces lignes, seuls survivants du déjeuner de mars 1899, se rappellent, quand les hasards de la vie coloniale les réunissent, les faits douloureux qui viennent d'être relatés.

J'ai dit implicitement l'impossibilité dans laquelle on se trouve, en l'état présent de la science médicale, de guérir les malades atteints de typhus amaril et de préserver, en temps d'épidémie, les sujets lui offrant prise, c'est-à-dire les blancs. On le traite, à l'heure actuelle, par des purgatifs fréquents et des frictions de citron; et l'on fait boire aux malades des diurétiques. On recommande aux Européens, n'ayant pas acquis l'immunité, soit par une première atteinte, soit par une longue

gens ont constamment, sans la moindre défaillance, montré une abnégation, une sollicitude, un sang-froid, un esprit de décision, peu communs en général, mais coutumiers dans le corps auquel ils appartiennent.

résidence dans les pays, où le typhus amaril existe à l'état endémique, un régime régulier, exempt d'excès, voire même de simples fatigues, l'usage de l'huile de ricin, du quinquina, des infusions de *kinkélibah* ou de thé de Gambie, etc. Mais hélas! à chaque épidémie les événements se chargent de le prouver, traitement pour les malades, régime préventif pour les autres n'ont guère d'efficacité.

On a eu recours, afin d'enrayer le fléau, à l'incendie des lieux contaminés. Ces incendies, allumés une première fois au Sénégal, il y a quelques années, et pratiqués de nouveau par ordre de M. le gouverneur Capest, à Grand-Bassam, en 1899, ont donné de bons résultats. Mais leurs effets sont insuffisants. Il y a encore un moyen qui semble radical : l'évacuation vers l'intérieur ou sur les hauteurs.

Il est certain que les régions tropicales, les plus propices à l'éclosion de la fièvre jaune, sont les régions côtières. Il est non moins établi que, si le vomito negro fait de plus rares apparitions à l'intérieur des terres que sur le bord de la mer, il ne se développe pas sur les altitudes supérieures à 300 mètres. L'expérience, réalisée au *Camp Jacob*, à la Guadeloupe, et renouvelée chaque fois que la fièvre jaune prend un caractère épidémique dans l'île, est là pour le démontrer. Mais évacuation et incendies sont des actes de préservation qui, pour tant qu'ils s'imposent, dans l'état actuel d'impuissance presque absolue contre les ravages du mal, ne sont radicaux qu'en apparence. Ce qui est à trouver encore, c'est le remède guérissant, c'est le vaccin immunisant. Voilà bien des années qu'on les cherche. La rage, la diphtérie, la peste, autrefois réputées inguérissables, sont aujourd'hui traitées avec succès. Puisse le xx⁰ siècle nous ménager, pour le traitement du typhus amaril, comme pour celui des diverses affections des pays chauds, d'aussi merveilleuses découvertes que celles dues à Pasteur, Roux et Yersin !

La peste, dont les ravages se sont abattus sur Grand-Bassam, en même temps à peu près que ceux de la fièvre jaune, aurait, d'après une opinion assez répandue là-bas, été importée des possessions anglaises de la *Gold Coast*, où, au début de l'année 1899, la mortalité fut considérable, chez les noirs, et où, de plus, se produisent tous les ans, chez les blancs, des cas de fièvre jaune, cas désignés par les Anglais sous l'euphémisme de *black water's fever*.

J'ai dit que la peste avait épargné les Européens et les métis. A quoi cela tient-il ? Très probablement à ce que cet élément de la population a l'habitude de s'astreindre à l'observation d'une hygiène générale, inconnue des noirs, et à ce que la pratique de ces soins hygiéniques, presque dépourvue d'efficacité contre le vomito negro, en est douée contre la peste. N'est-il pas à remarquer, d'ailleurs, que si des épidémies de peste bubonique ont existé dans les pays de race blanche, elles se sont surtout produites *avec violence*, aux époques où les soins et les mesures d'hygiène étaient ignorés ?

En 1348, année où la peste noire vint jeter la consternation sur l'Europe, en y faisant, dit-on, 25 millions de victimes, parmi lesquelles Jeanne de Navarre, Jeanne, reine de France, et Laure de Noves, immortalisée par Pétrarque, et sur l'Asie, en y détruisant environ 23 millions d'individus, l'homme de science, qui eût proposé, par exemple, l'incendie des lieux contaminés, la rigoureuse observation quarantenaire et autres mesures de ce genre, aurait eu des chances sérieuses d'être livré aux juges ecclésiastiques et aux tortionnaires de l'Inquisition ou mis à mort par la populace. Dans les temps modernes, à mesure que la propreté fait des progrès, la peste diminue ses attaques. A l'époque contemporaine, elle n'apparaît guère que dans les milieux réputés pour leur saleté.

Il ne faudrait pas conclure de là qu'elle ne soit pas contagieuse et qu'il soit aisé de s'en préserver absolument par l'hygiène. Le sérum antipesteux est très efficace, et j'ai la conviction que ceux des boys, miliciens et agents de police que, dès son arrivée dans la colonie, M. le docteur Mondon a vaccinés, et qui n'ont pas été victimes du fléau, y ont échappé, grâce à des injections faites en temps utile. Mais il n'est pas sans intérêt d'observer qu'à Grand-Bassam, où très peu de blancs et de sang-mêlé ont eu recours au sérum Yersin, cette fraction de la population a été épargnée par la peste, à la faveur de la pratique constante du régime préconisé pour éviter la fièvre jaune. Je livre cette observation aux étrangers de toute couleur, appelés par la destinée à vivre à la Côte d'Ivoire et aux indigènes assez dégrossis pour en tirer parti et doués d'assez d'ascendant sur leurs congénères pour les en faire profiter.

Il a été question, dans la présente division de cette étude, du climat et des affections contre lesquelles les étrangers ont à lutter en ces lointains parages. Je dois ajouter qu'il s'en faut, — *et de beaucoup*, — que tous les points du pays soient aussi malsains que son ancien chef-lieu. Il est des centres, où le nouveau venu peut vivre sans trop d'épreuves, comme *Bingerville*, *Grand-Lahou*, *Assinie*, *Jacqueville*, certains postes de la côte ouest, entre autres *Drewin*, et, au delà de la forêt, les territoires de la « haute Côte d'Ivoire ». Il n'y a même, à vrai dire, avec Bassam, que peu de milieux, tels les pays de *Fresco*, *Bettié* et *Frambo*, où l'étranger soit exposé aux plus graves atteintes du paludisme. Mais, quelle que soit sa résistance apparente au climat, il devra, si sa carrière l'appelle à résider d'ordinaire sous le ciel des tropiques, ne pas séjourner dans la colonie plus de 18 mois, à sa première campagne, et plus de 15, aux suivantes. Ces périodes expirées, il lui est indispensable d'aller se retremper dans la mère patrie et d'y prendre un congé de 5 à 6 mois. A poursuivre, au delà d'abord de 18, puis de 15 mois, ses séjours sur les côtes de Guinée, il risquerait de compromettre sérieusement, sinon irrémédiablement sa santé. Nul, à la Côte d'Ivoire, parmi les étrangers, n'est fondé à se vanter, après y avoir passé une année, de n'être pas atteint d'anémie paludéenne et de pouvoir rester encore un an dans le pays. Ceux qui, par hasard, auraient avec succès fait cette tentative de « doubler leur année », l'auraient accomplie au grand détriment de leurs séjours ultérieurs aux colonies.

II

Après avoir présenté aux lecteurs des données climatologiques, insisté sur l'insalubrité spéciale de Grand-Bassam et dit la salubrité relative de presque toutes les autres localités du pays, il me reste, pour ceux d'entre eux qui désirent y venir chercher, dans le commerce, l'industrie ou l'administration, l'emploi de leur activité et de leurs aptitudes, à noter quelques conseils d'hygiène. Je dis *quelques conseils*; car, à aucun titre, je ne saurais prétendre refaire les ouvrages de fort distingués spécialistes. De plus en plus nombreux sont les excellents livres qui, parus en France ou à l'étranger, traitent du sujet que je voudrais esquisser. Pour ne citer que nos compatriotes, MM. les docteurs Treille, ancien directeur du service de santé des colonies, avec son traité sur l'*Hygiène coloniale*[1], Brault, avec son étude sur l'*Hygiène et la prophylaxie des maladies aux pays chauds*[2], Laveran, avec le travail que, dans le *Traité de thérapeutique appliquée*[3], publié sous la direction d'Albert Robin, il consacre au traitement préventif du paludisme, Barot, avec son remarquable *Guide de l'Européen en Afrique occidentale*[4], appelé à devenir le livre de chevet de tous les blancs, en ces parages du continent noir, etc., etc., ont exposé la question avec une science, une ampleur et une connaissance des nécessités pratiques, qui recommandent leurs écrits à tous ceux qui viennent se fixer en ces Frances équatoriales. Ils y trouveront bien des développements, que mon incompétence, en la matière, m'empêche de leur présenter.

Je viens de mentionner le nom de M. le doc-

---

[1]. Un vol. in-8°. Carré et Naud, édit.
[2]. Un vol. in-8°. J.-B. Baillière, édit.
[3]. Alb. Robin, *Traité de thérapeutique appliquée*, fascic. V. Rueff et Cie, édit.
[4]. Un vol. in-12. Ernest Flammarion, édit.

teur Brault. Au moment où j'écris ces lignes, j'ai son travail sous les yeux. Il est intéressant et utile. M. Brault traite, entre autres sujets, de l'habitation, des aliments, des vêtements, des soins de propreté et du travail physique.

Il recommande avec raison de s'établir, autant que possible, sur des hauteurs. J'ai indiqué déjà l'intérêt qu'il y a, dans les milieux paludéens, à se fixer, — surtout quand naissent les épidémies, — sur des lieux élevés.

Le type d'habitation, qui a la préférence de M. Brault, et, pourrais-je ajouter, de tous ceux qui ont vécu sous les tropiques, est celui de la maison à un étage, munie d'un grenier bien ventilé. La circulation de l'air est, en effet, indispensable. Grâce à elle, on échappe relativement à l'action des miasmes telluriques. C'est pourquoi, le constructeur doit attacher une importance toute particulière à l'orientation. Il doit aussi veiller à ce que les piliers, sur lesquels reposera la maison, aient de deux à trois mètres de haut, — une économie faite sur la hauteur est une économie mal entendue, — et prendre ses dispositions pour que l'espace, compris entre le sol et le plancher, soit ouvert à tous les vents. Aérée ainsi, par le haut et par le bas, l'habitation, si elle est, de plus, entourée d'une véranda, si elle est pourvue de persiennes mobiles, si elle est exempte de servitudes, — celles-ci devant être reléguées dans un coin du jardin, — meublée sommairement, sans la moindre tenture, si enfin elle est proprement tenue, offrira toutes les garanties d'hygiène désirables.

En ce qui concerne l'alimentation, M. le docteur Brault engage l'Européen à fuir l'excès de sobriété, comme celui de nourriture : *in medio stat virtus.* On doit aussi user exceptionnellement des spiritueux, boire le moins possible, recourir, pour calmer la soif, au thé et au café chauds. L'usage des eaux, non filtrées ni bouillies, est à éviter, non seulement pour les besoins de la table, mais encore pour ceux de la toilette et du blanchissage. On ne doit pas, non plus, faire des eaux minérales sa boisson habituelle, et l'on doit user modérément des vins capiteux ou mousseux : ils sont presque aussi dangereux que les trop fameux *apéritifs*, dont certains finissent par abuser et qui, dans une très large mesure, sont responsables de la morbidité et même de la mortalité des blancs, sous le ciel de la Guinée.

Il ne faut pas négliger la cuisson des viandes et des légumes : un excès de cuisson vaut mieux que l'excès contraire. Une alimentation exclusivement carnée est mauvaise. Les viandes blanches sont préférables aux viandes rouges. La charcuterie est loin d'être indiquée. Coquillages, — à l'exception toutefois des huîtres de palétuviers, j'en parle par expérience, — œufs, fruits mûrs, légumes sont à recommander. Enfin, les plats ne doivent pas être trop épicés.

Pour ce qui est des vêtements, M. le docteur Brault donne des conseils non moins à retenir :

« Les tissus en laine ou en coton, dit-t-il, ou encore en soie légère, sont les meilleurs, parce qu'ils sont mauvais conducteurs du calorique ; les vêtements en toile sont inférieurs. Dans le jour, on portera un tricot de coton, à mailles lâches, une chemise ample et des vêtements en soie légère, en coton ou en toile, de couleur blanche ou de teinte cachou. Une large et longue ceinture de flanelle remplace avantageusement le gilet. Le soir, alors qu'il se produit un abaissement très sensible de la température, on changera les vêtements ci-dessus contre des vêtements en drap léger ou en flanelle. La nuit, la chemise ample, dite *gandoura*, est très pratique : il faut y adjoindre, surtout quand on campe, la ceinture de flanelle. »

Le casque en liège est la meilleure coiffure qu'on ait trouvée pour les pays chauds. A ce sujet, je ne saurais trop conseiller aux Européens, en résidence à la Côte d'Ivoire, de ne jamais sortir, avant six heures du soir, même si le temps est couvert, sans s'être coiffés du casque. C'est une vérité, depuis longtemps reconnue, que, *sous le ciel des tropiques, le soleil est surtout dangereux, quand il ne se montre pas*. Lorsqu'il se fait particulièrement sentir et qu'on est obligé de l'affronter, il est prudent d'user, **en outre, du parasol.**

M. Brault est partisan des ablutions fréquentes, sous la réserve qu'on sera circonspect, relativement à l'eau employée. Il est aussi d'avis qu'il ne faut ni s'abandonner à l'apathie, ni se vouer à un travail physique immodéré. « C'est, écrit-il, le matin, de bonne heure, qu'on doit surtout se livrer à l'exercice... C'est aussi le meilleur moment pour faire l'étape en colonne... Le milieu du jour est consacré à la sieste. Cette dernière ne doit pas commencer trop tôt après le repas, ni être trop prolongée... Les heures qui suivent seront consacrées à la lecture, au travail de bureau... A moins d'y être contraint, il est préférable de ne pas sortir le soir (malaria). »

Ce sont là de sages avis, que l'Européen a le plus grand intérêt à suivre à la lettre. Il gagnera aussi à ne pas devenir l'esclave de cette apathie, à laquelle ne prédisposent que trop les températures lourdes de là-bas. Le travail intellectuel est bon, — il est même une des conditions de santé physique sous ces latitudes, — et je ne sache guère que les inutiles, par nature ou par vocation, qui mettent sur le compte de l'*anémie intellectuelle*, causée par le climat, leur oisiveté coutumière. Je partage ici entièrement la manière de voir de M. le docteur Barot. Le jeune major a écrit, sur le travail aux colonies, des lignes qu'il faut citer. Les voici :

« Il est de bon ton de prétendre que tout travail sérieux est impossible aux colonies : la chaleur, la fièvre, l'anémie, le manque de confort et de matériaux, telles sont les raisons que l'on cite à l'appui de cette proposition.

« *La vérité*, — il faut la confesser quoique pénible, — est que ce que l'on décore du nom pompeux d'anémie coloniale n'est que de la vulgaire paresse. Je parle, bien entendu, de l'homme sain ; car le malade est, par le fait même de son état, privé d'une partie de ses moyens, et cela aussi bien en France qu'en Afrique.

« Nous prétendons qu'aux colonies la puissance de travail de l'homme sain est sensiblement égale à celle qu'il possède en Europe.

« Tous les grands coloniaux, tous les explorateurs célèbres, Bouët-Willaumez, Faidherbe, René Caillié, Barth, Binger, Monteil, Galliéni, ont payé d'exemple, fournissant en Afrique occidentale une somme de travail utile énorme.

« Mais, pour cela, il faut n'avoir pas cessé de travailler ; car, moins aux colonies qu'en France, on ne peut essayer de rattraper le temps perdu. Malheureusement, jusqu'à ces dernières années, il faut reconnaître que les coloniaux par vocation étaient rares ; leurs noms sont connus et illustres pour la plupart. La masse des blancs, qui peuplaient nos colonies, n'y venaient que pour des motifs peu élevés, parmi lesquels le payement de dettes tenait le premier rang. Aussi vivaient-ils dans l'indifférence du milieu, des pays et des races ; et lorsque, de retour en France, leurs économies étaient épuisées, ils demandaient à retourner là-bas chercher assez d'argent pour se donner, en six mois de congé, à Paris, l'illusion de la fortune.

« Cet état d'esprit, qui n'a pas encore tout à fait disparu, est déplorable et dangereux. Déplorable, parce qu'il a peuplé nos colonies de non-valeurs, qui retardent, par leur indolence et leurs vices, la pénétration de la vraie lumière de civilisation : la pensée. Dangereux, parce qu'il n'est qu'une forme de l'avarice et de l'égoïsme, et qu'il a pu entraîner quelques esprits faibles à des prévarications et à des agissements criminels.

« Le *je m'enfoutisme* colonial n'est pas seulement un aveu d'impuissance ou de nullité, il constitue, à nos yeux, une lâcheté coupable et une véritable désertion morale ; et mieux vaut un Européen peu intelligent, mais actif et travailleur, qu'un sceptique railleur et nonchalant[1]. »

On a longtemps discuté et l'on discute encore sur le traitement préventif du paludisme par les sels de quinine. D'après les uns, ils ne doivent être absorbés que quand on ressent un malaise précur-

---

1. Le docteur Barot, *Guide pratique de l'Européen dans l'Afrique occidentale*, p. 159 et 160. 1 vol. in-12. Ernest Flammarion, édit.

seur de la fièvre; d'après les autres, on doit en prendre régulièrement, par doses plus ou moins fortes, suivant le plus ou moins d'insalubrité de la région tropicale, où l'on est appelé à stationner. Si je me base sur des observations personnelles, je dirai qu'il semble préférable de ne pas recourir à l'emploi régulier de la quinine : il fatigue l'estomac et finit, à mon avis, par diminuer l'efficacité du remède, en cas d'accès sérieux. Mais cette opinion, toute fondée qu'elle soit sur l'expérience, est celle d'un *profane*.

Voici ce qu'un maître, en la matière, l'éminent docteur Laveran écrit, au sujet du traitement préventif de la malaria des tropiques :

« L'utilité de ce traitement est manifeste pour les personnes obligées à séjourner dans les localités où le paludisme règne avec tant de force qu'on a peu de chances de rester indemne. Des faits nombreux démontrent, d'ailleurs, que la quinine, qui guérit les accidents du paludisme, permet aussi, dans une certaine mesure, de les prévenir.

« Dans la marine anglaise et dans l'armée américaine, on a souvent employé le vin de quinquina et le sulfate de quinine à titre préventif; et les résultats obtenus ont été, en général, très favorables.

« Il suffit de prendre 0 gr. 25 à 0 gr. 30 de sulfate de quinine par jour. Des doses plus faibles ont même donné souvent de bons résultats.

« Chamberlain, Wilson, David Merrit, Maylert et Backe, Swift, Thompson, Warren, Samuel Logan ont publié des documents, qui paraissent démontrer très nettement l'utilité de cette médication préventive.

« Warren donne à 200 hommes de son régiment, pendant la saison des fièvres, 0 gr. 30 de sulfate de quinine par jour ; ces 200 hommes ne fournissent que quatre cas de paludisme, alors que le reste du régiment, — 400 hommes environ, — qui n'est pas soumis à la médication préventive, en fournit plus de 300 cas.

« Jilek de Pola cite le fait suivant : 736 soldats sont logés dans une même caserne d'une localité insalubre : 500 prennent chaque jour 0 gr. 10 de sulfate de quinine ; ils sont atteints de paludisme dans la proportion de 18 %; ceux qui n'ont pas pris de quinine le sont dans la proportion de 28 %.

« Hertz (d'Amsterdam) a observé des faits analogues.

« Thorel a parcouru les localités les plus insalubres du Mékong, sans éprouver le moindre accident palustre, en prenant de 0 gr. 60 à 0 gr. 80 de sulfate de quinine par semaine.

« Bizardel a constaté que, dans les régions les plus insalubres, les individus qui prennent de la quinine, même à faible dose, sont très rarement atteints d'accès pernicieux ; or, ce sont surtout ces accidents qui sont à redouter pour des hommes qui, souvent isolés, ne peuvent pas recevoir immédiatement les secours d'un médecin.

« Grœser, à Batavia, a employé avec succès la quinine, à titre de médication préventive du paludisme.

« L'usage prophylactique de la quinine a été également recommandé par Nicolas... [1] »

M. le docteur Laveran cite d'autres spécialistes, qui ont prescrit utilement l'usage préventif des sels de quinine.

Pour terminer le présent chapitre sur le climat et l'hygiène, je dirai qu'il est indispensable, aux pays chauds, — à la Côte d'Ivoire aussi bien qu'ailleurs, — de prendre mensuellement des purgatifs : sulfate de soude, eau minérale de Carabaña ou huile de ricin. Je noterai enfin que, si l'on éprouve des embarras dans la région du foie, il est nécessaire de surveiller spécialement l'alimentation, et il est bon, pendant une huitaine de jours, de boire le matin, *à jeun*, un demi-verre d'eau de Vichy, et, aux repas, d'ingérer quelques gouttes de teinture de *Boldo-Verne*. Les huit jours expirés, on suspendra le traitement. On ne le reprendra, si besoin est, qu'après un repos d'une semaine.

---

1. *Traité de thérapeutique appliquée*, publié sous la direction d'Albert Robin, fascic. V, p. 85 et suiv.

Jeune fille de Grand-Bassam.

CHAPITRE V

Les Habitants. — Européens et Naturels.

(Roger Villamur)

I

La plupart des provinces de notre empire colonial ne sont pas, pour la race blanche, des régions de peuplement. L'Européen peut y vivre, sous certaines conditions de tempérament, de régime et d'hygiène. Mais il ne doit pas compter s'y acclimater et y fonder une famille. Les contrées tropicales, actuellement placées sous la domination française, sont par excellence des pays d'exploitation, à la différence des vastes territoires qui, sous l'ancien régime, constituaient notre domaine lointain et étaient, en quelque sorte, des prolongements de la mère patrie.

Il ne faut donc pas, au point de vue colonial, comparer ce que la France a été, sous la monarchie, avec ce qu'elle est devenue, à notre époque, pour dire, ce qui est une hérésie assez répandue : *La race française n'est pas colonisatrice!* Les instincts d'une race ne s'effacent pas avec le temps. Ceux d'expansion très loin, par delà les mers, distinguaient nos ancêtres de la Gaule. Et ils ne se sont pas éteints en nous.

Toutefois, la nature expansive de notre race a, par suite des différences profondes, existant entre la France coloniale d'autrefois et celle d'aujourd'hui, changé de caractère. Le Français, au tempérament colonisateur, a, dans nos territoires d'outre-mer, orienté ses efforts non plus vers la vie agricole, pastorale, familiale et sédentaire, mais vers les grandes entreprises industrielles et commerciales. Il s'adonne, non à créer des nouvelles Frances, comme ses aïeux en fondèrent au Canada, en Acadie et en Louisiane, mais à se constituer des débouchés, où il puisse échanger les marchandises d'Europe contre des produits indigènes, propres à alimenter les industries de la zone tempérée.

Cette transformation du caractère de la colonisation française est-elle un mal? Non, certes. Je suis de l'avis d'un savant juriste, M. Arthur Girault, qui, au sujet de cette transformation, écrit : « Il n'y a pas trop lieu de nous en plaindre, les colonies d'exploitation convenant à un pays, qui a plutôt besoin de débouchés pour ses capitaux que pour sa population [1]. »

[1]. Arthur Girault, *Principes de colonisation et de législation coloniale*, 1 vol. in-18. Paris, L. Larose, édit.

Colonie d'exploitation, la Côte d'Ivoire l'est éminemment. Colonie de peuplement, on sait que son climat ne lui permet pas de le devenir. Aussi n'y a-t-il pas lieu d'être surpris du chiffre peu élevé de sa population européenne ou assimilée. Celle-ci, dont il faut, avant de donner des détails sur les tribus indigènes, dire quelques mots, est représentée par 350 individus à peine.

L'élément « civilisé » est formé par les fonctionnaires et les commerçants. Le lecteur, au début de ce livre, a déjà fait connaissance avec l'une de ces catégories de coloniaux. Il reste à lui parler de la seconde qui, par le nombre de ses membres, est la plus importante, et à lui donner, par l'esquisse de quelques traits, une idée de la vie européenne en ces parages.

Les représentants du commerce sont les chefs de maison, les agents principaux des grandes sociétés et les employés. Les chefs de maison, c'est-à-dire les négociants établis pour leur compte, sont quelques-uns à peine. Cela tient à ce que, pour fonder là-bas un établissement susceptible de prospérer, il faut posséder une connaissance non superficielle du pays, de ses habitants et de ses ressources, et surtout le levier de bien des obstacles, des capitaux importants, *250.000 francs pour la moindre entreprise*. Les chefs de maison sont presque tous d'anciens agents principaux de sociétés commerciales.

La Côte d'Ivoire.

Ces sociétés sont aujourd'hui nombreuses, et, pour la plupart, françaises : telles la *Compagnie de l'Afrique occidentale*, la *Compagnie de Kong*, la *Société coloniale de la Côte de Guinée*, la maison *Borde*, la maison *Claverie et Jabet*, la maison *Boursault et C*^{ie}, etc. Elles sont organisées de la façon suivante : elles comprennent une factorerie centrale, établie à Bassam ou ailleurs et à la tête de laquelle se trouve placé un agent principal, muni des pouvoirs les plus étendus, et des sous-factoreries ou succursales, créées sur divers points de la côte ou de l'intérieur, en nombre variable, suivant l'importance prise par la compagnie dont elles dépendent.

Les agents principaux ont, par la nature même de leurs attributions, l'initiative la plus large, les occupations les plus diverses, une existence d'autant plus active et mouvementée que la concurrence est là pour les tenir sans cesse en éveil, une responsabilité de tous les instants. Il faut non seulement qu'ils aient la *bosse* commerciale, mais encore qu'il y ait, chez eux, de l'administrateur, de l'avocat, de l'éducateur, du *paterfamilias*. N'est-ce pas, en effet, toute une petite administration qu'il leur incombe de gérer? N'ont-ils pas, parfois, à soutenir eux-mêmes devant les tribunaux du pays, sans autre secours que celui de leur bon sens juridique, les intérêts qui leur sont confiés? Ne leur appartient-il pas de former les jeunes employés, placés sous leur autorité, de les faire profiter de l'expérience acquise, de tirer parti de leurs aptitudes particulières, de les rendre habiles à fonder et à diriger des succursales, de les mettre en mesure d'exercer, dès qu'il en sera besoin, l'intérim d'agent principal? N'est-il pas, enfin, de leur devoir de montrer, à l'égard de leurs collaborateurs, une urbanité et une sollicitude d'autant plus vives, que ces jeunes gens se sont voués à bien des souffrances, dont les moindres ne sont pas celles résultant de l'éloignement de la patrie et du foyer familial?

Voilà, dira-t-on, des qualités bien rarement réunies chez une personne. C'est juste. Mais il y a, à la Côte d'Ivoire, des agents principaux possédant ce précieux ensemble de dons. Les sociétés qu'ils représentent ne sauraient trop les avantager. A faire de belles situations pécuniaires à ces hommes presque parfaits, il y a pour elles, en même temps qu'un devoir impérieux, un intérêt considérable.

Les auxiliaires de l'agent principal sont les employés, attachés à la factorerie centrale, et les gérants des sous-factoreries. Les employés sont, à peu près tous, des jeunes gens de vingt-deux à vingt-huit ans, qui arrivent dans la colonie, doués de beaucoup de courage et de la meilleure volonté, mais nullement préparés à remplir la tâche, à laquelle l'attrait ou le besoin d'appointements assez élevés, plutôt qu'une réelle vocation, les a appelés. Il s'ensuit que leur éducation est à faire. Il ne tarde pas à s'opérer, dans leurs rangs, une sélection. Les mieux favorisés deviennent, au bout d'un temps plus ou moins long, de bons directeurs de factoreries auxiliaires. Les autres restent, pour le chef de maison ou l'agent principal de société commerciale, des collaborateurs nécessaires sans doute, mais incapables de travailler avec fruit, s'ils ne sont pas l'objet de directions constantes.

A côté des Européens, les factoreries emploient des noirs à demi civilisés, originaires du Sénégal, de Sierra-Leone ou de la Gold Coast. Certains sont de très utiles auxiliaires. Mais si, dans leur ensemble, ils sont intelligents et commercialement bien doués, ils sont, en général, dépourvus de scrupules. Et c'est, faute de mieux, que les maisons de Bassam ont, pour la gestion des succursales, recours à cet élément de couleur, auquel on peut reprocher la trop grande fréquence de ses rapports avec les représentants de la justice correctionnelle du pays.

Je viens de parler des compagnies commerciales. Mais il faut, aussi, dire un mot des sociétés minières. Dès les premiers résultats obtenus par les ingénieurs, venus à la Côte d'Ivoire, il s'est créé, en France et à l'étranger, quantités d'associations, dans le but d'exploiter les richesses aurifères du sol, dont, en ce moment, il doit rester bien peu de parcelles, sur lesquelles ne s'étendent pas les diverses catégories de permis prévues par le décret de 1899. La *Dépêche coloniale illustrée*, en son numéro du 30 novembre 1902, nous donne un chiffre qui, mieux que tout commentaire, fait ressortir l'importance du mouvement minier intéressant notre colonie. A l'heure présente, il n'existe pas moins de vingt-cinq sociétés. Ce sont, d'après la *Dépêche*, les suivantes :

1° *Société française d'exploration africaine.*
2° *Compagnie d'exploration de la Côte d'Ivoire.*
3° *Société minière de l'Afrique occidentale.*
4° *Société de recherches minières* (H. Vallée et Cie).
5° *Société minière de la Côte d'Ivoire.*
6° *Société française d'exploration coloniale.*
7° *Société des mines d'or de l'Indénié.*
8° *Syndicat de l'Ouest africain.*
9° *Société des mines d'or et placers de Biano.*
10° *Société d'exploration et d'exploitation minière de l'Afrique française.*
11° *Syndicat d'exploration de la Côte d'Ivoire.*
12° *Compagnie minière du Bondoukou.*
13° *Compagnie minière du Bas-Sanwi.*
14° *Compagnie minière du Sanwi.*
15° *Compagnie minière de l'Alangoua.*
16° *Compagnie minière de l'Indénié et de la Côte d'Ivoire.*

17° *Ivory Coast Goldfields* L^{td}.
18° *Ivory Coast mining Corporation.*
19° *Consol. Goldfields of the Ivory Coast.*
20° *Ivory Coast Finance Syndicate.*
21° *Ivory Coast Trust.*
22° *Baoulé consolidated.*
23° *Ivory Coast Exploring.*
24° *Kokombo Gold Mines.*
25° *Afiénou Gold Mines.*

Certaines de ces compagnies, entre autres l'*Ivory Coast Goldfields*, ont commencé à édifier des immeubles, pour le logement de leurs employés. Ceux-ci sont déjà nombreux à Bassam, Assinie et autres lieux. Dans très peu de temps, le mouvement minier sera plus important encore. L'essor économique du pays sera, sans doute, facilité par l'afflux des chercheurs d'or.... Et les conditions d'existence se trouveront modifiées, à la Côte d'Ivoire.

Pour l'instant, la vie de l'Européen ou assimilé n'y est pas sensiblement différente de ce qu'elle était il y a dix ans. Quelle est donc cette vie ? Je n'étonnerai certainement pas le lecteur, en lui disant, d'abord, qu'elle est loin d'être oisive. Elle laisse peu de place aux plaisirs. De ceux-ci, le premier est, dans les endroits où existent des agglomérations de civilisés, celui de la table. Les employés de commerce prennent leurs repas à la factorerie, sous la « présidence » de l'agent principal ou du chef de maison. Les fonctionnaires vivent en popote, par groupes de quatre au maximum. Chaque mois, à tour de rôle, l'un des « co-popotiers devient « chef de gamelle ». Les attributions de ce dignitaire consistent à faire et à varier, autant que possible, les menus, surveiller les achats, avoir l'œil sur le magasin à provisions et sur la cave, veiller au blanchissage du linge de table, juger de l'opportunité des emplettes diverses proposées par les domestiques, payer les fournisseurs, le cuisinier et les marmitons, etc. A la fin du mois, on fait le total des dépenses et on les répartit. Si l'on est bon chef de popote, il ne faut pas que la quote-part des camarades excède 160 francs. Mais il n'est pas donné à tous d'être de « bonnes ménagères ». Quelquefois, la quote-part se monte à 180, voire même à 190 francs. Suivant le cas, on vote des félicitations chaleureuses ou un blâme sévère au chef de gamelle; et celui-ci passe, toujours content, la corvée au premier sur les rangs pour prendre sa succession.

Certaines popotes sont renommées, à Grand-Bassam, pour l'excellence de la table et le peu d'exagération de la dépense : celle du *Diamant* jouissait, à mon arrivée dans la colonie, en 1896, d'une réputation méritée. Ses administrateurs étaient beaucoup mieux doués que ceux de la popote des *Acacias*, où l'on dépensait follement. Mais voilà que j'incline vers la médisance; et elle ne rentre certes pas dans le cadre de ce travail.

Pour les deux catégories d'Européens, commerçants et fonctionnaires, les repas réunissent les commensaux, le matin, aux approches de midi, le soir, à celles de sept heures. On mange et l'on boit peu. Mais on cause et l'on potine ferme. Quand, par hasard, les sujets de conversation viennent à manquer, le commerce dit du mal de l'administration; et celle-ci, pour ne pas être en reste, tombe sur le commerce. Cela ne va jamais très loin. Au fond, commerçants et fonctionnaires vivent en bonne intelligence, sont toujours prêts à se rendre de mutuels services et se reçoivent réciproquement avec plaisir.

Le repas le plus court est celui de midi. Quand on a bu la dernière gorgée de café et fumé la dernière cigarette, la paupière s'alourdit, sous la double influence de la digestion et de la chaleur. On lutte contre le sommeil envahisseur. Mais on finit par céder. Chacun bat en retraite vers sa chambre à coucher, et, imparfaitement protégé par la moustiquaire contre les insectes, qui bourdonnent autour de lui, fait un instant la sieste avant de se remettre au travail.

Dans la soirée, à la sortie de la factorerie ou du bureau, ou va faire un tour de plage ou de forêt; et, quand le court crépuscule a pris fin, on va déguster l'apéritif, — cet apéritif avec lequel il faudrait rompre radicalement, — tantôt chez soi, en compagnie, tantôt chez des amis. Puis, c'est l'heure du dîner; et l'on passe de plus agréables instants qu'au déjeuner, parce qu'il fait moins chaud et qu'on est mieux disposé à bavarder, et, le repas fini, à s'abandonner aux émotions de la manille, du whist ou du domino.

Les jours succèdent ainsi aux jours, non sans monotonie. Celle-ci, de temps en temps, est rompue par les invitations ou les réceptions, par la pêche ou la chasse, par l'arrivée des courriers, porteurs des nouvelles de France. Mais ce ne sont là que des événements rares. On vit trop du souvenir des distractions que l'on a pu avoir. On vit aussi, trop longtemps, entre hommes. L'élément féminin, — j'entends l'élément blanc, — manque. Et son absence, qui se comprend très bien, accentue la monotonie de l'existence des commerçants et fonctionnaires, sous le ciel de la Guinée; elle est, en outre, à mon avis, l'une des causes de développement du *cancrelat colonial*.

On appelle ainsi, à Bassam, Assinie, Lahou et autres localités, non l'insecte que vous connaissez, — au moins de réputation, — mais une affection mentale, qui sévit chez les Européens, au bout d'un certain temps de séjour. Pourquoi la désigne-t-on sous ce nom étrange? Je ne suis jamais parvenu à l'éclaircir.

Suivant les tempéraments, le cancrelat rend original à l'excès, susceptible, ridiculement outrecuidant, tragique, enclin au délire des persécutions, insociable, « palabreur », irascible, raseur, etc., etc. C'est ainsi que j'ai connu, à la côte, des phénomènes, — êtres excellents d'ailleurs, — qui ne pouvaient coucher dans leur lit, sans un parapluie grand ouvert, « à cause des gouttières », écloses, il est à peine besoin de le dire, dans leur imagination... anormale, ou sans un pot de basilic « pour embaumer l'air ambiant et en chasser les microbes », — qui, la nuit, si le son des tambours et des flûtes indigènes se faisait entendre au loin, dans le village, conviant les couples à la danse, se levaient précipitamment et invitaient leur entourage à se préparer à la défense, « car le tam-tam de guerre résonnait chez les noirs [1] », — qui, portés à versifier et Dieu sait comme! ne reconnaissaient, en fait de poètes, « que Victor Hugo et

---

1. « Je fus sauvé, disait un jour, en substance, l'un de ces tragiques, grâce à mon brave Malic-Matar. N'écoutant que son courage, il alla seul, sans armes, au village. Que vit-il? Des bouteilles de rhum et de tafia, que brandissaient des forcenés, qui n'avaient pourtant pas besoin d'alcool pour s'exciter au carnage, et, dans un coin, l'un de ces sauvages qui, sur une mauvaise peau d'antilope, battait avec frénésie le rappel de guerre. Malic, par son sang-froid et son bon sens, leur fit comprendre leur ineptie. Quand il revint, les pires événements, grâce à lui, avaient pu être évités. Au tam-tam de guerre avait succédé celui de la danse. L'alarme, pour n'avoir duré qu'une heure, — un siècle! — n'en avait pas moins été vive.

eux » (ils avaient la modestie de se mettre en seconde ligne), — qui, passant près d'un groupe de blancs ou d'indigènes, en train de causer, les interpellaient en ces termes : « c'est encore de moi que vous dites du mal, hein? » et se fâchaient si, par aventure, ceux-ci protestaient ou haussaient les épaules, — qui, membres d'une popote, se rendaient intolérables à leurs camarades et étaient forcés de les quitter pour vivre seuls, — qui, lorsqu'on les mettait sur le chapitre de Napoléon ou du lion, étaient intarissables, et, bien entendu, endormants, — qui, possédés de la manie d'exercer publiquement leur langue, au détriment de leurs semblables, avaient, avec tout le monde, des affaires qui quelquefois se dénouaient dans le cabinet du magistrat conciliateur, etc., etc.

Tous les Européens ne sont pas sujets au cancrelat colonial. C'est dans la proportion de 40 % que, d'après mes observations, il fait des ravages parmi eux à la Côte d'Ivoire. Le traitement est aussi simple que radical. Il consiste, quand la maladie est parvenue à l'état aigu, à faire prendre à ses victimes le premier paquebot à destination du nord. Aux approches de Dakar, sous l'influence de l'air de la pleine mer, le microbe sera sérieusement atteint. A l'arrivée à Bordeaux ou Marseille, il aura disparu : il ne peut vivre sous ces latitudes. On assistera alors, parfois, à ce spectacle, — étonnant pour qui n'est pas colonial, — de deux Européens qui ne pouvaient se souffrir à la côte et qui, bras dessus, bras dessous, foulent l'asphalte des boulevards. N'est-il pas à remarquer, du reste, que dans la métropole, il existe une solidarité étroite entre coloniaux, et, plus particulièrement, entre coloniaux venus du même pays? Ils se recherchent pendant leurs congés; ils ne songent plus aux petites difficultés, qui les ont un peu divisés, loin de France; ils ne sont jamais plus heureux que lorsque les hasards ou les circonstances prévues les font se rencontrer; ils sont toujours prêts à s'entr'aider de grand cœur et sans calculer; et ils savent, sans qu'il soit besoin d'une entente collective, tenir à l'écart les rares brebis galeuses, qui se sont glissées dans leurs rangs.

Cela dit, j'en reviens au sujet qui m'occupe plus spécialement.

Si les Européens, qui mènent une vie sédentaire dans la colonie et surtout à la côte, n'ont que de rares distractions et deviennent aisément la proie du cancrelat, on n'en peut dire autant de ceux qui, par leurs occupations habituelles, sont appelés à se mouvoir et à faire de nombreuses connaissances avec l'imprévu. Il est certain que les administrateurs, les chefs de poste, les ingénieurs, les agents de commerce, mis à la tête d'exploitations forestières, trouvent, dans leur travail quotidien, si intéressant, des jouissances multiples. Aussi, les uns et les autres plaignent-ils cordialement ceux de leurs semblables, qui sont astreints à une résidence fixe et qui subissent tous les inconvénients de l'existence sous les tropiques, sans connaître par l'expérience le moindre de ses avantages.

De la vie intérieure de l'Européen, à la Côte d'Ivoire, rien de bien particulier à dire. On connaît, pour l'avoir vue représentée, la maison en bois, à un étage, construite sur pilotis, entourée d'une véranda, couverte de tôles cannelées, qui, sur le littoral, lui sert d'habitation : c'est le type classique de nos palais africains. La demeure de l'Européen voyageur est moins confortable. C'est, au lieu de sa principale résidence, une case de style local, construite en pisé, couverte de palmes et renfermant, pour tout mobilier : un lit de camp, une chaise longue, une table pliante, quelques cantines ou tonnelets, et, dans les endroits où il campe, — savane, plage, forêt, aire d'un village abandonné, — une tente-abri, sous laquelle on trouve le même mobilier, si transportable, qui joue un rôle essentiel dans l'existence de tout administrateur, officier ou voyageur, sur la terre d'Afrique.

II

Je viens de donner un aperçu de l'existence de l'Européen dans la colonie. Quelques lignes suffisent à le présenter. Il me reste à m'occuper des indigènes.

Dans le récent volume, que M. Clozel et l'auteur du présent travail ont publié sous ce titre : *Les Coutumes indigènes de la Côte d'Ivoire* [1], ils se sont longuement étendus sur les populations du pays, étudiées sous un double aspect ethnographique et sociologique. Je me propose de reprendre ici, sur certains points, la matière de ce livre. Je m'occuperai d'abord, faisant plus d'un emprunt à la savante *Introduction* de M. Clozel, de la division et des caractères généraux des tribus indigènes. Je ferai ensuite de l'étude de leurs coutumes l'objet d'un chapitre spécial.

La population noire du pays peut, en chiffres ronds, comme on le sait, être évaluée à 2 millions d'individus. Il s'en faut que du *Tanoë* au *Cavally*, d'*Odienné*, *Kong* et *Bouna* au littoral, elle se compose d'un peuple unique, groupé en confédérations plus ou moins importantes, offrant, ici et là, les mêmes mœurs, le même état social, le même langage. Quels sont donc les groupes ethniques remarqués par le voyageur, à son arrivée dans nos parages? Il lui est bien malaisé de faire une classification scientifique et définitive, en l'état actuel de nos connaissances. Voici, cependant, la division qui peut s'offrir à l'explorateur et qui est celle que M. Clozel et moi, nous avons adoptée en notre ouvrage : 1° les *Agni*; 2° les *Mandé*; 3° les *peu-*

---

[1]. Un vol. grand in-8 jésus. Aug. Challamel, édit.

plades des lagunes; 4° les _Kroumen_ et les *populations du sud-ouest*.

Les *Agni* sont les tribus, qui sont depuis le plus longtemps en contact avec les négociants et nos fonctionnaires. Comme la plupart des habitants de la région orientale et comme les Apolloniens ou *Zéma*, ils sont de la même famille que les *Achanti*. Il ont, d'ailleurs, avec des mœurs plus pacifiques et un tempérament plus malléable, des institutions politiques et sociales, ayant de nombreux traits communs avec celles des naturels de la *Gold Coast* occidentale.

D'après mon ami et ancien collègue, M. Delafosse, l'auteur d'un *Manuel de langue agni* [1], qui, en dépit de son titre modeste, est une œuvre de haute valeur scientifique, les tribus agni sont au nombre de quinze : 1° *Asini* ou *Asoko* (région d'Assinie); 2° *Sanwi*; 3° *Asikaso* ou *Asüamara*; 4° *Baulé* (Baoulé); 5° *Comoénoufwé*; 6° *Bétié* (Bettié); 7° *Ndényé* (Indénié); 8° *Bonda*; 9° *Ngan* ou *Nganoufwé* (Anno); 10° *Binié* (Ano, région de Mango); 11° *Ndaméfwé*; 12° *Bomofwé*; 13° *Wouré*; 14° *Moronou* ou *Moronoufoué*; 15° *Agbéniaou* (Binao sur les cartes). Le groupe le plus important, par le chiffre de sa population et, pourrais-je dire, celui se rapprochant le plus des Achanti, — comme ces derniers réfractaire à la civilisation

---

1. Un vol. in-8. André, édit.

européenne et s'opposant par les armes à ses progrès, — est le groupe des Baoulé, qui se subdivise en huit grandes tribus, constituées au XVIIIe siècle, lors de la conquête de la région par une femme remarquable, la reine *Pokou*, venue du pays de Coumassie. Ces tribus sont celles des *Agoua* ou *Warebo*, des *Faafwé*, des *Nzipouri* ou *Nzikprifwé*, des *Sa*, des *Atoutou*, des *Nanafwé*, des *Ngban* et des *Agba*. Voici une curieuse légende, qui est rapportée par M. Delafosse et nous renseigne sur l'origine de ces noms :

« Alors, la reine Pokou dit à tous les gens, qui l'avaient suivie dans ce pays : C'est moi qui serai votre reine. — Pourquoi cela, dirent-ils ? — Voici pourquoi, dit Pokou, je serai votre reine : Quand nous sommes arrivés au Comoë, je vous ai dit de prendre vos nouveau-nés et de les jeter dans le fleuve, et vous avez refusé ; et j'ai pris mon fils, mon unique fils, et je l'ai jeté à l'eau, et c'est ainsi que vous avez obtenu le passage du fleuve (pour échapper aux Achanti, qui poursuivaient Pokou et ses compagnons de fuite) : voilà pourquoi je dis que je serai votre reine.

« Et ils répondirent : C'est juste. Tu es notre reine, en effet.

« Alors, elle leur dit : Je vais donner des noms à toutes les tribus qui sont ici. Les gens de la tribu de ce chef, qui est là, s'appelleront Atoutou (les Plumeurs), parce que ce sont eux qui plument les poulets. Vous qui êtes mes frères, mes soldats, je vous appelle Nzipouri (les Nzi forts). Vous autres, qui marchez, en boitant, comme si vous aviez des vers de Guinée aux jambes, on vous appellera Ngban (les vers de Guinée). Vous qui êtes mon bras droit, je vous appelle Taafoué (les gens de la droite). Vous qui êtes des sauvages, qui allez tout nus et qui portez toujours du feu sur vous, pour vous réchauffer, je vous appelle Nanafoué. — Le vrai nom, que la reine Pokou avait tout d'abord donné à ces Nanafoué était Bonafoué (les sauvages), mais depuis on les appela Nanafoué pour ne pas les blesser. — Quant aux Agba, les pagnes qu'ils portaient étaient faits d'écorce, et on appelle les pagnes d'écorce *Agbaon*; aussi Mme Akoua-Boni dit à Pokou : Mère, il faut les appeler Agbaon (les pagnes d'écorce), et on les appela Agba. Restaient les Sa : quand ils se mettent à parler ensemble, ils en arrivent tout de suite aux coups; aussi Aka-Boni dit : on les appellera Sa (les graines de gingembre), parce qu'ils ont le caractère chaud, comme la saveur du gingembre...

« Puis, la reine Pokou, en souvenir de son fils, qu'elle avait jeté dans la Comoë et qui s'y était noyé, dit : on appellera ce pays Baoulé (mort d'enfant). Car la mort de cet enfant lui avait causé de la douleur. »

Quelle est l'organisation politique et sociale des Agni? « C'est, fait très justement remarquer M. Clozel, l'anarchie tempérée par un grand respect des traditions, de l'âge et de l'étiquette. Cette dernière joue un grand rôle dans les relations sociales et politiques ; les Agni sont essentiellement protocolaires. La connaissance et l'observation de leur cérémonial seront, dans bien des cas difficiles, d'un grand secours pour les Européens qui auront à traiter avec eux.

« Il n'y a généralement pas de chefs de tribus, au sens que nous donnons au mot *chef*; il n'y a même pas toujours, à proprement parler, de chefs de villages ; mais il y a réellement, et partout, des chefs de famille, au sens étendu de ce mot. Le régime politique se confond donc avec le régime social : c'est le patriarcat [1]. »

Les *Mandé* forment le second groupe de notre grande division. Le groupe Mandé, qui ne compte pas moins de 410.000 représentants, comprend les *Mandé-Dyoula* proprement dits et les *Sénoufo*, les uns musulmans [2], les autres surtout fétichistes ;

---

1. Clozel et Villamur, *ouvr. déjà cité*, p. 21 et 22.
2. Une particularité des Mandé-Dyoula, et, en général, des noirs musulmans de la colonie, c'est qu'ils pratiquent la circoncision et l'excision. Elles sont assez peu répandues parmi les fétichistes ; il en est même, comme les Agni du

les premiers, conquérants, les seconds, très probablement autochtones. Les origines des Mandé-Dyoula et leur établissement dans le pays ont été étudiés par M. Binger. Le lecteur fera, sur ces questions, comme sur beaucoup d'autres, de très instructives découvertes dans l'ouvrage déjà cité du grand explorateur de l'Afrique occidentale. A l'anthropologiste et au sociologue se recommande aussi la lecture d'un écrit bien curieux du même auteur. Il a pour titre : *Esclavage, Islamisme et Christianisme*. Paru, il y a une douzaine d'années, il est toujours d'actualité. M. Binger est d'avis, — et ce sentiment est partagé par presque tous ceux ayant, comme lui, vécu au milieu de nègres musulmans, — que, loin de partir en guerre, en croisade contre l'Islam, nous devons nous en servir, nous devons faire notre profit des progrès sociaux qu'il a apportés parmi les peuplades fétichistes, au sein desquelles il s'est implanté. Ces progrès, on les remarque chez les Mandé-Dyoula, qui sont incontestablement très en avance, au point de vue politique et social, sur les naturels de la côte.

Le troisième groupe, celui des indigènes des

Sanwi, qui font de la circoncision une sorte de peine infamante.

Les Mandé ont aussi la coutume des tatouages. On retrouve encore cette coutume chez les fétichistes. Mais elle est bien moins répandue dans la zone forestière que dans les plaines du nord.

lagunes, ne répond pas, comme les deux précédents, à une classification ethnique, jusqu'à certain point définitive. Il se compose d'éléments si divers, que seul l'établissement de ces noirs dans la région des lagunes *Potou, Ono, Ébrié, Lahou* et *Fresco*, voisines les unes des autres, c'est-à-dire, en somme, des raisons géographiques, ont décidé les auteurs du volume sur les *Coutumes indigènes de la Côte d'Ivoire* à s'arrêter à cette troisième division.

Si l'on se base sur l'idiome parlé et qui, même dans les communautés de semblable origine, varie de village à village, on remarque, en allant de l'est à l'ouest, de Grand-Bassam à Fresco, douze collectivités principales : 1° les *Abouré* ou *Eoumva*, qui peuplent une partie des villages de Mouôsso, *Vitré, Abra* et les localités de l'*Akapless*, 2° les *M'Bâto*, 3° les *Attié*, 4° les *Abbey*, 5° les *Ébrié*, 6° les *Abidji*, 7° les *Adioukrou*, 8° les *Alladian*, 9° les *Aizi*, 10° les *Brignan*, 11° les *Dida*, 12° les gens de la lagune de Fresco, assez dissemblables de leurs voisins de Lahou et de Sassandra. A quelle famille se rattachent les 400.000 individus, environ, qui rentrent dans la division des « peuplades des Lagunes » ? Sans doute à la famille achanti. Il est néanmoins probable que les Abouré sont des autochtones. C'est, du moins, ce que prétendent beaucoup de vieillards des environs de Grand-Bassam, gardiens des traditions, que j'ai questionnés à ce sujet.

Le quatrième et dernier groupe de naturels est celui des *Peuplades de l'Ouest et des Kroumen*. Ce sont les populations les moins connues de la colonie ; et c'est surtout, en ce qui concerne leur classification, qu'on peut dire qu'elle est presque exclusivement géographique. Il est à souhaiter que l'exemple des administrateurs et officiers, grâce à qui les « régions totalement ignorées » tiennent sur la carte une bien moindre place qu'il y a dix ans, continue à être suivi.

M. l'administrateur-adjoint Thomann nous apprend que le cercle de Sassandra est peuplé de quatre tribus principales : les *Bété*, les *Bagnoua*, les *Oboua* et les *Bakoué*. Ce distingué fonctionnaire a publié, en 1901, dans le *Bulletin du Comité de l'Afrique française*, les résultats de son exploration des rives de la Sassandra. J'y renvoie le lecteur [1]. Plus à l'ouest encore, aux pays de *San-Pedro*, *Béréby*, *Tabou* et *Bliéron*, sur la côte, on trouve les *Bokoué*, les *Irapoué*, les *Orépoué*, les *Ioulo*, les *Toua*, les *Arépo*, les *Apo* et les *Bapo*. Toutes ces peuplades, y compris les indigènes de Sassandra, sont, depuis longtemps, désignées sous le nom de *Kroumen*. Au nord des régions qu'elles occupent,

---

1. Une nouvelle exploration a été faite, en 1902, par M. Thomann dans la haute Sassandra. Au moment où nous mettons sous presse, le *Bulletin* a déjà commencé (n° de janvier 1903) la publication du compte rendu de la mission Thomann.

c'est, sauf chez les *Guiniatabo*, les *Inémou*, les *Tépo*, les *Dabo* et les *Ouampo* du Cavally inférieur, chez les naturels étudiés par M. George Thomann, chez ceux avec qui les missions Blondiaux, Wœlfel, Hostains-d'Olonne ont été en contact, enfin chez les *Kouéni* ou *Gouro* visités par M. Eysséric, les *Kpélé*, les *Manou*, les *Guio* et les *Mouin*, diverses tribus qui, suivant M. Delafosse, se rattachent à la famille *Fou*, sont de langue mandé, échappent à notre autorité et sont encore anthropophages, c'est, dis-je, le mystérieux inconnu.

Les différentes catégories d'indigènes, rentrant dans les quatre grandes divisions, qui viennent d'être indiquées, sont loin d'être séparées par des dissemblances profondes. Elles ont même de nombreux traits communs.

Il faut, en première ligne, mentionner leur constitution physique, en général remarquable. Le noir de Guinée est, en effet, grand, bien proportionné, admirablement musclé. Chez les tribus les moins avancées, l'homme est, comme chez tous les primitifs, beaucoup plus beau que sa compagne. Mais, dès qu'une race atteint, par le mélange avec d'autres ou par le fait d'une moindre inégalité dans les conditions d'existence entre les représentants du sexe fort et ceux du sexe faible, une certaine supériorité, ces avantages d'ordre esthétique cessent d'être exclusifs. On peut, ainsi, constater que les populations du littoral, qui ont eu de si fréquents rapports avec les Européens ou avec les noirs d'autres contrées, qui forcément se sont mêlées à l'élément étranger et qui jouissent d'un état social plus avancé que celui de certains voisins de l'intérieur, ne présentent, en la matière, comme en bien d'autres, guère ou pas d'inégalités entre l'homme et la femme.

Chez les *Alladian*, de Jacqueville, et les *Apolloniens*, des environs de Grand-Bassam et d'Assinie, pour ne citer que ces deux groupes de naturels, l'Européen est frappé par le nombre de belles et jolies petites-filles d'Ève qu'il rencontre sur ses pas. Il lui arrive même d'en distinguer qui, par l'ovale parfait du visage, le dessin de la bouche et du nez, la blancheur éclatante des dents, la petitesse de l'oreille, l'éclat de grands beaux yeux, la proportion harmonieuse des membres, la beauté, à la fois imposante et souple, du corps, forcent l'admiration. Si, par un don du ciel, la peau veloutée, mais cuivrée, de certaines jeunesses de Jacqueville, ou celle très fine, mais café clair, de certaines filles d'Apollonie, pouvait subitement devenir blanche et si les cheveux de ces Vénus africaines avaient le pouvoir d'acquérir la longueur, le soyeux et les tons de ceux des *Vahinés* Taïtiennes, elles seraient parmi les plus jolies et les plus séduisantes des brunes.

M. Ch. Castellani a publié, il y a quelques

années, une étude sur les *Femmes au Congo* qui dénote, chez son auteur, de très appréciables qualités d'observation, de psychologie et d'art. Je suis heureux, — car ils peuvent, dans une large mesure, s'appliquer à bien des femmes indigènes de la Côte d'Ivoire, — de donner quelques extraits de ce livre, bien composé et écrit d'un style alerte, pittoresque, chatoyant, le style d'un homme sachant aussi bien manier la plume que le pinceau :

« ..... Je déclare avoir rencontré nombre de négresses, qui auraient pu répondre orgueilleusement, comme dans le « Cantique des Cantiques » : *Nigra sum, sed formosa*, je suis noire, mais belle... Je ne parle pas des femmes métisses ou mulâtresses de la Côte : il y en a d'admirablement belles.

« Quant à la couleur, j'affirme également que j'ai vu, sur le continent africain, des créatures, dont la peau, d'un ton d'or pâle ou même de cuivre rouge, pouvait lutter, comme finesse de grain et comme satiné, avec les peaux blanches les plus délicates. On trouve même des *beautés* ayant le foncé du plus bel ébène ; et puis, pourrais-je enfin ajouter, comme argument péremptoire et sans appel : « La femme noire, c'est autre chose »...

« C'est à Dakar que j'ai aperçu les premières femmes de couleur, négresses et mulâtresses... Les

Niamké-Nima
Jeune métisse d'Assinie.

sang-mêlé, avec leur teint mat et leurs yeux noirs, aux longs cils retroussés, leur démarche flexible et nonchalante, avec leurs allures de couleuvre et leurs regards, qui semblent chercher ceux des hommes, laissaient plutôt des impressions troublantes et pleines de volupté...

« A Drewin et à Conakry, où j'ai débarqué en compagnie d'officiers et de coloniaux, j'ai encore vu de charmantes mulâtresses, toujours mêmes types de Vénus impudique...

« Je vois encore cette belle odalisque, à demi couchée sur la grève brûlante, simplement abritée sous son parasol bleu, à peine vêtue d'un peignoir rose et transparent dont les bâillements indiscrets laissaient entrevoir des splendeurs de formes, vers lesquelles ces messieurs esquissaient des gestes plutôt mollement repoussés. Une tornade effroyable interrompit heureusement ce manège dangereux et immoral... La belle déesse se dressa sur ses petits pieds, chaussés de babouches, et prit la fuite avec la légèreté d'une antilope, espérant sans doute être suivie.

« Ces messieurs furent raisonnables et se réfugièrent sous un hangar, en attendant la fin de l'ouragan. Il est vrai que d'autres femmes, noires cette fois, y étaient entassées déjà et se serraient, en poussant de petits cris, à chaque coup de tonnerre, affectant une frayeur très exagérée et pleine de provocation envers les blancs, qui recommencèrent à flirter : « faute de grives on se contente de merles ».

« La trombe passée, on reprit le chemin du bord, abandonnant cette plage, dont les habitantes ne demandaient qu'à rire. J'ai pu juger, du premier coup, qu'on n'était pas bégueule à la Côte d'Afrique. Ça n'était que le commencement, et je devais en voir bien d'autres [1]. »

Arrêtant sur ce mot cette intéressante citation, et, revenant aux traits, qui rapprochent les individus des quatre groupes précités, je remarquerai, pour terminer, que sauf les Mandé proprement dits, ces indigènes sont presque tous fétichistes; que le seul groupement qui soit solidement constitué, chez eux, est celui de la famille; qu'ils sont polygames et ne connaissent guère que la parenté utérine; qu'ils ont des captifs, mais que l'esclavage, tel qu'ils le pratiquent, ne répond nullement à l'idée qu'on s'en fait dans certains milieux de France; que l'anthropophagie et les sacrifices humains ne sont en honneur que parmi ceux d'entre eux, avec qui nos administrateurs et chefs de poste ne sont pas encore en contact; enfin, qu'ils offrent tous, en ce qui touche leurs diverses coutumes, de fréquentes ressemblances avec les

---

1. Ch. Castellani, *Les Femmes au Congo*, 1 vol. in-18, illustré. Ernest Flammarion, édit.

peuples de l'Europe et de l'Asie, aux premiers bégaiements de leur civilisation. Je n'insiste pas ici sur cet ensemble d'observations. La plupart des remarques, ainsi faites sommairement, vont me fournir la matière de longs développements dans le chapitre suivant, consacré aux institutions du droit public et privé des indigènes de la Côte d'Ivoire.

Jeune fille de Grand-Bassam.

CHAPITRE VI

 Les Coutumes indigènes.

(Roger Villamur)

Le 14 février 1901, M. Clozel, alors gouverneur intérimaire de la colonie, prenait un arrêté, aux termes duquel une commission était nommée, « à l'effet de réunir et de codifier les coutumes en usage devant les juridictions indigènes de la colonie ». Cette commission, dont faisaient partie le gouverneur, *président*, M. Villamur, juge de paix à compétence étendue, et MM. les administrateurs Ribes, Richaud et Lamblin, ne s'est réunie qu'une fois. Mais, lors de cette réunion, qui eut lieu au mois de mars 1901, une besogne des plus utiles fut accomplie, puisque les bases du travail devant servir à la codification projetée furent définitivement arrêtées. A quelques jours de là, en effet, le chef de la colonie adressait à ses administrateurs une circulaire, relative à la réunion des coutumes, en vigueur devant les tribunaux indigènes de leurs cercles respectifs, et faisait suivre cet acte officiel d'un questionnaire dont il avait bien voulu me confier la rédaction.

La circulaire du 29 mars 1901 offre, au point de vue particulier, objet du présent chapitre, un intérêt considérable. Il me paraît donc indispensable, au début de cette étude, de la mettre sous les yeux du lecteur.

Elle est conçue en ces termes :

« LE GOUVERNEUR *p. i.* DE LA CÔTE D'IVOIRE
à *Messieurs les Administrateurs.*

« Bingerville, le 29 mars 1901.

« Messieurs,

« Le Département se préoccupe, depuis quelque temps déjà, de réorganiser le service de la justice dans nos possessions de l'Afrique occidentale. Le décret du 22 mai dernier, qui a confié à un magistrat de carrière la mission d'examiner sur place l'organisation, convenant le mieux au Dahomey, à la Côte d'Ivoire et à la Guinée; l'institution, à Paris, d'une commission de la justice indigène, sous la haute présidence de Monsieur le Ministre des colonies ; les actes récents, relatifs à la création d'un conseil d'appel et de deux tribunaux de première instance au Congo français, sont des témoignages irrécusables de cette préoccupation.

« L'administration locale ne saurait y rester étrangère.

« Parmi les questions, soulevées par les réformes à introduire dans le régime judiciaire de la Côte d'Ivoire, se place, au premier rang, celle des tribunaux indigènes.

« Le décret du 11 mai 1892, portant organisation du service de la justice en la Guinée française et dépendances, a maintenu les juridictions locales, tant pour le jugement des affaires civiles entre naturels du pays, que pour la poursuite des contraventions et délits, commis par ceux-ci envers leurs congénères. Cette disposition, dictée par le sentiment très net des besoins des milieux, auxquels elle s'adapte, a été reproduite dans les divers actes, qui ont touché aux rouages judiciaires de nos jeunes possessions de l'Ouest africain, notamment dans l'article 27 du décret du 16 décembre 1896, qui concerne spécialement la Côte d'Ivoire. Et je n'hésite pas à déclarer que le moment me paraît bien éloigné où il sera possible d'abroger ce texte. Ce n'est pas seulement parce que la substitution de tribunaux français réguliers aux juridictions locales entraînerait des dépenses considérables, au delà des forces contributives d'une colonie naissante. C'est encore et surtout parce que les magistrats français se trouveraient empêchés d'appliquer aux populations autochtones leurs coutumes, que le gouvernement de la République s'est engagé à respecter en tout ce qui n'est pas contraire à l'humanité.

« En effet, ces coutumes ne sont pas les mêmes sur toute l'étendue du sol. Variables suivant les pays, comme l'était dans notre ancienne France le droit fondé sur l'usage, il arrive même qu'au sein de groupes politiques, unis pourtant par une communauté d'origine, d'idiome et de traditions, elles diffèrent de village à village : de sorte que, modifiant par une adaptation à ces milieux primitifs un mot célèbre sur la France seigneuriale, on pourrait dire, non sans exactitude, que le voyageur parcourant nos régions change aussi souvent de coutumes que de localités. Comment, en cet état de choses, un magistrat, nouveau venu à la Côte d'Ivoire, pourrait-il mettre ses décisions en harmonie avec les préceptes d'une législation si diverse et que parfois connaissent bien seulement les notables ou les anciens du pays ?

« Mais le maintien des juridictions indigènes ne saurait impliquer celui de l'arbitraire, auquel se livrent certains des juges qui les composent. Si nous avons promis de respecter les coutumes, nous n'avons pas pris l'engagement de les soustraire à l'œuvre du temps, de nous opposer à leur régularisation, à leur amélioration. Nous ne pouvions surtout nous interdire d'y apporter, avec le concours des natifs eux-mêmes, les réformes compatibles avec la condition sociale de ces derniers, afin de rendre ces règles progressivement plus conformes à notre civilisation et aux principes du droit naturel, source des législations positives. Or, le meilleur moyen de faire cesser l'arbitraire, de permettre à ceux qui en seraient les victimes d'adresser des réclamations à l'autorité supérieure et à celle-ci d'en apprécier le bien ou le mal fondé, c'est assurément de faire connaître à tous les usages invoqués.

« La publication des règles coutumières, si variées, servant aujourd'hui de base aux sentences des juridictions locales, n'est pas uniquement, à mon avis, caractérisée par ce fait qu'elle consacrera des avantages immédiats en faveur des justiciables. Je la considère, de plus, comme la préface indispensable de l'œuvre de réorganisation judiciaire qui se poursuit actuellement.

« C'est pour cet ensemble de raisons, Messieurs, que, d'accord avec M. le Président de Cour, chargé d'une mission d'inspection et d'études dans la colonie, j'ai pensé qu'il convenait, d'ores et déjà, de réunir les matériaux, nécessaires à la codification des coutumes, en vigueur dans les différents cercles du pays.

« Par un arrêté, que vous trouverez inséré dans le *Journal officiel de la Côte d'Ivoire* du 15 février, j'ai nommé une commission, chargée de réaliser cette œuvre, à laquelle j'attache une importance exceptionnelle. Cette commission se réunira dans quelque temps. Elle aura, tout d'abord, à se livrer à un travail de comparaison entre les coutumes, qui, pour se distinguer par des détails divers, n'en sont pas moins unies par des liens communs et ont, en conséquence, un caractère général. Et, en les groupant méthodiquement, puis en les formulant avec précision, elle leur donnera la certitude et la clarté, qui leur font souvent défaut. Cette tâche de comparaison, de coordination scientifique et de rédaction terminée, la commission s'emploiera à élaborer, d'après les indications qui lui seront fournies, des coutumiers d'un caractère tout différent, dans lesquels figureront les us et règles, particuliers aux groupes les plus importants fixés sur le sol de la colonie. Enfin, en quelques articles, qui feront table rase des pratiques, en trop flagrante opposition avec notre état social, mais qui, toutefois, respecteront le protocole formaliste des noirs, en ce qu'il a d'acceptable, elle tracera les grandes lignes de la procédure à suivre, en matière civile aussi bien qu'en matière pénale, devant les tribunaux locaux réorganisés.

« Je n'ai pas besoin de vous dire, Messieurs, que vous serez les principaux auxiliaires de la commission que j'ai instituée et dont je viens de vous faire connaître le but. C'est pourquoi, je vous adresse un questionnaire, qui a été établi suivant mes instructions et qui comprend trois parties : *I. Droit civil ; — II. Droit criminel ; — III. Organisation judiciaire et procédure.* Ce questionnaire vous indique les sujets essentiels que vous devrez vous attacher à exposer et, au besoin, à élucider. Mais votre contribution à l'œuvre dont je poursuis l'accomplissement n'est pas limitée au développement des questions, que je soumets à votre examen très attentif. Si, au point de vue spécial, qui va occuper votre activité, vous avez, en dehors des points précisés dans le canevas ci-joint, des communications intéressantes à me faire sur les institutions et usages des tribus, habitant vos cercles respectifs, je les accueillerai très volontiers.

« J'ajoute, pour terminer, Messieurs, que je compte que vous répondrez le plus tôt possible à mon questionnaire. Vous serez, d'ailleurs, en mesure de le faire ; car l'expérience, acquise au cours de longs séjours, effectués à la Côte d'Ivoire, vous permet de mener rapidement à bien la collaboration à laquelle je vous invite.

« Recevez, Messieurs, les assurances de ma considération la plus distinguée.

« CLOZEL. »

Dès la réception de ces instructions et du questionnaire qu'on trouvera reproduit, à la fin de mon livre sur les *Attributions judiciaires des administrateurs coloniaux*, les commandants de cercle se sont résolument mis à l'œuvre ; et, dans le courant de 1901, quinze rapports étaient parvenus au gouverneur intérimaire.

Ce sont ces documents que nous avons publiés,

M. Clozel et moi, dans leur sincérité originelle, en les faisant précéder de l'introduction et accompagner des commentaires et notes, jugés par nous nécessaires [1]. Nous avons pensé qu'agir ainsi, au lieu de nous livrer à des codifications immédiates, c'était, comme il est dit à la fin de notre volume, ne pas empiéter sur le travail de la commission, instituée le 14 février 1901, c'était offrir aux savants et sociologues, appelés à consulter notre publication, des données plus intéressantes que celles qu'aurait pu leur présenter une œuvre de fusion, et c'était enfin et surtout obéir à un sentiment de justice et de gratitude, à l'égard des administrateurs et officiers, auteurs des rapports, établis dans l'esprit de la circulaire et du questionnaire de mars 1901.

L'accueil, particulièrement flatteur dont notre livre a été honoré par les milieux scientifiques de France et de l'étranger et aussi l'utilité, qui m'apparaît, de faire pénétrer dans le grand public, de plus en plus attiré vers l'étude de nos colonies et de leurs populations, la substance des documents sur les *Coutumes indigènes de la Côte d'Ivoire*, m'engagent à reprendre le sujet. Je suivrai l'ordre, la division, que le lecteur connaît déjà, et, en quatre sections, qui, souvent, seront la reproduction textuelle de ma contribution au volume, paru

---

1. Clozel et Villamur, *ouvr. déjà cité*.

l'an dernier, je passerai en revue : 1° les coutumes des Agni ; 2° celles des Mandé ; 3° celles des peuplades des lagunes ; 4° celles des Kroumen. Dans une cinquième et dernière subdivision, j'essaierai de montrer la parenté juridique, unissant ces diverses coutumes, et d'en dégager un enseignement

SECTION I

Les Coutumes du groupe agni.

Ce groupe embrasse, on le sait, les Agni du Baoulé, les indigènes de l'Indénié, les habitants du Sanwi et les populations de l'Abron. Il a donné lieu aux rapports de MM. les administrateurs Delafosse, Tellier et Cartron et de M. le capitaine Benquey, où le lecteur fera une ample moisson de renseignements intéressants et où lui apparaîtra la parenté des us et coutumes de ces naturels avec ceux de leurs voisins de la *Gold Coast*.

On se souvient, en effet, — j'ai eu l'occasion d'en parler plus haut, — que, d'après les traditions locales, une tribu ou, plus exactement, un peuple de conquérants, venus de l'est, envahirent, vers la seconde moitié du XVIIIe siècle, les régions de notre Côte d'Ivoire actuelle, qui sont baignées par la *Comoë* et la *Bandama*. Ces envahisseurs n'étaient autres que les *Achanti*. D'un état social, beaucoup plus avancé que celui des peuplades autochtones qu'ils subjuguèrent, ils ne tardèrent pas à s'assimiler les vaincus. Cette assimilation a été si rapide que le voyageur, visitant de nos jours les riches parages de *Krinjâbo*, de *Bettié*, de *Bondoukou* et de *Toumodi*, y retrouverait malaisément les vestiges d'un état politique et social antérieur à l'invasion qui eut lieu vers 1750.

Cela vient, une fois de plus, affermir la thèse, d'après laquelle, lorsque deux peuples sont aux prises, c'est le plus civilisé qui, par la force même des choses, impose à l'autre ses usages, ses mœurs, son droit public et privé. La Grèce, vaincue par les Romains, ne se vengea-t-elle pas en les hellénisant [1]? La Gaule, conquise par César, ne fut-elle pas romanisée presque entièrement? Et les Barbares, qui s'abattirent sur elle, au Ve siècle de l'ère chrétienne, ne s'imprégnèrent-ils pas fortement, à leur tour, de droit romain?

Profonde, l'empreinte que les lois coutumières des Achanti ont laissée sur les naturels du groupe agni l'est donc incontestablement. Sans doute, l'absence de codification, due à cette ignorance de l'écriture qu'on note chez eux, comme parmi la plupart des indigènes, qui en sont encore au premier stade de leur évolution, a eu pour résultat de permettre aux tribus, séparées géographiquement les unes des autres et n'ayant entre elles que des relations peu fréquentes, de se créer des coutumes et des usages particuliers. Mais, au travers de ces derniers, le sociologue a vite fait de distinguer ce que, dans notre ancienne France, on appelait la *coutume générale*, c'est-à-dire, au point de vue qui nous occupe, la coutume achanti.

[1]. Graecia capta ferum victorem cepit, et artes
Intulit agresti Latio.
(HORACE.)

C'est pourquoi, il est aussi nécessaire à quiconque entreprend une étude ou, *a fortiori*, une codification du droit coutumier, en vigueur devant les juridictions indigènes de la Côte d'Ivoire, de connaître les lois et usages des naturels de la *Gold Coast* qu'aux littérateurs du droit français de posséder la législation romaine, les coutumiers de nos provinces du nord et les ordonnances de la monarchie, autant de sources de nos codes. Et c'est pourquoi, à ceux qui, dans un avenir prochain, seront appelés à codifier les règles du droit traditionnel, dont les travaux déjà publiés leur indiquent les principales, je recommande la lecture non seulement des pages si curieuses du major A.-B. Ellis, traduites par M. Clozel [1], mais encore des ouvrages spéciaux, que de distingués juristes anglais ont fait paraître sur les Achanti et les Fanti, entre autres les *Fanti Customary Laws* [2], de M. John Mensah-Sarbah. Ce dernier travail, quoique écrit d'un style parfois obscur et souvent tourmenté, qui en rend la lecture difficile aux étrangers, renferme de fort utiles indications sur la condition des personnes, le mariage, les successions, etc., chez les Fanti, et reproduit d'importantes décisions judiciaires, rendues par application de leurs coutumes.

1. Clozel et Villamur, *ouvr. cit.*, p. 237 et suiv.
2. Un vol. in-8°. Londres, William Clowes and Sons, édit., 1897.

Si maintenant l'on envisage le côté philosophique du sujet, l'étude des mœurs et des lois coutumières des tribus de la Gold Coast et de notre Côte d'Ivoire mérite non moins de fixer l'attention. *Nihil novi sub sole*, répète-t-on depuis des siècles. Et, chaque jour, les enseignements de la sociologie viennent à l'appui de cette affirmation. En présence des peuplades nègres au milieu desquelles il vit, l'explorateur, déjà familiarisé avec l'étude des civilisations, qui marquent l'aube de l'humanité, fait, dans le domaine cher à John Lubbock, des découvertes presque aussi fréquentes que celles qu'il lui a été donné d'accomplir en celui de la géographie. Tantôt, c'est l'agora, ses procès et ses tumultueux débats, qu'il voit transplantés sur la place, aux grands ficus, d'un village agni, tantôt ce sont les druidiques sacrifices d'hommes qu'il retrouve dans la forêt de Guinée, tout comme ils existaient aux abords de l'île de Sein. Hier, il a noté, chez les noirs de l'*Ébrié*, la *coemptio* des Romains de la période royale. Aujourd'hui, l'on juge un procès criminel devant l'assemblée des notables, dans le village d'*Ono*; la sentence est rendue, et il constate que c'est une peine pécuniaire dont il a été fait application : il a découvert, en plein pays d'*Akapless*, le système des compositions, le *Wehrgeld* des Anglo-Saxons.

Pour moi, qui ai vécu six ans au milieu des peuplades de la Côte d'Ivoire et qui ai eu la satisfaction de les étudier de très près, grâce à la nature même des fonctions administratives et judiciaires, que j'ai remplies dans le cercle de Grand-Bassam, le *nihil novi sub sole* a revêtu, en ce qui regarde plusieurs de leurs usages séculaires, tous les caractères d'un axiome. Et souvent, quand, la nuit venue, j'allais demander au sommeil, dans la case d'un village de l'Akapless, du M'Bâto ou de l'Ébrié, la réparation des fatigues d'une journée, consacrée au règlement de palabres, politiques ou autres, je me remémorais ces lignes de sir John Lubbock, le polygraphe anglais, déjà nommé, qui est avant tout, à mon avis, un sociologue de qualité :

« L'étude des races humaines, dans un état de civilisation peu avancé, outre l'importance qu'elle présente dans un empire comme le nôtre, offre, à plusieurs points de vue, un grand intérêt. En effet, la condition sociale, les coutumes des peuples encore sauvages rappellent, sous bien des rapports, quoique non pas absolument, celles de nos propres ancêtres, à une époque fort éloignée ; elles expliquent, dans nos sociétés modernes, bien des coutumes, qui n'ont évidemment aucun rapport avec notre état social actuel ; quelques idées même, empreintes pour ainsi dire dans nos esprits, comme les fossiles sont empreints dans le roc. Nous pouvons enfin, par la comparaison, soulever quelque peu le voile épais qui sépare le présent du passé [1]. »

Aux juristes, qui doivent entreprendre, à la Côte d'Ivoire, des travaux de codification, non sans analogies avec ceux qui suivirent jadis, chez nous, la célèbre ordonnance rendue à *Montil-les-Tours* par le roi Charles VII, comme aux disciples de sir John Lubbock s'adressent donc les documents recueillis par MM. Delafosse, Tellier, Cartron et Benquey. Je n'aborderai pas l'examen détaillé des usages sanctionnés par les juridictions locales des quatre cercles, à la tête desquels ont été ou sont encore placés les auteurs de ces documents ; car ce serait franchir les limites que je dois m'assigner. Je me bornerai à préciser, en quelques lignes rapides, les principes généraux de droit civil, de droit criminel, d'organisation judiciaire et procédure, qui régissent les noirs du groupe agni.

I

Droit Civil.

a) *Famille.* — Le mariage, la famille et la filiation sont organisés, chez les indigènes du Baoulé, de l'Indénié, d'Assinie et de l'Abron, tout autre-

---

[1]. Sir John Lubbock, *Les Origines de la civilisation*, trad. E. Barbier. Un vol. in-8°. Germer-Baillière, édit.

ment que parmi les nations européennes de l'époque actuelle. La parenté, ce lien, ce *vinculum juris*, qui réunit entre eux les divers membres d'une famille, s'établit, chez les noirs de culture achanti, par la tige maternelle. Certains d'entre eux, il est vrai, peuvent s'élever à la conception, d'ailleurs assez vague, d'une parenté proche voisine de celle admise en Europe. Mais, relativement aux effets que celle-ci entraîne, en droit civil, gens de Toumodi, de Zaranou, de Krinjâbo et de Bondoukou ne connaissent que la parenté par tige maternelle. En cela, ils rappellent plus d'un peuple de l'ancien continent. Au témoignage de deux des plus grands historiens de la Grèce, Hérodote et Polybe, les Lyciens et les Locriens ne concevaient de généalogie que dans la ligne féminine. Et il n'est pas sans intérêt de rappeler, d'autre part, que jusqu'aux temps lointains de Cécrops, les Athéniens vivaient sous le régime de la parenté par les femmes.

La réunion de plusieurs familles forme, à l'origine de toutes les civilisations, la tribu : c'est le γένος des Grecs, la *gens* des Romains, la *civitas* des Gaulois, le *clan* des Écossais, etc. Elle se retrouve parmi les habitants de la Côte d'Ivoire. Elle n'est pas organisée identiquement dans le Baoulé, le Sanwi et autres provinces de la colonie. Dans le Baoulé, comme le montre très bien M. Delafosse, elle se confond avec ce qu'il désigne sous l'expression de *famille globale*. Ailleurs, elle est plus étroitement constituée. Mais c'est, avec les caractères généraux que cette institution revêt au berceau des peuples, c'est partout l'antique tribu, avec son chef, ses anciens, ses usages, ses traditions, ses assemblées judiciaires.

b) Mariage. — Le mariage, source de la famille et de la tribu, diffère profondément, à la Côte d'Ivoire, de celui dont il est traité dans notre code civil. Si la polyandrie, ou union légale d'une femme à plusieurs hommes, n'est pas admise en nos régions de Guinée, comme elle l'est sur certains points de l'Inde, du Thibet et de l'île de Ceylan, la polygamie, en revanche, y est fort en honneur. Ce serait une erreur de croire qu'elle y ait été introduite par l'islamisme. Elle est inhérente à toutes les races primitives qui peuplent le sol africain. Sir John Lubbock, qu'on ne saurait trop citer, en ces matières, justifie, avec son originalité accoutumée, l'existence de la polygamie sous le ciel des tropiques.

« Dans toutes les régions tropicales, explique-t-il, les filles sont en état de se marier fort jeunes encore ; elles sont belles de bonne heure, mais se fanent vite, tandis que les hommes, au contraire, conservent bien plus longtemps toute leur virilité. Aussi, quand l'amour repose, non pas sur une similitude de goûts ou de sympathies, mais uniquement sur les attractions extérieures, nous ne pouvons nous étonner que chaque homme, en état de le faire, prenne une quantité de favorites, même quand la première femme reste non seulement le chef nominal de la maison, mais aussi la confidente et la conseillère du mari. Une autre cause a, sans doute, exercé une grande influence. Le lait est nécessaire aux enfants en bas âge, et, en l'absence d'animaux domestiques, on ne peut les sevrer que quand ils ont trois ou quatre ans. J'ai déjà expliqué l'effet de cette nécessité sur les relations sociales[1]. »

Les conditions requises, chez l'homme et la femme, pour pouvoir contracter mariage, sont bien moins complexes, parmi les indigènes de culture achanti que chez les peuples civilisés. A vrai dire, il n'en existe que deux de vraiment essentielles : la puberté et l'absence de liens de parenté à un degré rapproché. Quant aux préliminaires du mariage, ils varient suivant la région : les fiançailles, réglées par la coutume, sont inconnues des Baoulé, tandis qu'elles sont pratiquées par les Agni et les Abron. J'en dirai autant du mode d'obtention de la femme. M. Delafosse établit que le mariage par consentement mutuel est le seul qu'on remarque dans le cercle qu'il a administré et que l'achat ou la dot n'existe ni du côté de la femme, ni de celui du mari. M. Tellier parle, au

---

1. Sir John Lubbock. *ouvr. cité*, p. 131.

contraire, du versement, par le futur, d'une *dot*, variant de 50 à 200 francs. M. Cartron nous dit : « Le garçon donne une *dot*, mais ce n'est pas un achat, c'est un cadeau. » M. le capitaine Benquey écrit que, dans l'Abron, le mariage n'a pas lieu par achat et que le mari apporte en *dot* un sac de sel, deux pagnes du pays, une pièce d'étoffe et une somme d'argent de 28 fr. 75. En dépit de l'opinion, qui ressort implicitement ou explicitement des excellents travaux de MM. les administrateurs de Zaranou, d'Assinie et de Bondoukou, j'incline à penser que ce qu'ils désignent sous le terme de *dot* est plutôt un *achat*. J'y vois l'un des traits distinctifs d'un état social, dans lequel la femme est, à l'égard de son conjoint, dans une sujétion plus ou moins étroite, suivant les pays : presque absolue en Abron, par exemple, et très acceptable en territoire agni. De plus, ce qui vient encore à l'appui de la thèse, c'est qu'en cas de dissolution du mariage, à la demande de la femme, le montant de la somme versée par le mari, lors de la célébration, est restitué à ce dernier : l'achat est résilié. A mon sens, pas de doute : toutes les tribus de la colonie qui, à l'instar des Achanti, pratiquent, en matière matrimoniale, le versement par l'homme d'une somme d'argent aux parents de la femme, ressemblent, à ce point de vue, aux Romains du temps de Servius Tullius : on retrouve, chez elles, l'antique *coemptio*.

Le mariage suppose, dans le Baoulé et les villages de la *Comoë* inférieure et de la *Bia*, le consentement des futurs et de la famille de la jeune fille. En Abron, la femme, — qui est particulièrement maltraitée, — n'a, pour ainsi dire, pas voix au chapitre. Il suffit qu'une fille lui ait plu pour qu'un garçon puisse, s'il y a consentement des parents de la malheureuse, l'épouser. C'est là l'explication du relâchement des mœurs, chez les jeunes filles du Bondoukou, et de leur horreur du mariage, qui sera pour elles presque une captivité.

Un caractère commun aux unions, parmi les noirs du groupe agni, c'est qu'elles ne donnent pas lieu à des cérémonies civiles ou religieuses, rappelant celles qui se produisent devant nos officiers de l'état civil et les prêtres des divers cultes reconnus. Le mariage n'est pas, à la Côte d'Ivoire, une institution de droit public; il est, pour ainsi dire, une institution de droit exclusivement familial. Autres traits de ressemblance entre les coutumes des diverses tribus du groupe : 1° l'adultère ouvre, au profit de l'époux trompé, communément une action en indemnité et exceptionnellement une action en divorce; 2° le mari doit pourvoir aux besoins de sa femme; 3° le divorce peut se produire par consentement mutuel, et, pas plus que pour le mariage, il n'y a d'officier public qui le prononce : seuls les intéressés et leurs familles y concourent.

c) Filiation. — Les indigènes n'admettent guère, sauf dans l'Abron, qu'une sorte de filiation. Leurs coutumes ne consacrent pas la distinction de notre droit civil entre la filiation légitime, naturelle simple, adultérine et incestueuse. Les droits et devoirs respectifs des parents et des enfants sont à peu près tels que ceux prévus et sanctionnés par la plupart des législations positives. Mais, usage qui leur est propre, les indigènes recourent parfois à la mise en gage de leurs enfants. Notons qu'il est très rare, quoique les coutumes du Baoulé, entre autres, le leur reconnaissent formellement, qu'ils usent du droit de les vendre comme captifs. Notons, enfin, que le *paterfamilias* est pécuniairement responsable des actes des divers membres de sa famille.

d) Propriété. — Il ne faudrait pas croire que le régime de la propriété fût à peine ébauché par les coutumes indigènes. Il est, au contraire, très nettement organisé; et l'on peut, sans crainte d'être contredit, poser en principe que les noirs de nos parages ont le sentiment très vivace de la propriété individuelle. Leur droit a sa source dans la conquête, l'héritage ou l'usage continu et non contesté. Ils distinguent, comme nous, entre la propriété mobilière et la propriété immobilière. L'une est personnelle; l'autre tantôt personnelle, tantôt collective. Dans le Baoulé, province de la Côte d'Ivoire où la population est plus dense, M. Delafosse nous dit *qu'il n'y a pas un pouce de terrain qui n'ait son ou ses propriétaires*. En Assinie, tous les territoires, sur lesquels ne s'exercent pas des droits de propriété collective ou privée, sont regardés comme la propriété du roi Quassi. Ces deux constatations méritent d'être faites et soulignées, au moment où s'établit dans le pays un régime minier qui, d'ailleurs, réserve les droits des habitants. Disons, pour clore ces généralités sur la propriété indigène, que ce droit réel comporte presque partout les facultés d'user de la chose, d'en recueillir les fruits et d'en disposer, *jura utendi, fruendi et abutendi*, tout comme il les confère dans l'ancienne Rome et dans les législations européennes de la période actuelle.

e) Successions. — Il a été établi plus haut que ceux des naturels de la Côte d'Ivoire, qui étaient imprégnés de culture achanti, ne reconnaissaient d'autre parenté que celle par les femmes. D'où un ordre successoral absolument étranger au nôtre et assez compliqué. Voici celui que nous donne M. Delafosse pour les *Baoulé* : 1° frères ou sœurs utérins ; 2° neveux ou nièces, fils ou filles de sœur utérine ; 3° oncles et tantes, frères ou sœurs utérins de mère ; 4° cousins ou cousines, fils ou filles de tante maternelle ; 5° frères ou sœurs non utérins ; 6° fils ou filles ; 7° neveux ou nièces, fils ou filles de frère ; 8° parents quelconques non utérins. Dans l'Abron, l'Indénié et le Sanwi, les femmes sont exclues de la succession. En ce qui touche la liquidation des biens du *de cujus*, la coutume n'est pas générale. A Bondoukou et Toumodi, la liquidation intervient peu de jours après le décès. Dans l'Indénié et le Sanwi, elle s'effectue longtemps après.

Il va sans dire que, comme chez les primitifs de tous les temps et de tous les pays, les tam-tams, les danses et les libations accompagnent les décès. Autrefois, en Assinie, dans l'Indénié, et, pourrait-on ajouter, dans la plupart des régions de la colonie, ceux-ci étaient suivis, en outre, d'une coutume barbare : celle des sacrifices humains. Le nombre de têtes coupées était en rapport direct avec la condition sociale et la fortune du défunt. A la mort du roi Amatifou, s'il en faut croire la tradition, le sang coula à flots à Krinjâbo. Le plus souvent, c'étaient des captifs ou des criminels qu'on sacrifiait. Aujourd'hui, ces scènes de barbarie ne se renouvellent plus dans les grands centres, où, cependant, les anciens parlent, non sans mélancolie et regrets, du temps où, près de la fosse des grands morts, tombaient des centaines de têtes. Mais, au fond, ce qu'ils regrettent, ces vieux, c'est leur vingt ans, c'est leur virilité, qu'ils demandent vainement à notre médecine de leur rendre.

f) Contrats. — Les contrats sont prévus et réglés par les coutumes du Baoulé, de l'Indénié, du Sanwi et de l'Abron. Bien entendu, en ces contrées, où l'usage de l'écriture ne sera fréquent que dans quelques années, leur forme ordinaire est la forme verbale. Presque toujours, les conventions se passent en présence de témoins. Il s'ensuit qu'un premier mode de preuves résidera dans le témoignage. Un second, usité par les populations du Baoulé, du Sanwi et de l'Indénié, sera celui des preuves par le serment ou le fétiche. Au contraire de ce qu'on note dans les civilisations primitives de l'Europe, les contrats, ainsi formés, le sont sans qu'on ait recours à des pratiques solennelles spéciales, car on ne peut appeler ainsi l'usage, qui subsiste en certains parages, comme il survit dans quelques foires de l'Auvergne, du Limousin et de la Gascogne, de sceller un engagement d'un serrement de mains ou d'un claquement de langue.

Les contrats les plus fréquents sont ceux d'échange, de vente, de prêt et de dépôt. Jadis, la forme des transactions était l'échange. Elle devient de plus en plus rare, depuis que la monnaie se répand dans le pays. Les monnaies les plus employées sont notre grosse pièce de cinq francs, qu'on retrouve un peu partout, et la livre sterling. Des mesures ont été prises pour empêcher l'introduction des monnaies divisionnaires anglaises, qui, surtout dans le Sanwi et l'Indénié, étaient encore, il y a quatre ans, très répandues. Avec l'or et l'argent monnayé, les indigènes de la partie orientale de nos possessions usent, comme monnaies, de sel,

— surtout dans l'intérieur, — de quelques articles de marchandises, entre autres le tabac en feuilles, et de poudre d'or, qu'ils pèsent au moyen de poids spéciaux, dont on a pu voir une série fort intéressante à la dernière *Exposition universelle*, section coloniale.

Le contrat de prêt est très commun, et les noirs pratiquent assez généralement le prêt à intérêt. Son taux est des plus variables ; excessif dans l'Abron, il va de 8 à 15 % à Krinjâbo. A Toumodi, ce taux sera plus élastique encore. Le plus souvent, la date du remboursement est arrêtée d'un commun accord entre les parties. Quand la somme est exigible et que le débiteur n'est pas en état de se libérer, il peut se mettre en garantie ou s'engager comme travailleur. Il peut aussi engager, à sa place, un ou plusieurs captifs. Au sujet de ces captifs, il est bon de s'élever contre une conception fausse de leur état. On a une tendance à croire que leur situation est identique à celle des esclaves dans l'antiquité. Rien n'est plus erroné. Leur condition rappelle plutôt, comme j'ai eu le sujet de l'écrire voici longtemps, en des rapports officiels, celle des clients dans la *gens* romaine.

Cela dit, je remarquerai, en terminant ces notes sur le droit civil des indigènes du groupe agni, qu'à côté de l'engagement des personnes pour dettes, il y a les *dépôts-garanties* : ce sont le plus souvent des bijoux de famille, en or, qui forment la matière de ces dépôts. Je signalerai, en outre, que le contrat de mandat est connu et usité presque partout, que, presque partout aussi, la contrainte par corps, — cette antique sanction des obligations, — est admise par l'usage, et, enfin, que les noirs ne conçoivent guère, comme mode d'extinction des dettes, la prescription, si soigneusement réglementée par les législations positives de l'Europe. J'ai assisté, dans les localités de la Comoë inférieure, à des palabres où étaient examinées des créances remontant à plus d'un demi-siècle.

II

Droit criminel.

L'un des traits caractéristiques des sociétés en formation, c'est l'infériorité du droit criminel qui les régit à leur droit civil. La législation romaine, que l'on considère à si juste titre comme la législation classique, comme la législation type, n'échappe pas elle-même à cette observation. Ce qui est vrai de l'ancien droit romain l'est, à plus forte raison, du droit élaboré par les tribus qui n'avaient pas la culture du peuple-roi. Le système des compositions ou réparations pécuniaires est spécialement en honneur chez les Anglo-Saxons : c'est le *wehrgeld*. Et nous le retrouvons, au sein des peuplades de la Côte d'Ivoire, avec les caractères généraux qu'il offre chez les Germains de Tacite. Les indigènes du groupe agni appliquent aux infractions, que leurs coutumes prévoient et dont les principales sont le meurtre, le vol, le viol, les coups et blessures, les pratiques diaboliques, le serment injustifié sur la tête du roi, l'adultère, les outrages, et, surtout, ceux aux objets consacrés, des peines pécuniaires. Ce n'est pas qu'ils ignorent les peines corporelles et celles privatives de la liberté : les Abron, par exemple, qui semblent se trouver dans un état de civilisation inférieur à celui des Agni du Baoulé et du Sanwi, recourent aux châtiments corporels, voire, en certaines circonstances, à la peine de mort. Mais les peines pécuniaires sont d'une application beaucoup plus fréquente que les autres ; et, lorsque la coutume locale édicte l'application de l'une de ces dernières, la substitution est presque toujours admise.

Ainsi, le droit criminel des indigènes, dont les principes sont les mêmes que ceux des législations anciennes de l'Europe, se distingue essentiellement du nôtre, puisqu'il est basé non pas sur l'idée du châtiment et de l'amendement moral, mais sur celle du dédommagement. Il s'en éloigne encore, en ce qui est relatif au classement des infractions. Les Agni n'ont rien d'analogue à notre distinction entre les crimes, délits et contraventions. Et souvent, ce qui, à nos yeux, ne serait guère qu'une contravention, punissable de peines légères, ou même qu'une *culpa levissima*, est, dans leurs conceptions, un crime, et inversement. Mais il en va des coutumes indigènes, comme de celles auxquelles se soumettaient nos aïeux dans les pays du nord de la Loire : elles se modifient et s'améliorent avec le temps. Déjà, j'ai eu sujet de constater que, chez les peuplades qui sont le plus en contact avec les Européens, il existe de très notables tendances à rapprocher de nos lois certains usages séculaires. Encore quelques années, et progressivement, sans brusques secousses, sans ces froissements, qu'il est prudent d'épargner à des tribus très éloignées de notre mentalité, les coutumes de nos sujets africains n'offriront rien de nature à choquer les jurisconsultes les plus ombrageux et cadreront, aussi harmonieusement que possible, avec un état social qui, quoi qu'on écrive et quoi qu'on fasse, sera toujours bien dissemblable du nôtre.

III

Organisation judiciaire et procédure.

La justice se rend en plein air, dans les assemblées, comme chez les Franks. M. Delafosse cite, pour le Baoulé, quatre degrés de juridictions : le conseil de famille, le conseil de village, le conseil de tribu, le conseil arbitral. Dans l'Indénié, nous avons le *palabre*, tenu par le chef du village, assisté de notables. Dans le Sanwi, l'assemblée présidée par le chef de groupe et, au-dessus de cette juridiction, celle du roi Quassi. Enfin, dans le cercle de Bondoukou, trois degrés de juridictions : 1° le conseil du chef de village, 2° le conseil du chef de région, 3° le conseil du roi. Les naturels ne font pas de différence entre les tribunaux civils et les tribunaux criminels. Néanmoins, dans l'Abron, seuls le roi et les chefs de région connaissent des crimes, seuls les chefs sont, pour ainsi dire, des magistrats de carrière. Leurs assesseurs sont des juges d'occasion, qui se recrutent parmi les anciens ou les hommes de condition libre, présents sur la place ou dans la case à palabres, au moment où l'affaire va être examinée. A côté des chefs, les porte-cannes, dont l'importance est surtout grande dans le Sanwi et l'Indénié. Ce sont les porte-paroles du chef, c'est-à-dire ceux qui transmettent ses discours aux parties et ses sentences au public ; ce sont aussi ses envoyés, c'est-à-dire ceux qui convoquent les plaideurs pour le jugement des litiges. Le protocole des audiences, assez simple dans le Baoulé et l'Abron est plus compliqué, plus formaliste chez les Agni des environs de Krinjâbo et de Zaranou.

Les affaires sont introduites devant l'assemblée compétente par une requête orale, adressée au président, qui fixe le jour de l'audience. La parole est d'abord donnée au demandeur ou au plaignant, puis au défendeur ou à la victime, qui comparaît soit en personne, soit par mandataire. Il y a identité, chez les noirs de la colonie, comme en Europe au temps des Barbares, entre la procédure civile et la procédure criminelle ; et les modes de preuves sont à peu près les mêmes que chez les Franks : ce sont l'aveu, du reste très rare, le témoignage, le serment déféré à l'une des parties et les ordalies. Dans les environs de Toumodi, celles-ci consistent en l'absorption d'un poison. Dans l'Indénié et le Sanwi, on pratique l'huile bouillante et le fer rougi. En Assinie, le poison joue de plus un grand rôle. A Bondoukou, on use exclusivement de cette dernière épreuve judiciaire. Quant à la torture ou question préalable qui, aux approches de la Révolution française, était regardée comme indispensable à l'administration d'une bonne justice, elle n'est guère pratiquée que dans l'Abron. Pour ce qui est des féticheurs, MM. Delafosse, Benquey et Cartron nous disent qu'ils ne participent pas, en leurs cercles, à l'instruction des procès. Il n'en est pas ainsi dans l'Indénié, où ils sont, comme aux abords de Grand-Bassam, étroitement mêlés à la conduite de la procédure, qu'ils compliquent, non de papiers, à l'instar des avoués de France, mais d'actes de sorcellerie, qui coûtent quelquefois aussi cher. En revanche, les *co-jureurs* ou personnes qui viennent attester la moralité de l'accusé et non la matérialité des faits, se retrouvent partout chez les **noirs du groupe agni.**

Rien de notable à dire des jugements. Ils sont rendus publiquement, sont susceptibles d'appel, — à moins qu'à Bondoukou et Krinjâbo ils n'aient été prononcés par le roi, — et, bien que la justice indigène soit, en principe, gratuite, à la Côte d'Ivoire, sont généralement onéreux ; car l'usage des *épices* est fort en honneur en ces parages de Guinée.

SECTION II

Les Coutumes du groupe mandé ou islamique.

Les cercles de la région septentrionale, occupés militairement, en majeure partie, nous sont moins connus que ceux de l'Indénié, du Baoulé, d'Assinie, de Grand-Bassam et de Lahou; car c'est d'hier, en somme, que date notre établissement en ces parages. Il y a quelques années à peine, elles étaient le centre des exploits de Samory; et il a fallu que ce chef de bandes, — que bien à tort on s'est complu à comparer au noble Abd-el-Kader, car il n'eut rien de ce dernier et ne fut jamais qu'un massacreur d'intelligence très surfaite, — il a fallu, dis-je, que ce capitaine des grandes compagnies soudanaises se fût enfin livré à nous, pour que, l'ère des tueries et des dévastations ayant cessé avec lui, nous ayons pu songer à ramener la confiance et l'activité là où il avait semé la terreur et amoncelé les ruines. C'est donc bien un fait tout récent que celui de l'occupation effective des territoires de civilisation islamique, rattachés au gouvernement de la Côte d'Ivoire ; et l'on ne saurait, par suite, être surpris que les mœurs et coutumes des tribus qui les peuplent nous soient plus étrangères que celles des Agni et des Apolloniens.

Il importait, cependant, afin d'atteindre le but,

Salam de Ferentela, après le Ramadan (culte mahométan).

Arbre fétiche à Gouropan.

exposé dans la circulaire du 29 mars 1901, que les commandants des cercles de la *Haute Côte d'Ivoire* fussent, eux aussi, appelés à fournir au gouvernement local, dans la mesure du possible, des renseignements assez complets et assez sérieux pour pouvoir servir de base à une codification ultérieure des lois coutumières des indigènes. Le questionnaire, annexé à la circulaire précitée, leur a, en conséquence, été transmis. Avec un zèle dont il convient de les louer, — et de les louer d'autant plus qu'il a été souvent heureux, — ces fonctionnaires se sont mis à l'ouvrage et ils ont réuni des documents qui, sans être aussi substantiels que ceux venus des régions d'administration ancienne, ne dénotent pas moins, chez leurs signataires, d'appréciables qualités de recherches et d'observation, et fourniront d'utiles données aux magistrats et administrateurs, codificateurs de l'avenir.

Cinq de ces documents ont été publiés dans l'ouvrage sur *Les Coutumes indigènes de la Côte d'Ivoire*.

Ce sont les rapports : 1° de M. le capitaine Benquey sur les *Mandé-Dyoula* du Bondoukou; 2° de M. le lieutenant Greigert sur les tribus du pays de *Bouna*; 3° de M. le capitaine Delacoud sur les populations de *Dabakala* et de *Kong*; 4° de M. le capitaine Moreau sur les naturels de la circonscription de *Séguéla*; 5° de M. Folquet, commis des affaires indigènes, sur les *N'Goulango* ou *Pakhalla*, tribus autochtones qu'on trouve en plein pays mandé.

Les peuplades, dont ces messieurs nous font connaître les coutumes essentielles, se sont presque toutes converties à l'islamisme ; et elles appartiennent au rite malékite. On trouve dans le Koran certaines des règles juridiques auxquelles elles se soumettent. Je dis *certaines*, car il ne faut pas perdre de vue qu'avant d'embrasser la religion de Mahomet, ces populations ont été fétichistes et que, de même que les fétichistes de ces contrées sont, au point de vue social, un peu musulmans, de même, à cet égard, les musulmans de la haute Côte d'Ivoire sont un peu fétichistes. C'est donc à tort qu'on s'imagine parfois *a priori* que la législation de nos sujets algériens est celle à laquelle obéissent, corps et âme, leurs frères noirs. C'est une législation accommodée par ces cerveaux de primitifs, et, partant, pas toujours en fidèle conformité avec les préceptes koraniques. J'estime, néanmoins, que ceux de mes collègues de la magistrature et de mes anciens camarades du corps des administrateurs, qui sont destinés à élaborer des coutumiers, à l'usage des juridictions indigènes du pays mandé-dyoula, devront se familiariser avec les principes généraux du droit, donnés par le Prophète. Ils devront, de plus, consulter certains ouvrages spéciaux, entre autres le

Précis de jurisprudence musulmane, de Khalil-Ibn-Ishak, traduit par le docteur Perron, le *Droit musulman malékite*, de F. Cadoz, et le *Droit musulman*, de Sautayra et Cherbonneau.

I

Droit civil.

Quoique les tribus, fixées dans les circonscriptions du nord, *Bambara*, *Mandé-Dyoula*, *N'Goulango*, etc. soient de race différente de celles établies au centre ou dans le sud, on distingue, dans leurs institutions de droit privé et de droit public, plus d'un trait qui leur est commun avec elles. Cela tient, je viens de l'indiquer, à ce qu'elles sont, soit d'origine fétichiste, soit encore attachées au fétichisme. Cela tient encore à ce que sinon directement, du moins par des voies indirectes, elles ont, elles aussi, subi l'influence des Achanti. Je ne m'attarderai pas, à l'appui de cette thèse, à mettre en relief les matières, où cette influence semble se manifester, car, par ce que le lecteur sait déjà des coutumes des conquérants, venus de l'est, sous la conduite de la reine *Pokou*, il lui est loisible de faire lui-même des rapprochements, à mon avis, probants. Je me contente de lui signaler, au passage, un sujet d'instructives recherches; et j'entre dans l'examen des principes dominant le droit civil des populations du groupe mandé ou islamique.

La famille n'a certainement pas, chez elles, la solide homogénéité qui en est la caractéristique dans l'ancienne Europe ou au milieu de la plupart des peuples de religion mahométane. Mais elle est assez étroitement constituée ; et l'autorité du chef, à qui obéissent ses divers membres, est plus réelle et plus étendue que celle du père de famille dans les tribus agni. Elle ne va pas, cependant, jusqu'à lui conférer ce droit de vie et de mort que le *pater familias* possédait sur ses femmes et ses enfants parmi les nations d'origine aryenne, entre autres, au témoignage de Jules César, les Gaulois : *Viri in uxores, sicut in liberos, vitae necisque habent potestatem*[1], dit le grand historien. Il y a lieu de constater, en outre, que si la parenté, en certains parages du nord de notre colonie, s'établit par tige maternelle, c'est là un fait exceptionnel. Presque partout, elle se constitue par les deux tiges, paternelle et maternelle. Quant à la tribu, extension de la famille, elle existe en ces régions. Son organisation n'y est pas uniforme. Mais elle y offre d'assez frappants rapports avec l'institution analogue, qu'on trouve dans tous les temps et tous les pays, et dont les savants travaux des historiens du siècle dernier nous montrent la nature **patriarcale.**

1. César, *Com.*, VI, 19.

Le mariage, à première vue, semble revêtir, chez les noirs de la plaine soudanienne, les mêmes traits que parmi les naturels de la zone forestière. Cette similitude est plus apparente que réelle. La polygamie est en honneur au nord comme au sud. Mais elle n'a pas, ici et là, des caractères absolument identiques : il en faut voir la cause dans ce fait que la propagande islamique a été arrêtée, à quelques centaines de kilomètres du littoral, par une barrière bien malaisément pénétrable : la forêt. Le mariage par achat, au lieu d'être la règle, ici, comme là, n'est que l'exception, — exception qu'on notera particulièrement dans les groupes restés fétichistes. Ce n'est donc plus la *coemptio* qui, en général, est la source des unions légales, c'est la *capture*. Le nombre de femmes légitimes est limité : il ne doit pas excéder quatre. Le mariage est, par endroits, célébré par l'Almamy. Ailleurs, il est prononcé par l'assemblée familiale. La première épousée a le pas sur les autres femmes; mais l'homme ne doit manifester de préférence pour aucune de ses conjointes. Le droit de châtiment sur celles dont il a à se plaindre lui est ouvert. Il doit à toutes aide, secours et assistance, et toutes lui doivent obéissance et fidélité. Telles sont les coutumes du pays mandé, en matière matrimoniale, coutumes dont quelques-unes tirent leur origine des passages suivants du Koran :

« Craignez d'être injustes envers vos femmes. N'en épousez que deux, trois ou quatre. Choisissez celles qui vous auront plu. Si vous ne pouvez les maintenir avec équité, n'en prenez qu'une ou bornez-vous à vos esclaves. Cette conduite sage vous facilitera les moyens d'être justes et de doter vos femmes. Donnez-leur la dot dont vous serez convenus. Si la générosité les portait à vous la remettre, employez-la à vous procurer les commodités de la vie... Les hommes sont supérieurs aux femmes, parce que Dieu leur a donné la prééminence sur elles et qu'ils les dotent de leurs biens. Les femmes doivent être obéissantes et taire les secrets de leurs époux, puisque le ciel les a confiées à leur garde. Les maris, qui ont à souffrir de leur désobéissance, peuvent les punir, les laisser seules dans leur lit, et même les frapper... Vous ne pourrez, malgré vos efforts, avoir un amour égal pour vos femmes, mais vous ne ferez pencher la balance d'aucun côté, et vous les laisserez en suspens... Soyez justes [1]. »

La législation koranique n'est pas tendre pour les femmes, en général, et pour les femmes adultères spécialement : « Si quelqu'une de vos femmes a commis l'adultère, appelez quatre témoins ; si leurs témoignages se réunissent contre elle, enfermez-la dans votre maison jusqu'à ce

---

1. *Koran,* ch. IV, trad. Savary.

que la mort termine sa carrière [1]. » La coutume indigène, même en pays musulman, a adouci ces rigueurs. Le mari se contente d'administrer une correction à la coupable et le complice reçoit, de son côté, quelques vigoureux coups de corde. Cette coutume n'a, d'ailleurs, rien de général : il y a des endroits où la femme ou son complice doit, en cas d'adultère, verser une amende au mari.

Du divorce, dont l'adultère est une des principales causes, rien de particulier à dire, si ce n'est que, sauf chez les fétichistes, il n'est guère admis au profit de la femme. Le mari est toujoure libre de répudier l'une de ses conjointes. C'est la répudiation *ad nutum*. A signaler que les usages des N'Goulango consacrent l'obligation pour le mari de subvenir aux besoins de la femme qu'il a renvoyée. Remarquons aussi que les femmes répudiées ont la faculté de contracter de secondes unions. C'est la mise en vigueur de ces préceptes du livre saint : « Les femmes répudiées laisseront s'écouler trois mois avant de se remarier... Lorsque la femme que vous aurez répudiée aura attendu le temps marqué, ne l'empêchez pas de former légitimement un second hymen [2]. »

Les coutumes touchant la filiation sont exposées avec détails dans les travaux de MM. Ben-

1. *Koran*, ch. II.
2. *Ibid.*, ch. II.

quey, Greigert, Delacoud, Moreau et Folquet. On y retrouve les distinctions de notre code civil entre la filiation légitime et la filiation naturelle. Ces coutumes consacrent également les droits et devoirs respectifs des parents et des enfants, suivant des principes qui se rapprochent de ceux dominant les législations positives des peuples civilisés. En ce qui regarde la tutelle, dont ne s'occupent que fort imparfaitement les coutumes des autres groupes d'indigènes, les Mandé et autres tribus de culture islamique se conforment à des règles assez précises. Celles-ci sont inspirées, comme celles relatives au mariage, par le Koran, qui dispose, à ce sujet, en son chapitre IV : « Donnez aux orphelins ce qui leur appartient. Ne rendez pas le mal pour le bien. Ne consumez pas leur héritage pour grossir le vôtre. Cette action est un crime.... Ne confiez pas au soin d'un insensé le bien dont Dieu vous a donné la garde. Qu'ils servent à nourrir et à vêtir vos pupilles.... Élevez-les jusqu'à ce qu'ils soient en âge de se marier, et, lorsque vous les croirez capables de se bien conduire, remettez-leur l'administration de leur bien ; appelez des témoins. Dieu sera le juge de vos actions. »

Si les coutumes des habitants de la haute Côte d'Ivoire s'occupent assez minutieusement du mariage et de la tutelle, elles ne règlent pas avec autant de précision que celles des Baoulé l'importante matière de la propriété. Cependant, les distinctions que j'ai soulignées, en m'occupant des Agni, entre la propriété mobilière et immobilière, la propriété privée et collective, existent et sont sanctionnées par le droit coutumier chez les noirs du nord de la colonie. La propriété est privée, en ce qui concerne les habitations, les objets mobiliers qui s'y trouvent et les produits du travail individuel ; elle est généralement collective et privée, en ce qui concerne le sol. A *Bouna*, le roi est regardé comme propriétaire absolu de la terre et il la partage, à son gré, entre ses sujets. A *Séguéla* et dans d'autres régions, le terrain est subdivisé en secteurs, répartis entre les diverses familles, et, à l'inverse de ce qui avait lieu au sein de certaines sociétés de l'antiquité indo-européenne, cette répartition, une fois opérée, il n'y est plus apporté de modification. Toutefois, il est des contrées où l'usage admet des changements provenant de l'abandon volontaire des allotissements. Le propriétaire ne jouit que du fruit de son exploitation de la terre; les produits naturels (bois, fruits récoltés sur des arbres non cultivés, etc.) sont la propriété de la collectivité du village. Au delà des biens fonciers, partagés entre les familles, le sol appartient au premier exploitant. En somme, la propriété terrienne est, à la fois, collective et privée. Et ce régime est bien proche parent de celui que pratiquaient les Germains, régime que le savant M. Esmein, dans son *Histoire du droit français,* nous décrit ainsi :

« La forme de la propriété foncière, qui dominait chez les Germains et qui représentait le droit commun, c'était la propriété collective avec des allotissements périodiques, pour la jouissance privée. La *civitas*, ou, peut-être, chaque centaine, prenait possession d'un territoire propre à la culture, dont elle était seule propriétaire; et, périodiquement, par les soins des *principes*, des lots étaient fixés et attribués aux familles, qui en jouissaient et en recueillaient les fruits jusqu'à un nouveau partage; les pâturages et les bois restaient soumis à la jouissance commune. Ces partages, d'ailleurs, se renouvelaient tous les ans; et ils se faisaient suivant des règles que nous ne connaissons pas; mais les lots n'étaient point égaux, ils variaient spécialement selon la dignité des personnes, ce qui implique que les *principes* avaient une part avantageuse. Tel était, incontestablement, le régime agraire au temps de César. Tel il était encore à l'époque de Tacite. Cependant, un tel régime n'excluait pas toute propriété individuelle du sol: celle-ci n'existait qu'à l'état d'exception, mais avait deux applications possibles. D'abord, la maison du chef de famille, ainsi que le sol sur lequel elle était bâtie et l'enclos qui l'entourait. Il est impossible que ces demeures, telles que les décrit Tacite, établies d'après un plan si contraire à toute promiscuité, n'aient pas été permanentes et absolument privées. D'ailleurs, la maison familiale et son enclos forment le premier îlot de propriété individuelle, qui apparaît dans les coutumes des peuplades indo-européennes. D'autre part, il semble bien que Tacite constate indirectement l'existence de propriétés foncières individuelles, d'une plus grande importance. Comment avaient-elles pu se constituer? Par un moyen qui fut admis chez les peuples les plus divers. Le terrain, objet de la propriété collective et soumis aux partages périodiques, ne comprenait pas tout le territoire sur lequel s'étendait le pouvoir de la *civitas*. En dehors, se trouvaient des terres incultes et non appropriées : la coutume admettait que celui qui les défrichait et les cultivait en avait la jouissance privative et perpétuelle. Ainsi se constituait la propriété privée à côté de la propriété commune [1]. »

Le droit musulman règle soigneusement la question des successions. Comme je l'ai dit plus haut, la législation coutumière des populations islamiques du nord de la colonie se ressent de leurs origines fétichistes ; et l'influence de ces origines se fait sentir sur les hérédités. A noter, néanmoins, des différences profondes entre le régime appliqué en pays mandé et celui en vigueur au sud. Ces différences s'expliquent aisément par l'action des préceptes koraniques sur les tribus de ces contrées.

1. Esmein, *Cours élémentaire d'histoire du droit français*, p. 43 et suiv.

C'est ainsi que, si le plus souvent l'héritier en première ligne du défunt est son frère aîné, les enfants du *de cujus* et, d'abord, ceux de la première femme rentrent, eux aussi, en quelques localités, plus particulièrement attachées à la religion mahométane, dans la catégorie des héritiers légitimes. C'est ainsi encore que, si dans le Bondoukou, la parenté utérine inspire le système successoral des N'Goulango, il n'en va pas de même au pays de Séguéla, où les femmes elles-mêmes et les filles du défunt peuvent, sous certaines conditions et à supposer qu'il n'ait laissé ni frères, ni descendants mâles, hériter de ses biens. Ici, le Koran exerce un heureux pouvoir sur les tribus de la haute Côte d'Ivoire, puisqu'une classe d'héritiers, que le droit naturel et les législations positives traitent en successeurs réguliers, ne sont pas exclus des hérédités, comme ils le sont ailleurs.

« Dieu vous commande, dit le Prophète, dans le partage de vos biens entre vos enfants, de donner aux mâles une portion double de celle des filles. S'il n'y a que des filles et qu'elles soient plus de deux, elles auront les deux tiers de la succession. S'il n'y en a qu'une, elle en recevra la moitié. Si le défunt n'a laissé qu'un fils, ses parents prendront un sixième. Si le défunt n'a point laissé d'enfants et que ses parents soient héritiers, sa mère aura un tiers de la succession, et un sixième seulement s'il a des frères, après que l'on aura acquitté les legs et les dettes du testateur.... La moitié des biens d'une femme morte sans postérité appartient au mari, et le quart si elle a laissé des enfants; les legs et les dettes prélevés.... Les femmes auront un quart de la succession des maris morts sans enfants et un huitième seulement s'ils en ont laissés; les legs et les dettes prélevés.... Si l'héritier constitué d'un parent éloigné a un frère ou une sœur, il leur doit un sixième de la succession. Ils recevront un tiers s'ils sont plusieurs, après l'accomplissement légitime des legs et des dettes.... Gardez-vous de violer ces préceptes. Ils sont émanés du Dieu savant et miséricordieux. Celui qui les observera et qui obéira au Prophète sera introduit dans des jardins où coulent des fleuves, séjour de délices, où il goûtera une éternelle félicité. Celui qui désobéira à Dieu et à son envoyé et qui transgressera ses lois, sera précipité dans l'abîme de feu, où il sera éternellement en proie aux tourments et à l'opprobre » (*Koran*, ch. IV).

Certes, ces préceptes diffèrent de ceux qui ont présidé à l'élaboration du système successoral dans les législations européennes. Certes, ils ne sont suivis que d'assez loin par la coutume mandé. Mais ils ont une supériorité incontestable sur les principes admis, en l'espèce, par les coutumes du groupe fétichiste; d'autre part, ils s'adaptent très bien à l'état social des populations du nord ; et vraisemblablement, ils finiront par lui imprimer une empreinte plus profonde que celle qu'ils lui ont donnée jusqu'ici.

Quid maintenant des contrats ? Dans l'étude sur le droit coutumier des tribus agni, j'ai esquissé, sur ce sujet, des données qui peuvent aussi s'appliquer aux noirs du pays mandé-dyoula. Ici, comme là, les contrats ne sont pas l'objet de formes solennelles spéciales ; ils sont verbaux ; ils prennent naissance devant témoins et se prouvent par la déclaration de ces derniers, faite sous serment. Les principaux contrats usités sont la vente, l'échange, le louage, le dépôt, le mandat, le bail à cheptel. La forme primitive du commerce a été, en ces parages, comme dans tous les pays neufs, le troc. Mais voici déjà une longue série d'années qu'on a recours à la monnaie comme intermédiaire des échanges. On se sert, en fait de monnaies, de *cauris*, dans la région de Kong et de Dabakala, de *sombés*, ou morceaux de fer forgé, dans la circonscription de Séguéla, de poudre d'or dans quelques localités du Bondoukou. Mais l'usage de la monnaie française commence à se répandre.

Le contrat de prêt est, aussi, pratiqué par nos indigènes du Soudan méridional ; et, sauf chez ceux qui ne s'attachent guère à la lettre et encore moins à l'esprit du Koran, le prêt à intérêts ne paraît pas être connu. On sait les doctrines islamiques sur le prêt à intérêts, en général, et sur l'usure en particulier, préceptes que les Arabes excellent à tourner en concluant des conventions emphytéotiques. « Ceux qui exercent l'usure ne sortiront de leurs tombeaux que comme des malheureux agités par le démon, parce qu'ils ont dit qu'il n'y a pas de différence entre la vente ou l'usure... Dieu a permis la vente et défendu l'usure... Dieu détourne sa bénédiction de la vente et la verse sur l'aumône... Si votre débiteur a de la peine à vous payer, donnez-lui du temps, ou, si vous voulez mieux faire, remettez-lui sa dette[1]. » Telle est la théorie ; et il est certain que ceux des noirs de la Côte d'Ivoire, qui sont de fervents musulmans, la mettent en pratique. Mais, à côté des dévots, il y a les tièdes et les sceptiques, dans l'Islam comme dans toutes les religions ; et j'incline volontiers à croire que ce serait s'avancer beaucoup que d'affirmer l'inexistence absolue du prêt à intérêts en pays mandé-dyoula. Je ne me représente pas le moins du monde, par exemple, le traitant *Sitafa*, de Bondoukou, que j'ai vu souvent à Grand-Bassam « faire salam », — un salam d'occasion, — mais surtout des affaires, je ne vois pas du tout ce commerçant retors et dépourvu de tendresse, sous les traits du prêteur désintéressé, à qui Mahomet montre le chemin du paradis.

1. *Koran*, ch. II.

Un mot de la mise en garantie pour dettes. Elle n'est pas inconnue des naturels. Le père de famille peut, à Bondoukou, Séguéla et autres localités, donner ses enfants en gage, mais ce sont le plus souvent des captifs qui sont ainsi engagés. Je parle de *captifs* ; car c'est surtout en pays musulman que l'esclavage est répandu, puisqu'il est admis par leur livre religieux. Théoriquement, les captifs doivent être traités avec humanité. Dans la pratique, les mahométans suivent d'assez près ces préceptes de leur religion. *Quid* enfin de la contrainte par corps et de la prescription? L'une est un peu partout prévue par les coutumes. Quant à la seconde, les noirs n'admettent guère qu'elle puisse éteindre une obligation. Essentiellement palabreurs, — pour user d'une expression courante en Afrique, — ils accepteront avec peine que des conditions de temps, une fois remplies, suffisent à empêcher des revendications de leur part contre des congénères.

II

Droit criminel.

Le droit criminel des indigènes du groupe mandé se distingue assez de celui dont j'ai exposé les principes, quand je me suis occupé des Agni. En règle générale, le système germanique des compositions pécuniaires n'est en vigueur que parmi les tribus qui sont restées fétichistes ou qui, quoique converties à l'islamisme, ont adapté les préceptes du Koran à leur ancien état social. Deux principes dominent la législation de nos noirs musulmans, celui du châtiment et celui de la vengeance. L'un explique des peines, telles que les coups de fouet, l'autre le talion. Certains exemples d'application du talion, exemples qu'on peut aisément retrouver parmi les naturels des territoires soudanais, rattachés à la Côte d'Ivoire, et qui nous sont donnés par M. le lieutenant Pinchon, dans son étude sur le cercle de *Kankan*, publiée par la *Revue coloniale*, numéro de janvier 1901, sont les suivants : 1° pour l'assassinat, la décapitation ; 2° pour la tentative d'assassinat ayant entraîné la perte d'un membre, l'amputation du membre correspondant; 3° pour la même tentative, ayant eu pour résultat la cécité partielle ou absolue, l'ablation de l'œil ou des deux yeux ; 4° pour le vol, l'amputation du poignet droit.

Les idées de châtiment et de talion ne sont pas les seuls principes qu'on trouve dans le droit criminel des tribus du nord de la colonie. M. le capitaine Benquey nous apprend, en effet, que les Mandé-Dyoula connaissent les peines purement morales, ainsi le *blâme public*. Produisent-elles des effets salutaires sur ceux à qui elles sont infligées? C'est ce qu'il serait intéressant de savoir. *A priori*, je ne pense pas que le blâme, — même public, —

qui ne s'harmonise guère avec le degré de civilisation de ceux, chez qui il est exercé, soit susceptible d'ouvrir, en ces contrées, la grande voie de l'amendement moral. Il en doit être de lui comme de cette loi, si admirable dans son humanité, qu'est la loi Bérenger. Appliquée à des Européens ou assimilés, elle atteint, le plus souvent, le but que s'est proposé l'éminent homme de bien qui en est l'auteur. Appliquée à des primitifs, elle n'arrête jamais, ou presque, la récidive.

J'ai dit que les compositions pécuniaires n'étaient admises dans les cercles du nord que parmi les fétichistes ou les musulmans restés encore sous l'influence partielle du fétichisme. Ainsi, à Séguéla, les compensations, à peu près telles qu'elles ont été précédemment examinées, sont prévues par la coutume. A côté de ces compensations et des peines, inspirées par les idées de vengeance, de châtiment ou d'amendement, existent les amendes. On les retrouve par endroits, de même que, sur presque toute l'étendue du cercle de Kong, on remarque l'influence des circonstances atténuantes ou aggravantes sur l'application des peines. On note également, ici et là, que la complicité est réprimée dans certains cas et que la responsabilité civile de la tribu ou de la famille du délinquant est engagée par son fait.

Tel est, dans ses lignes essentielles, le droit criminel en vigueur parmi les noirs du pays mandé.

En terminant l'examen du même sujet chez les Agni, j'ai dit ma foi dans l'amélioration des coutumes indigènes. Je la redis, en ce qui touche nos sujets de la haute Côte d'Ivoire. A mon sentiment, il sera d'autant plus facile de faire relativement pénétrer, dans leur législation pénale, l'esprit du droit français que l'état politique et social de ces peuplades est, à coup sûr, supérieur à celui des fétichistes du littoral.

III

Organisation judiciaire et procédure.

L'organisation judiciaire des Mandé n'est pas compliquée. La justice est rendue publiquement dans les palabres, comme ailleurs dans l'Afrique tropicale. A Bondoukou, chez les musulmans, il existe trois juridictions ordinaires, celles du chef de famille, du chef de quartier et de l'Almamy, et une juridiction extraordinaire, celle du roi des Abron. Les tribunaux ordinaires jugent les affaires civiles et correctionnelles ; le tribunal exceptionnel se saisit des crimes. A Bouna, deux notables sont chargés par le roi de l'instruction des procès. Les affaires, sitôt mises en état, les deux juges instructeurs se rendent auprès de lui, le mettent au courant des procès, et le roi statue. A Dabakala, on retrouve la distinction, déjà faite, entre les affaires où ne sont en scène, comme demandeur et défendeur, que des individus faisant partie du même groupe familial, et celles qui intéressent des individus de familles différentes ; les premières sont étudiées et tranchées par le *paterfamilias* ; les secondes, tantôt par le chef de village, tantôt, si elles revêtent une grande importance, par le chef de région. A Séguéla, les juridictions varient aussi suivant la nature des litiges.

Le protocole des audiences et les règles de formes sont des plus simples. Les procès sont introduits devant le tribunal par requête orale ; et, sauf comme je viens de le dire, à Séguéla, où ils sont l'objet d'enquêtes préalables, faites par deux juges désignés à cet effet, ils sont instruits au palabre même. N'est-ce pas la procédure qui caractérise l'organisation judiciaire de la plupart des peuples encore à l'aube de leur évolution ? Les modes les plus habituels de preuves sont l'aveu et le témoignage. La participation des féticheurs à la conduite de la procédure est nulle dans les pays convertis au mahométisme. Celle des *co-jureurs* n'est pas générale. Une pratique, qui, elle, semble commune aux tribus du groupe mandé, est celle des coups de fouet. Elle est évidemment attribuable à l'influence koranique.

La justice, au nord aussi bien qu'au sud, est gratuite en apparence. En réalité, les cadeaux sont assez bienvenus un peu partout. Mais c'est par exception ; ce n'est guère que chez les musulmans les plus tièdes ou les fétichistes, qu'ils revêtent la forme qu'on leur connaît dans le Sanwi, l'Ébrié ou autres parages de la première occupation française. A ce point de vue, comme à bien d'autres, les naturels de la zone soudanienne sont donc plus avancés que ceux du littoral ; ils sont même en avance sur les peuples de l'Europe du xviiie siècle. C'est ce qui doit nous imposer l'indulgence pour celles de leurs coutumes qui nous choquent au premier examen. C'est ce qui doit nous engager, nous, chez qui la torture était réglementée et la corruption judiciaire admise par la monarchie, à vouloir que nos sujets d'outre-mer corrigent leurs usages séculaires, en les rapprochant de nos lois modernes, mais à ne pas exiger qu'ils les transforment du jour au lendemain.

SECTION III

Les Coutumes des peuplades des lagunes.

La partie de la Côte d'Ivoire, comprise entre la *Comoë* inférieure et le pays de *Kotrou*, exclusivement, est peuplée, je le rappelle, par des tribus se rattachant à douze groupes principaux, qui sont : les gens de la race de *Bonoua* ou *Abouré*, les *M'Bâto*, les *Attié*, les *Abbey*, les *Ébrié*, les *Abidji*, les *Adioukrou*, les *Alladian*, les *Aizi*, les *Brignan*, les *Dida*, les naturels de la lagune de *Fresco*. En dehors de ces tribus, on doit une mention aux indigènes qui, venus des diverses colonies françaises ou anglaises de la côte occidentale d'Afrique, se sont établis dans les grands centres du pays, y font souche et s'y adonnent au négoce. Ce sont notamment les *Ouolof*, *Toucouleurs*, *Sarakolé* et *Serrères* du Sénégal, les *Apolloniens*, les *Fanti* et les *Sierra-Léonais*. Ces noirs, qui se sont surtout fixés à Grand-Bassam et dans les bourgades des lagunes ou de la Comoë, où ils exercent la profession de traitants, y ont, pour ainsi dire, monopolisé le petit commerce, celui que ne peuvent guère faire les Européens. Intermédiaires utiles, mais souvent sujets à caution, entre les factoreries et les naturels de la colonie, ces étrangers constituent un élément intelligent et actif de la popula-

tion. Et, à la condition d'être étroitement surveillés, ils peuvent, avant que les indigènes proprement dits ne se soient résolument engagés dans le mouvement économique, qui, à l'heure où j'écris ces lignes, se dessine sous de si heureux auspices en nos possessions de Guinée, nous rendre de très appréciables services dans l'œuvre, essentiellement pacifique, que nous poursuivons en ces parages.

Est-il besoin de dire que ces étrangers n'ont pas conservé, en venant chez nous, leur statut personnel? Ils sont régis par nos lois. Et, au point de vue pénal, ils sont de plus, — à moins qu'ils ne bénéficient dans leur pays d'origine, de l'assimilation européenne, — soumis aux dispositions du décret du 30 septembre 1887, relatif à la répression, par voie disciplinaire, des infractions commises par les indigènes non citoyens français. J'ai été appelé à m'étendre sur ce point particulier dans mes *Instructions aux administrateurs et chefs de poste de la Côte d'Ivoire* [1] et dans mon récent précis des *Attributions judiciaires des administrateurs et chefs de poste en service à la Côte d'Afrique* [2], ouvrages auxquels je renvoie le lecteur, désireux d'étudier cette intéressante question de l'extension à certaines catégories d'étrangers des articles du décret de 1887.

1. Un vol. in-16. H. Charles-Lavauzelle, édit.
2. Un vol. in-8. A. Pedone, édit.

Ainsi, les coutumes des Abouré, M'Bâto, Attié, etc., ne sauraient être étendues au delà des collectivités qui les ont élaborées au cours des âges. Il était néanmoins indispensable que, comme celles du groupe Agni et pour les mêmes raisons, elles fussent publiées. C'est ce qui nous a conduit, M. Clozel et moi, à faire paraître dans notre livre les notes que MM. les administrateurs Ribes et Lamblin et M. l'adjoint des affaires indigènes Aubin ont rédigées sur les Brignan, les Alladian et les Adioukrou. Il n'est parlé, dans ces travaux, ni des *M'Bâto*, ni des *Attié*, ni des *Ébrié*, ni des *Abouré*. Ce n'est pas qu'ils soient quantités absolument négligeables et que leurs usages n'offrent rien de notable. Mais, comme j'ai eu lieu de le constater, en administrant pendant plusieurs années consécutives ces importantes tribus, qui peuplent surtout le cercle de Grand-Bassam, elles se soumettent à des coutumes étroitement unies à celles auxquelles obéissent et les Agni et les peuplades, objet des études spéciales de MM Ribes, Lamblin et Aubin. Je me contenterai donc, dans les présentes généralités, d'esquisser les caractères, qui font d'elles et des autres populations de lagunes une catégorie de natifs assez proches parents.

I

Droit civil.

L'organisation de la famille, le régime du mariage et de la propriété, les successions, les contrats, présentent, dans la région des lagunes, bien des points communs.

Le mariage, ai-je dit plus haut, a lieu, chez les Agni, par consentement mutuel des futurs, autorisation des parents de la jeune fille et *achat*. A ce dernier égard, j'ai défendu la thèse, d'après laquelle ce que certains administrateurs ont pris pour un apport de *dot* par le mari est, en réalité, une forme de l'achat de la femme. Je renouvelle cette observation, en ce qui concerne les indigènes du littoral. Ce que M. le commandant du cercle de Lahou considère comme une dot et que M. l'adjoint des affaires indigènes Aubin appelle, comme moi, *achat*, n'est autre chose que la *coemptio* des Romains de la période royale. La somme, fixée pour le mariage par la coutume, varie suivant les pays : à Jacqueville, elle est de 50 francs ; à Dabou et Débrimou, de 120 à 160 francs ; à Grand-Bassam et Bonoua, de 100 à 120 francs.

L'homme, en ces pays, tout comme chez nous, doit protéger sa femme, veiller à ses besoins, ne pas la maltraiter. Ce serait une erreur de croire que la condition de la femme soit malheureuse là-bas. S'il est des régions où les plus dures besognes de la vie soient faites par elle, pendant que l'homme reste paresseusement étendu sur le sol, ce sont celles habitées par les tribus les plus rétrogrades de la colonie. D'une façon générale, on peut dire que l'homme n'exige d'elle que les travaux qui, sous toutes les latitudes, rentrent dans les attributions de la femme, épouse et mère.

La polygamie est admise par les coutumes. Mais on n'a peut-être pas oublié ce que Tacite dit des Germains qui, tout en étant favorables à l'institution de la polygamie, étaient pour la plupart monogames : *Singulis uxoribus contenti sunt, exceptis admodum paucis qui non libidine sed ob nobilitatem plurimis nuptiis ambiuntur* [1]. Ce passage s'applique, de tous points, aux noirs des environs de Grand-Bassam. L'obligation, dans laquelle se trouve l'homme de pourvoir aux besoins de la femme, fait que seuls les chefs ou les gens relativement riches sont polygames. La monogamie, en fait, est donc la règle.

Les causes de dissolution du mariage sont à peu près les mêmes que chez nous. Les sévices que l'homme exerce sur la femme ou l'adultère dont celle-ci se rend coupable peuvent provoquer la rupture du lien conjugal. Le divorce est prononcé par l'assemblée

---

1. *De moribus Germanorum*, § 18.

familiale. Quand la dissolution intervient au profit du mari, les parents de la femme sont tenus au remboursement de tout ou partie du prix de la *coemptio* et quelquefois des dépenses faites à l'occasion du mariage. Lorsque les torts sont du côté de l'homme, les demandes en restitution ne sont généralement pas admises. Dans l'un ou l'autre cas, les enfants restent sous la surveillance et sous l'autorité de la mère.

J'ai indiqué l'adultère de la femme comme une cause de divorce. Celui de l'homme, — parfois vu avec faveur par certaines de ses compagnes régulières, — ne rentre que très exceptionnellement dans les cas susceptibles de donner ouverture à une action en dissolution. Je noterai, en outre, que l'adultère de la femme se résout, les trois quarts du temps, — coutume qui ne manque pas d'un certain piquant, — par une action en dommages contre le complice de l'infidèle. Le délinquant est condamné à verser au mari une amende, de taux très variable, et à lui remettre une ou plusieurs bouteilles de boissons fortes. Il s'exécute, pas toujours de bonne grâce, mais enfin il s'exécute. Et le mari tient d'autant moins rigueur à sa femme d'avoir été, un instant, celle d'un autre qu'il présume toujours qu'elle a été violentée.

Intéressantes par les particularités qui distinguent, chez elles, comme chez les autres indigènes, le régime du mariage, les tribus de la région des lagunes le sont aussi par leur organisation politique que M. Clozel a exposée en détail, et par le caractère que la propriété possède parmi elles. On sait que le seul groupement, dont les membres soient relativement unis, est le village, administré par un chef, des chefs de quartiers ou sous-chefs et des notables. Je rappellerai, en outre, que les tribus sont soit ennemies les unes des autres, soit séparées par de sensibles différences d'idiomes, et que, même dans les groupes que devrait unir la communauté de langue et d'origine, il n'est pas rare de rencontrer des traces de rivalités de village à village. Ce sont cette hostilité des tribus entre elles, et, dans la tribu, le peu d'union entre les diverses bourgades qu'elle peuple, qui expliquent la facilité avec laquelle, sans grands déploiements de forces, nous parvenons à nous maintenir en ces contrées, à population assez dense, et à y étendre sans cesse notre influence. Nous n'avons pas à diviser pour régner à la Côte d'Ivoire. Nous n'avons qu'à tirer un sage parti des divisions qu'on y trouve, — comme en tout pays noir.

Les indigènes des alentours de Grand-Bassam, si éloignés de nous par leurs institutions politiques et sociales, le sont aussi et surtout par leurs conceptions et leurs coutumes sur la propriété. Mais ces conceptions et ces coutumes se rapprochent de celles de nos ancêtres de race aryenne : ce qui vient encore à l'appui des théories, si séduisantes et le plus souvent si exactes, de sir John Lubbock. Les noirs de nos lagunes de l'Ébrié, du Potou, du Kodioboué et du Lahou, connaissent et pratiquent non seulement la propriété individuelle, à laquelle ils sont tout aussi attachés que les Agni, mais encore la propriété collective.

Les propriétés d'ordre personnel, qu'ils admettent et que protègent étroitement leurs lois coutumières, sont celles de la case familiale, des objets mobiliers qu'elle renferme, des animaux domestiques et de certaines pêcheries transmises par héritage [1]. Le sol du bourg et les terres l'avoisinant sont propriétés collectives. Telle parcelle peut être exploitée par tel ou tel pour la culture et pour l'extraction de l'or ; et l'exploitant est bien propriétaire du fruit de son travail. Mais il ne prétend pas à posséder, à titre définitif, cette parcelle. Qu'il cesse de l'exploiter pour aller sur un autre point du territoire du village, avec l'autorisation expresse ou tacite de la communauté, planter ses ignames, son manioc, ses bananes, son maïs, etc., chercher le

---

[1]. Les pêcheries sont une source de richesse pour les noirs des lagunes, qui fument le poisson et l'exportent dans l'intérieur où il se vend cher. Celles rapportant de 5.000 à 8.000 francs sont nombreuses dans les environs de Mouôsso, Vitré, Abra, Aniama, Ono, Toupa et Lahou. Elles sont propriétés tantôt individuelles, tantôt collectives ; et leur possession donne lieu à de fréquentes contestations. Nombreux sont les « palabres de pêcheries » que j'ai réglés, quand je commandais le cercle de Grand-Bassam.

métal précieux ou se livrer à d'autres occupations, et un autre prendra sa place, sans être pour cela traité en intrus.

En somme, les peuplades des lagunes, bien qu'elles aient, en certaines matières, le sentiment très vivace de la propriété individuelle, pratiquent le collectivisme. Mais celui-ci, loin de se développer, tend à disparaître chez elles. Plus elles se dépouillent de leur barbarie primitive et plus la propriété revêt parmi elles la forme privée. En cela, elles suivent l'évolution de tous les peuples : elles sont dans les traditions de l'Histoire. « La propriété, écrit M. Alfred Gautier, dans son *Histoire du droit français* [1], a commencé par être collective et n'est devenue individuelle que par une désagrégation de son état primitif. Ce n'est pas à dire qu'elle soit moins juste pour cela, s'il est vrai que l'institution la plus juste est celle qui est le mieux en harmonie avec un état social donné. La propriété collective n'est, en général, pratiquée que chez des populations sans civilisation et sans progrès, ne vivant qu'à l'état pastoral, ne connaissant que l'agriculture la plus rudimentaire. Mais, lorsque par suite des progrès sociaux, la population augmente, la propriété individuelle s'établit comme une conséquence naturelle de l'obligation où sont les hommes de tirer un meilleur parti des ressources

1. Un vol. in-8. L. Larose, édit.

naturelles du sol et de la division du travail, qui s'opère entre l'industrie agricole et les autres genres d'industrie. »

Quelques mots maintenant, au sujet de la parenté et des hérédités chez les tribus de lagunes. Je n'ai qu'à renouveler les observations sur les Agni. La coutume indigène ne régit pas la matière, suivant les principes du droit européen. Parmi presque toutes les peuplades, qu'on trouve dans les bassins inférieurs de la Comoë et de la Bandama, le fils n'hérite pas de son père, mais de son oncle maternel, à moins que celui-ci n'ait des frères utérins. Pourquoi ? C'est tout simple. Le noir est, par essence, méfiant et avide de certitude. S'il peut avoir des doutes sur les liens de parenté l'unissant aux enfants nés de son mariage, il n'en peut avoir aucun sur ceux qui l'attachent à ses frères et sœurs utérins ou aux enfants de sa sœur. D'où, dans la famille, l'autorité relative de la mère sur les enfants. D'où cette réponse, qui paraîtra étrange à l'Européen, peu familiarisé avec les coutumes des nègres de Guinée, et qui me fut faite, voici quelques années, à Bassam, par un fils du roi Akassimadou, jeune préposé auxiliaire des douanes, à qui je demandais si ce roi, en mourant, ne lui laisserait pas une parcelle de ses richesses : *Pourquoi ? Je ne suis que son fils.*

On se souvient que l'ouverture des successions, dans le Sanwi, l'Abron, l'Indénié et le Baoulé est suivie de tam-tams et de nombreuses libations. Il en est de même parmi les tribus de la côte. Les décès sont accompagnés de danses, où figurent les parents et les amis du mort. Ils donnent lieu aussi, en quelques villages, à des présents d'étoffes, qu'on place sur la couche mortuaire, ou de liquides et aliments, qu'on dispose autour et qui sont destinés à suffire aux besoins du décédé, au cours du long voyage qu'il est censé devoir entreprendre. Durant les quarante-huit heures ou plus que le corps reste exposé, des pleureuses se lamentent et ne prennent aucune nourriture, comme d'ailleurs les plus proches parents ou alliés du mort. Le jour de l'ensevelissement, ces derniers, hommes ou femmes, se rasent la tête et se barbouillent de craie ou d'ocre le visage et le corps. Ils renouvellent ces barbouillages chaque jour pendant un laps de temps, qui va d'une à deux semaines. L'inhumation a lieu tantôt, — mais sous notre influence cet usage devient de plus en plus rare, — dans l'une des cases du défunt [1], tantôt dans un cimetière. On a

---

1. Les noirs des alentours de l'ancien chef-lieu de la Côte d'Ivoire ont une déplorable tendance à préférer les inhumations dans les cases à celles dans les cimetières. Pendant la double épidémie de peste et de fièvre jaune, qui a sévi à Grand-Bassam, en 1899, j'ai eu de sérieuses difficultés à vaincre pour empêcher que, dans le sol des paillottes, aujourd'hui brûlées, des quartiers apolloniens, on ensevelît les pestiférés. Actuellement, dans les centres habités par les Européens, cet antique usage des enterre-

soin, en bien des endroits, que le mort ait avec lui la plupart des objets apportés à son intention, ses plus beaux pagnes, ses bijoux préférés, une partie de la poudre d'or et des pépites amassés par lui.

Ces coutumes indiquées et, avant de poser les généralités du droit pénal des peuplades de lagunes, il convient de s'arrêter un instant sur les contrats, prévus et sanctionnés par la législation traditionnelle de ces primitifs. Ils sont, bien entendu, verbaux ; ils ne sont pas l'objet de formes sacramentelles spéciales comme ceux des Romains de l'ancien temps ; et leur mode habituel de preuves réside dans le témoignage ou, à défaut, dans les pratiques du fétichisme ; car, si les féticheurs ne remplissent au Baoulé qu'un rôle secondaire, s'ils n'y sont guère mêlés à l'œuvre de la justice, il en est tout autrement dans les régions de l'Ébrié, que fréquentaient autrefois, sans souci de la barre à franchir, nos avisos de l'État et nos goélettes du commerce.

Les contrats les plus usités, en ces parages, sont les mêmes que ceux notés en pays agni : l'échange, la vente, le prêt, le dépôt et le mandat. L'intermédiaire ordinaire des échanges, dans la zone des

ments sur place a presque disparu. Il est bon, cependant, que chaque fois qu'un décès se produit, l'administrateur ou le chef de poste veille à ce que le corps soit transporté dans le cimetière voisin de la résidence.

lagunes, qui est comprise entre Grand-Bassam et Fresco, est la *manille*. C'est une monnaie de mauvais bronze, d'une forme rappelant vaguement celle du fer à cheval, d'un poids de 145 grammes environ, d'une valeur admise de 20 centimes et d'un usage qui, par suite de l'interdiction dont M. le gouverneur Binger a frappé, il y a quelques années, l'introduction de cette monnaie peu commode, fondue en France et en Angleterre, suivant des types originaux qu'on a trouvés dans l'Ébrié et que les collectionneurs les plus tenaces y chercheraient en vain aujourd'hui, disparaîtra entièrement à la longue de ces régions et y fera place à nos écus de cinq francs.

A la section des coutumes agni, il a été parlé de l'engagement pour dettes, des dépôts-garanties, de la contrainte par corps et de la prescription. On n'a qu'à se reporter aux lignes où ces sujets sont, je ne dirai pas traités, mais effleurés. On y trouvera des règles, qui sont applicables aussi, chez les noirs du littoral. En ce qui regarde le contrat de prêt, je soulignerai une différence essentielle : à Bassam, Lahou et dans le pays adioukrou, il est usité, comme partout, mais *sans stipulations d'intérêts*. Enfin, en ce qui concerne les captifs, je ne saurais trop rappeler le rapprochement, déjà fait d'une manière générale, entre eux et les *clients* de la Rome royale. Ils font partie de la famille du maître, et ils sont traités moins en serviteurs qu'en collaborateurs utiles. Certains d'entre eux parviennent à être les gens de confiance du chef de famille, voire même ses conseillers. Libres de leurs mouvements, ils vont, viennent, font le commerce pour son compte. Ils se marient soit entre eux, soit avec des personnes apparentées au maître ; et, dans l'un ou l'autre cas, ils continuent à vivre au sein de la communauté où ils ont été élevés. Ils sont si peu malheureux que, lorsqu'un Européen leur demande s'ils veulent entrer à son service, ils répondent avec ingénuité qu'ils n'y tiennent pas. Il arrive, quelquefois, qu'à l'issue de discussions qu'ils ont eues avec leurs chefs des captifs ou captives viennent à Grand-Bassam se présenter aux autorités. Celles-ci veillent à ce qu'ils entrent en condition chez des blancs. Eh bien ! à moins que ces captifs ne soient venus de très loin, neuf fois sur dix, en dépit des excellents traitements dont ils sont l'objet de la part de leurs nouveaux maîtres, ils s'échappent un beau matin, ou plutôt une belle nuit. On les cherche dans la ville. C'est en vain. Ils sont revenus chez les premiers maîtres.

II

Droit criminel.

Le droit criminel est, chez les noirs du littoral, ce qu'il est parmi ceux du groupe agni. Je n'entrerai pas dans de longs développements à son sujet, car je courrais fort le risque de me répéter

Les indigènes ne font pas de classement des infractions et les peines, appliquées devant leurs juridictions, sont fondées non sur l'idée du châtiment, mais sur celle du dédommagement. S'ils admettent certaines peines corporelles, c'est à titre purement accessoire. La peine principale, c'est toujours l'amende, ou, pour me servir d'un terme plus exact, la *compensation pécuniaire*.

Ce régime des peines n'est pas le plus rudimentaire qu'enregistre l'histoire des peuples. Il vient, dans la formation du droit criminel, après celui de la vengeance privée, inscrit dans les législations les plus anciennes des nations d'origine sémitique ou aryenne et rappelé par trois monuments que les siècles ont épargnés : Le *Lévitique*, l'*Iliade* et les *Commentaires* de Gaïus. Et il précède le système, fondé sur les idées philosophiques de châtiment et d'amendement moral.

Nos sujets noirs de la Côte d'Ivoire sont en avance sur la loi des *Douze Tables*, au point de vue de leurs conceptions dans l'ordre pénal ; il n'est pas sans intérêt de le noter au passage. Et leur droit criminel, dépouillé de quelques sanctions, que réprouve notre état social actuel, est, en somme, très acceptable.

III

Organisation judiciaire et procédure.

J'arrive, maintenant, à l'organisation judiciaire et à la procédure qu'on remarque parmi les tribus établies sur la côte orientale de la colonie.

Dans l'étude sur les Agni, il a été fait mention de plusieurs degrés de juridictions. Il existe bien, chez les Brignan, Adioukrou, Ébrié, etc., des sortes de tribunaux du premier et du second degré. Mais ils ne rappellent que de très loin les rouages analogues qui fonctionnent en pays civilisés. Pour les petites affaires, c'est-à-dire celles qui n'intéressent que des plaideurs appartenant, demandeur et défendeur, au groupement familial, c'est le chef de famille qui les tranche. Il y a là une institution qui, à plusieurs égards, rappelle celle de cette *gens* antique, avec laquelle j'ai eu déjà sujet de faire plus d'un rapprochement, en étudiant les indigènes de la Côte d'Ivoire. Mais si, au sein de la gens romaine, le chef est juge, il l'est, pour les siens, en premier et dernier ressort ; car un membre de la communauté n'a pas le droit d'en appeler un autre devant la justice de la cité[1]. Rien de tel, par exemple, dans les cercles de Lahou, Dabou et

---

[1]. Fustel de Coulanges, *La Cité antique*, liv. II, chap. x.

Grand-Bassam. Si un plaideur est mécontent de la décision rendue à ce que j'appelerai le *palabre de famille*, il peut porter l'affaire devant l'assemblée du village. Celle-ci juge, en outre, les procès de nature pénale et ceux qui touchent des individus de familles différentes.

Elle se compose du chef de village, des chefs de quartiers, et, généralement, des gens de condition libre, — les femmes et les enfants exceptés, — présents sur la place, au moment où se constitue le palabre. Les litiges sont introduits devant cette juridiction par requêtes orales ; et presque tout ce que j'ai dit, quand j'ai posé les grandes règles de la procédure civile et criminelle des Agni, serait à répéter, en ce qui concerne les habitants des cercles de lagunes. Mêmes modes de preuves. Même identité entre les deux procédures. Même ignorance des tortures ou questions préalables, évoquant le souvenir des misères de notre période monarchique. Les audiences, comme à Krinjâbo, Zaranou et Toumodi, sont tenues à Mouôsso, Bonoua, Adjamé, Débrimou, Jacqueville et Grand-Lahou, soit en plein air, sur une place du bourg, soit dans une case spécialement affectée à cet effet. Ces audiences sont, en langage courant, appelées *palabres*. On désigne aussi sous cette expression le procès lui-même : *faire un palabre, avoir un palabre* sont synonymes de faire, d'avoir un procès.

Le protocole des audiences, si formaliste dans le Sanwi et l'Indénié, l'est beaucoup moins sur le versant des lagunes ; et il ne mérite vraiment pas de nous arrêter.

Par contre, ce sur quoi il importe d'insister, c'est sur le rôle social des féticheurs dans les tribus des pays côtiers. Effacé chez les Brignan, il est prépondérant dans l'Akapless et autres régions du Grand-Bassam. Le chef, en ces contrées, noyaux de notre colonie, peut, — j'en ai eu de fâcheux exemples, quand j'étais commandant de cercle et que, secondé par mon adjoint et ami, M. Lahaye, je me livrais au travail du recensement de la population, en vue de l'établissement de l'impôt, — le chef, dis-je, peut ne pas avoir une grande influence personnelle sur ses administrés. En revanche, le féticheur a beaucoup d'ascendant sur les gens du village. Il est le médecin, qui voit ses ordonnances remplies sans broncher, le sorcier, qui entretient les superstitions les plus étranges et a recours aux pratiques les plus compliquées, dont quelques-unes, telles que l'*envoultement*, rappellent le moyen âge, le grand inspirateur des actes grotesques et parfois coupables, qui accompagnent certains événements, l'auxiliaire judiciaire, de qui l'opinion, 99 fois sur 100, pèse sur les décisions de l'aréopage, l'homme sans qui rien d'important ne se décide ou ne se fait, l'intelligent et fin gredin, qui exploite avec un art consommé la crédulité de son entourage, enfin, ce qui est tout naturel, le sourd et dangereux ennemi, avec qui administrateurs et commerçants sont obligés de compter.

Il est un autre auxiliaire de la justice, et, surtout, de l'administration indigènes, de qui il est bon de parler aussi. C'est le *porte-canne*. Son nom lui vient de ce que, dans les circonstances où son ministère est requis, il tient à la main un long bâton de tambour-major, qui, aux yeux des noirs, symbolise l'autorité du groupe auquel notre dignitaire est attaché.

Lorsque le chef convoque la représentation d'une localité voisine, pour un procès ou une cérémonie, c'est par l'intermédiaire du porte-canne. Représentant politique du village à l'extérieur, ce dernier est, chez lui, le gardien des traditions, le directeur du protocole, et, en plus d'un recoin de l'Ébrié et du Potou, le porte-parole des membres du tribunal et des parties en cause, quand l'usage veut que juges et plaideurs ne communiquent pas directement entre eux. S'il y a des divisions dans le village, des rivalités, je ne dirai pas de « clocher », — il n'y a qu'une église et sans clocher dans la colonie, — mais de quartier, il s'abstient de prendre couleur : il plane au-dessus. Il est un personnage, souvent cossu et toujours bien vu, respecté, inviolable même.

Dans les grands jours, lorsque les chefs iront

saluer le gouverneur ou le commandant de cercle, le porte-canne, toujours muni de son attribut, marchera en tête de la délégation. Et, quand un palabre d'importance réunira les envoyés de plusieurs localités, il restera auprès des siens, dont, en les enjolivant, il transmettra les discours aux membres de l'assemblée. Si plusieurs villages sont confédérés, ils ont, indépendamment de leurs porte-cannes particuliers, un haut fonctionnaire de cet ordre, qui est une manière de porte-canne en chef. Ainsi, *Mabio*, un vieux renard de ma connaissance, est, parmi les *Abidji*, l'avocat de la tribu. Il vit à *Abidjan*, possède sur les indigènes de l'endroit et des lieux voisins beaucoup plus d'ascendant que les chefs et jouit, à plusieurs lieues à la ronde, de la réputation d'un orateur habile, insidieux et disert. En certains palabres, j'ai vu des Abidji prendre un vrai plaisir à l'écouter et se mettre en colère, si, par aventure, les discours qu'il traduisait ou plutôt qu'il transformait, avec élégance, étaient troublés par des cris d'enfants ou des chuchotements dans l'auditoire.

Il va sans dire que, pour toutes les affaires, dont il vient d'être question, il ne s'agit que de rapports entre gens du pays. Lorsqu'un Européen a maille à partir avec les indigènes, c'est aux tribunaux français, récemment réorganisés, qu'il incombe de statuer. Ces juridictions appliquent les textes législatifs en vigueur au Sénégal. Il va sans dire aussi que la justice, rendue dans les palabres des lagunes, est, au fond, comme celle distribuée par les juridictions du groupe agni : elle est chère. Les juges ne sont pas des fonctionnaires payés par la collectivité. Mais leurs faveurs, — pour user d'un euphémisme, — sont achetées tantôt ouvertement, tantôt en cachette ; et leurs exigences augmentent en proportion des besoins qu'ils se créent au contact de l'Européen.

Je sais plus d'une localité où cet usage des cadeaux, de facultatif est presque devenu obligatoire. Cela se passe à peu près comme dans l'ancienne France : toujours ce *nihil novi sub sole*, qui a si fréquemment éveillé mon attention sur la terre d'Afrique ! Écoutez ce que le vieux Pasquier, cité par M. Alfred Gautier, dans son *Histoire du droit français*, disait des épices : « Dans l'origine, les épices se donnoient par forme de courtoisie aux juges par ceux qui avoient obtenu gain de cause. Néanmoins, le malheur des temps voulut tirer telles libéralités en conséquence, si que d'une honnesteté on fit une nécessité. » Ces lignes, appliquées à certains villages du pays de Grand-Bassam, sont assez d'actualité. Toutefois, à la différence de ce qui se pratiquait chez nous, c'est avant le palabre que les cadeaux sont offerts : avant, on est généreux ; après, on ne donnerait rien du tout. Le noir est essentiellement pratique.

Un marché en pays Dyoula.

Femmes décortiquant le riz. Village de la Forêt

SECTION IV

Les Coutumes des tribus de la côte occidentale.

La *Côte Ouest!* Cette désignation, à Bassam, est synonyme de monde inconnu. Et le fait est que l'œuvre de pénétration commence à peine dans la région de la Côte d'Ivoire, comprise entre le *Cavally*, dont la mission Hostains-d'Ollone a partiellement reconnu le cours supérieur, et la *Bandama*, dont le bassin nous est beaucoup moins étranger. L'an dernier, au mois d'avril, l'on a appris que M. l'admistrateur-adjoint Thomann avait, par *Séguéla*, en traversant le pays inexploré des *Ouorbé*, opéré la jonction du cercle de Sassandra avec les territoires du Soudan méridional. Mais le public ignore encore, au moment où j'écris, les résultats de l'exploration accomplie par mon courageux et énergique ami. Je souhaite qu'il ait rapporté de sa mission pacifique et certainement féconde en découvertes de toute nature d'abondantes notes sur les tribus qui l'auront accueilli ; car on ne sait pas grand'chose des indigènes de l'ouest[1]. Les deux rapports, rédigés, conformément à la circulaire de 1901, l'un par M. Thomann pour les indigènes de Sassandra, l'autre par le lieutenant

---

[1]. V. chap. V, note au bas de la page 153.

Richard, pour les naturels de l'extrême ouest, offrent certainement le plus grand intérêt. Mais, comme d'autres travaux ethnographiques, déjà faits sur des tribus exclusivement côtières, ils ne concernent que des groupes isolés d'individus ; et ils ne permettent pas de présenter au lecteur, pour les peuplades de la partie occidentale de nos possessions, des études aussi détaillées que celles sur les Agni, les Mandé et les gens des lagunes.

I

Remarques générales.

Les habitants de la partie du littoral, située entre *Fresco* et *Bliéron*, sont depuis longtemps connus, je le rappelle, sous le nom de *Kroumen*. Pourquoi ? C'est ce que je ne chercherai pas à expliquer. Il me suffira de remarquer que si par « Kroumen » on entend désigner des tribus qu'unissent d'étroites communautés de langage, d'intérêts et peut-être même d'origines, l'on est dans l'erreur. L'idiome parlé à Sassandra n'est pas le même que celui qui écorche nos oreilles d'Européen sur les bords du Cavally. Les gens de *San-Pedro* et de *Béréby* n'ont aucun intérêt qui les rapproche. Enfin, comme dans l'Ébrié, par exemple, l'on ne s'aime pas de village à village; et, avant notre établissement dans le pays, l'on se faisait même très volontiers la guerre un peu partout.

Les indigènes de la côte ouest, ceux de Sassandra et de San-Pedro, aussi bien que ceux de Béréby et de Bliéron, ont plusieurs traits qui les rapprochent, et c'est sans doute ce qui leur a fait donner par les voyageurs le nom général de « Kroumen ». Ils sont d'une taille et surtout d'une musculature si exceptionnelles que, vainement, dans les autres contrées africaines, on chercherait leurs pareils ; ils sont réfractaires à l'exploitation des richesses du sol ; ils ont pour la mer un culte si profond que, transportés dans l'intérieur des terres, ils ne tardent pas à y être envahis par l'ennui et sont obligés, de temps à autre, d'aller séjourner, se retremper, sur la plage qui les a vus naître ; ils sont travailleurs, — autant que des nègres peuvent l'être, — mais ils n'aiment que trois sortes d'emplois qui, pour suivre l'ordre de leurs préférences, sont les suivants : *chauffeurs*, à bord des paquebots ; *pagayeurs*, au service du gouvernement et du commerce, pour les passages de *barre*, à Assinie, Grand-Bassam, Jacqueville, Lahou et autres points du littoral ; *manœuvres*, dans les factoreries ou l'administration des travaux publics. Enfin, tous les noirs des cercles occidentaux ont malheureusement la passion du gin et du tafia, et l'alcoolisme fait certainement plus de ravages parmi eux que chez les natifs de l'est.

Si, après avoir parlé des traits communs aux nègres du littoral, on cherche les différences qui les séparent, on n'en voit pas de bien notables. Je ne m'attarderai pas à décrire l'existence de ces naturels ; car, par ce qui vient d'être dit, on peut se la représenter sans peine. On peut aussi se faire une idée du vêtement, qui, de l'ouest à l'est, comme du nord au sud de la colonie, régions où l'on n'a guère besoin de se couvrir, joue un rôle des plus secondaires. Les indigènes les plus primitifs, hommes ou femmes, vont presque nus ; un simple lambeau d'étoffe leur ceint les reins. Les habitants des centres, où vit l'Européen, se vêtent de pagnes, dont ils se drapent avec élégance, à la romaine. Quant aux enfants, partout, jusqu'à l'âge de six ans, ils sont, comme me disait un jour l'un d'eux, à Grand-Bassam, habillés tout simplement *en peau*. Il est vrai que, même chez les nègres adultes, la nudité n'est pas indécente comme elle l'est chez les blancs. Le noir habille.

Je ne décrirai pas les habitations indigènes. Elles n'ont rien de bien particulier. Rondes du *Cavally* à la *Bandama*, rectangulaires de la *Bandama* à la *Gold Coast*, tantôt construites en bambous, tantôt en pisé, suivant les lieux, toujours couvertes de palmes, elles sont dépourvues de tout cachet artistique. Je ne dirai pas, non plus, l'aspect des villages : ils se ressemblent tous et offrent cette particularité qu'ils sont tout en longueur, que leur grande artère est large, assez proprement entretenue, et que les maisons, surtout dans la région des lagunes, sont bien alignées. Ces constructions ne se distinguent guère les unes des autres ; et c'est à peine si celles des chefs sont plus belles et comprennent plus de dépendances que celles des simples mortels.

II

Droit civil.

Le droit coutumier des tribus de l'ouest se ressent de leur caractère, que distingue parfois un individualisme confinant à l'anarchie. D'après les renseignements que fournissent périodiquement au gouverneur les commandants de cercle et d'après les deux travaux de M. Thomann sur les *Néyau* et de M. le lieutenant Richard sur les Cavalliens, les naturels les moins en retard, au point de vue juridique et social, paraissent être ceux de l'extrême ouest. Ils ont, en matière de droit civil, des coutumes qui, évidemment, les apparentent aux gens des autres points de la côte, mais qui les placent, à l'égard de ces derniers, dans des conditions de supériorité relative.

Les Néyau admettent la parenté par les deux tiges, paternelle et maternelle ; ils pratiquent la polygamie ; les fiançailles sont d'une coutume générale chez eux ; l'impuberté est un empêchement au mariage, tandis que le défaut du consentement de la jeune fille n'en est pas un ; la forme du mariage est l'achat ; l'adultère de l'homme n'entraîne pas la rupture de l'union et celui de la femme se résout par une fustigation, infligée à celle-ci, et une amende, imposée au complice ; le divorce a lieu par consentement mutuel ; la propriété est collective, en ce qui concerne la terre et ses produits non cultivés, privée en ce qui regarde le fruit du travail individuel, la case familiale et les objets mobiliers ; les coutumes sur les successions excluent les femmes des hérédités et ne prévoient généralement qu'un seul héritier, pris dans l'ordre de préférence suivant : frère aîné, frères, fils aîné, neveux ; les contrats sont verbaux : la vente, le prêt, l'échange, le dépôt sont les plus usités, et la *manille*, monnaie incommode, dont il a été parlé déjà, est l'intermédiaire habituel des échanges ; la contrainte par corps n'est pas pratiquée ; la prescription est inconnue ; enfin l'esclavage existe, mais la condition des captifs est loin d'être malheureuse.

Telles sont les notes rapides que le voyageur, visitant les diverses localités côtières, non seulement du cercle de Sassandra, mais des pays de San-Pedro et de Béréby, peut consigner, dans son carnet de poche, sur le droit civil des diverses tribus de *Kroumen* Ce sont, à quelques différences près et avec moins de détails, celles qu'il a pu déjà prendre en Assinie ou dans les parages du Grand-Bassam. Et ce sont celles qui lui faciliteront l'étude du droit coutumier des indigènes cavalliens.

Dans le cercle du Cavally, — dont les populations, disent les traditions locales, sont, comme celles des autres contrées maritimes de l'ouest, venus du nord, à une époque relativement reculée, — la famille est plus fortement et plus originalement organisée qu'ailleurs. Les relations officielles nous apprennent que l'unité de famille réside dans la communauté des frères vivant, avec leurs femmes et leurs enfants, sous l'autorité du frère aîné ; que les communautés de même origine, alors même qu'elles forment des groupes distincts, entretiennent des rapports de parenté ; que le lien est maintenu et que c'est ainsi que se sont formées quelques familles importantes ; que l'ancêtre commun est presque toujours un animal (serpent, chimpanzé, etc.), ou un arbre, une plante, un rocher, une source ; que non seulement on respecte, dans chaque famille, le type de cet ancêtre primitif, mais on lui rend honneur, il est l'objet d'un véritable culte ; qu'à certaines dates, on fait un festin, et, sur des feuilles, on dépose la part de l'ancêtre, qui a droit surtout aux libations ; que, par l'intermédiaire du féticheur, on lui offre des sacrifices (poulets, cabris, etc.), et que si, par inadvertance, on tue l'animal ou on coupe la plante vénérés, il faut recourir au sorcier pour détourner la colère de l'ancêtre ; qu'il n'y a pas de généalogies connues au delà de trois ou quatre générations, etc., etc.

La réunion de plusieurs familles forme la tribu. Celle-ci a un grand chef ou roi, résidant au village chef-lieu, lequel n'est pas nécessairement la bourgade la plus considérable. On devient roi, chef de village ou chef de famille par l'hérédité. C'est la famille la plus puissante qui fournit le roi. En cas de déchéance de cette famille, la dignité royale est transportée dans une autre. Le roi est sans pouvoirs. La coutume ne lui confère aucun droit sur les chefs de village. Sa charge est une sinécure honorifique.

Les rapports des administrateurs, et, entre autres, ceux qu'ils ont établis, voici quelques années, en réponse au questionnaire ethnographique et historique qui leur fut alors adressé, nous renseignent, en outre, sur l'esclavage, la propriété, le mariage et le droit successoral des peuplades cavalliennes, — ces peuplades qui, à mon avis, sont aux Kroumen, au point de vue du degré de civilisation atteint jusqu'ici, ce que les Apolloniens, par exemple, ou les Agni sont aux indigènes des régions de première occupation.

J'emprunte au travail de M. l'administrateur en chef Penel les données suivantes :

Au Cavally, comme dans toute l'Afrique tropicale, on trouve des captifs. Mais les catégories, nettement établies d'ailleurs, n'existent pas ici. On ne distingue pas, en droit, entre les captifs de case et les captifs de traite. De même que dans le Sanwi, les captifs ne sont pas malmenés. Le produit de leur travail appartient au maître. Néanmoins, celui-ci leur abandonne le plus souvent une partie de ce qu'ils ont gagné, en s'employant pour autrui, ou de ce qu'ils ont récolté sur les terrains qu'ils ont été autorisés à cultiver. Le débiteur insolvable n'est jamais réduit en esclavage. Les Cavalliens ignorent l'esclavage volontaire. Parfois, il est vrai, un homme de condition libre, qui n'a pas les moyens d'acquérir une femme qu'il voudrait épouser, propose à la famille de cette dernière de se mettre pour la vie à son service ; il ne peut plus, si la proposition est acceptée, quitter la famille à laquelle il s'est donné ; mais ce n'est pas à dire, pour cela, qu'il se soit réduit en esclavage : il n'a pas perdu la qualité d'homme libre. En pays agni, — on ne l'a pas oublié, — les captifs peuvent fort bien se marier avec les enfants du chef. Ici, ils ne se marient qu'entre eux, par les soins du maître. La captive, qui donne un enfant à ce dernier, est considérée comme étant de la famille, tout en restant captive. Les prisonniers, faits à la guerre, ne deviennent pas esclaves : les hostilités terminées, ils payent une rançon et sont rendus à la liberté.

Le régime des terres, dans le cercle du Cavally, est fondé sur les mêmes principes que chez la plupart des primitifs. Pour les cultures ordinaires, chaque famille peut, dans les limites des dépendances du village, mettre en valeur tout terrain vacant. Lorsque le sol commun a fini par s'épuiser, on se transporte autre part, avec l'autorisation des chefs du village, sur le terrain duquel on empiète. En réalité, il n'y a de propriété permanente et constituée que le domaine du village, et de propriété individuelle que le sol sur lequel s'élèvent la case et ses dépendances. L'occupant d'une terre en est le propriétaire provisoire. Mais il est bon de remarquer que la propriété territoriale individuelle, telle que la réglemente le droit européen, tend à se constituer dans la région de notre colonie, qui confine avec la *République de Libéria*.

En matière matrimoniale, il va sans dire que les Cavalliens ne dérogent pas aux coutumes des autres indigènes de la Côte d'Ivoire : ils sont indéfiniment polygames. Les jeunes filles sont fiancées de très bonne heure, entre 10 et 12 ans. Elles demeurent alors dans leur famille, jusqu'à ce que le fiancé les réclame. Le mariage n'est réellement consommé que lorsque la jeune fille est formée ; et l'on juge de sa formation non par l'apparition des menstrues, mais par l'apparence de la poitrine.

Quel est le mode d'obtention de la femme? Et comment sont célébrées les unions? Ici, les usages des natifs de l'ouest sont assez particuliers. Lorsqu'un garçon a fait choix d'une femme, soit directement, soit sur les indications de son père, il porte à la famille de la jeune fille une assiette et deux feuilles de tabac. Si les parents agréent le prétendant, ils gardent le présent ; sinon, ils le refusent. Peu après, on offre deux cuvettes pour le père de la jeune fille et deux bassins en cuivre, de dimensions différentes, pour la mère ; plus tard, deux pagnes, deux chevreaux, mâle et femelle, pour le père et la mère. Ces divers présents sont remis à intervalles plus ou moins rapprochés. Le jour où le mariage est définitivement conclu, la famille du fiancé donne deux vaches, un baril de poudre, deux bouteilles de rhum et deux têtes de tabac. Aucune fête nuptiale. On fait un repas de famille, après que le père de la jeune fille a offert quelques menus présents au futur gendre. La jeune fille ne quitte pas encore ses parents, mais l'accord est définitif. Quand le mari se décide à prendre sa femme chez lui, il envoie de nouveau une assiette et une bouteille de rhum. La femme lui est amenée ; il tue un cabri ; et il donne un pagne aux personnes qui la lui ont conduite. Le père dit : *Je te donne ma fille, tu ne la maltraiteras pas et tu seras bon pour elle.* L'autre acquiesce et la cérémonie est terminée.

J'ai dit que le nombre des épouses n'était pas

limité. Chaque femme habite avec ses enfants une case particulière. A chacun de ces groupes est affecté le produit d'une étendue déterminée de rizière. Les hommes préparent le terrain, les femmes mettent le grain en terre. La récolte est faite et rentrée dans la case par la femme. Le mari a le droit de participation sur la récolte personnelle de chacune de ses conjointes. Mais il ne lui est permis de se servir lui-même que si son épouse fait une absence prolongée. Tout ce que peut gagner la femme, en dehors de son activité domestique, appartient au mari qui, les trois quarts du temps, lui abandonne une partie de ce gain. L'homme doit coucher avec ses diverses épouses, suivant un ordre établi et fixe. Celle, de qui c'est le tour, prépare le repas du maître, le soir et le lendemain matin ; elle lui apporte l'eau pour ses ablutions. La première épousée a, dans le protocole conjugal, une sorte de droit de préséance sur les autres. Cette ménagère en chef donne des ordres à ses compagnes pour le travail commun et dirige les captifs.

Quid du divorce? Le mari est toujours libre de renvoyer sa femme, soit qu'il ait des griefs sérieux contre elle, soit qu'elle ait cessé de lui plaire. Dans ce dernier cas, ou un autre membre de la famille, frère ou fils, la prend pour lui, ou elle est rendue aux siens. L'adultère est rarement un cas de rupture du lien conjugal. L'impuissance du mari peut être une cause de divorce. La femme est alors donnée à un frère ou à l'un des fils. C'est un arrangement de famille.

Le droit successoral, en vigueur chez les Cavalliens, est moins compliqué que celui des tribus du groupe agni. Les successions ont lieu, dans la ligne collatérale, du frère au frère. L'aîné, chef de la communauté des frères et de leurs familles, a pour héritier le frère le plus ancien après lui. La lignée des frères épuisée, la succession est recueillie par l'aîné des fils qu'ils ont laissés. Celui qui devient ainsi chef de la communauté n'a droit, cependant, qu'aux biens restés indivis dans la famille, et, sur la succession personnelle du défunt, qu'à la plus forte part. Le surplus est partagé entre les fils du *de cujus*. Les captifs sont exclus du partage. S'ils sont nombreux, le nouveau chef de famille en donne un au frère venant après lui. Les femmes du décédé sont réparties entre les héritiers, suivant le choix qu'elles ont fait, à l'exception de la première qui reste avec l'héritier principal, mais sans devenir son épouse. Elle seule reçoit quelques objets provenant de la succession du défunt. Les autres sont écartées du partage des biens héréditaires.

III

Droit criminel.

Les conceptions des Néyau, en matière de droit criminel, ne sont pas vastes. M. l'administrateur Thomann, qui a longtemps séjourné au milieu de ces tribus, consacre à peine quelques lignes, dans son rapport, à cet important sujet. Il découle de son travail que le régime des compositions pécuniaires inspire les rudiments du droit pénal des Néyau. *Rudiments* est le terme propre; car ils vivent dans l'anarchie et cet état anarchique, nous dit Thomann, « a tellement fait souffrir la masse des indigènes qu'à part quelques chefs, dont la puissance est, d'ailleurs, bien réduite, on les trouve généralement disposés à accepter notre intervention ou à y avoir recours [1]. »

Ce qui est vrai des Kroumen de la Sassandra, l'est aussi de ceux des pays de San-Pedro et de Béréby.

Les Cavalliens, étudiés par M. le lieutenant Richard, sont en avance, au point de vue que j'examine, sur toutes ces peuplades, encore que leur droit criminel soit inférieur à leur droit civil. Ils font un classement des infractions; et ce classement con-

---

[1]. *Les Coutumes indigènes de la Côte d'Ivoire,* rapport de M. Thomann, administrateur-adjoint des colonies.

cerne les délits et les crimes. Ils rangent dans les premiers le vol et l'adultère, dans les seconds, le meurtre et la trahison; et lorsqu'un acte punissable vient à se commettre, ils s'arrangent toujours pour le faire rentrer dans l'une des catégories prévues. Les peines, chez eux, sont fondées non sur l'idée abstraite du châtiment, mais sur celle du dédommagement. C'est, comme ailleurs, le rachat de l'infraction commise ou système germanique qui est en usage.

A signaler que le principe de la responsabilité civile des parents et des chefs figure dans la coutume des tribus du Cavally. La responsabilité de la famille pour l'un quelconque de ses membres est très stricte. A défaut du débiteur ou du délinquant, c'est le *paterfamilias* qui est mis pécuniairement en cause. Celui-ci a recours ensuite contre le membre fautif : il se rembourse des avances faites; il prend l'équivalent, et au delà, de ce que les usages locaux l'ont obligé à donner. Si la famille ne peut être appelée en responsabilité ou ne peut payer, — cas qui ne se réalise pas souvent, — il est possible de mettre en cause les chefs du village, c'est-à-dire, en fait, les chefs de familles. Lorsqu'un débiteur ou un condamné ne possède rien, il est obligé de donner sa fille : elle appartient, dès lors, à celui envers qui il était redevable ou à celui qui a répondu à sa place jusqu'à remboursement.

IV

Organisation judiciaire et procédure.

Par quelles juridictions la justice est-elle distribuée et quelle est la procédure suivie devant elles?

A Sassandra, San-Pedro et Béréby, c'est le chef du village, assisté des indigènes mâles et de condition libre, présents dans la cour de la case, lorsque les plaideurs s'y rendent, et non intéressés au procès, qui statue sur les litiges d'ordre civil et pénal. L'instruction a lieu à l'audience. Elle est orale et publique et ne varie pas, selon la nature des causes. En passant, je noterai le choix, fait par le chef, d'un individu qui sert de porte-parole : on sait que cet intermédiaire existe aussi dans quelques localités des lagunes orientales. Pour ce qui est des modes de preuves, ils sont partout les mêmes : ils consistent dans l'aveu, le témoignage et les épreuves judiciaires. L'épreuve par le poison est d'un usage commun dans le pays de *Krou*. Ce poison est une décoction de bois rouge ou *sassa-wood*. Enfin, du rôle des féticheurs dans la conduite de la procédure, rien de particulier à dire, si ce n'est qu'il varie en importance suivant les régions.

Dans le bassin inférieur du Cavally, on retrouve, au point de vue du jugement des causes, le classement que j'ai eu l'occasion de faire déjà entre les grands et les petits palabres. Les deux degrés de juridictions n'existent que pour les vols; l'adultère, le meurtre et la trahison sont jugés sans appel. La coutume, dans ces derniers cas, autorise bien le condamné à en appeler au roi. Mais il ne le fait pas : la revision du jugement lui coûterait trop cher.

Contrairement à ce qui se produit dans les autres cercles de l'ouest, où l'usage veut qu'avant le procès chaque plaideur apporte un cadeau au chef et où les mœurs assurent assez communément le gain de l'affaire au plus généreux des deux, l'obligation d'une offrande n'existe, au Cavally, que pour la partie gagnante : elle consiste en une caisse de gin et ce poison, à peu près aussi pernicieux que la décoction de sassawood, est bu avec délices par les gens du village.

Lorsqu'il n'est pas possible de découvrir le coupable ou de faire la preuve des faits articulés par le demandeur, il se passe, chez les Cavalliens, ce qui se produit chez la presque généralité des noirs : on s'adresse au féticheur. Ce dernier désigne le coupable par des pratiques de sorcellerie et il procède aux épreuves judiciaires.

Les féticheurs ont un rôle prépondérant parmi les tribus du Cavally. Médecins sorciers, grands prêtres du fétichisme ou, plus exactement, de l'*animisme*, ils constituent, de plus, à côté de la justice apparente, une juridiction, plus ou moins secrète, qui règle souverainement la plupart des grands palabres. Jamais on ne se dérobe à leurs citations. Par voies détournées, sinon par sentences expresses, leurs arrêts équivalent parfois à la mort. Préparateurs des poisons et médicaments, intermédiaires entre l'homme et les esprits, ils sont très redoutés et très souvent consultés dans les circonstances délicates. L'un d'entre eux jouit d'une réputation fort étendue, puisque, annuellement, des indigènes viennent du Sanwi, des lagunes et même de la colonie anglaise de la *Gold Coast*, faire appel à sa science médicale et à son pouvoir divinateur : c'est le *Grand Féticheur du Cavally*, qui réside au village d'*Hidié*.

SECTION V

Conclusions générales sur les coutumes indigènes.

Me voici parvenu au terme de mon étude sur les coutumes indigènes de la Côte d'Ivoire. J'ai, à dessein, laissé de côté bien des questions d'importance : leur examen m'eût entraîné au delà des limites de ce travail. J'ai voulu seulement faire ressortir ceux des usages locaux, qui offrent un intérêt particulier pour le sociologue et le jurisconsulte, et jeter quelque lumière sur une civilisation, qui, pour être dissemblable de la nôtre, n'est pas aussi rudimentaire qu'on pourrait être tenté de le supposer *a priori* et qui, sous certains aspects, est beaucoup plus douce que celle de nos ancêtres de race aryenne. Il me reste à mettre en relief la parenté juridique des coutumes des diverses tribus de la colonie et leur liaison étroite à celles des natifs de la *Gold Coast*, puis à dégager, si possible, des pages précédentes, un enseignement philosophique et pratique.

On peut dire que les naturels du nord et du sud, de l'est et de l'ouest, ont des institutions de droit public et privé qui, tout en présentant, dans chaque groupe examiné déjà, certains caractères propres, sont, dans leur essence, uniformes.

C'est ainsi que, partout, on retrouve la polygamie, le mariage par coemption, chez les fétichistes, et celui par capture, chez les musulmans, un régime de successions, qui, sauf dans les pays soumis à l'influence islamique, est exclusivement basé sur la parenté utérine, une forme de la propriété, rappelant celle qu'on a pu noter, au sein de certaines sociétés de l'antiquité indo-européenne, un droit criminel, dont le fondement est le principe saxon des compositions pécuniaires, exception faite cependant pour les mahométans, de qui la législation pénale est dominée par les idées de châtiment et de vengeance, une organisation judiciaire toute patriarcale, une procédure dans laquelle les preuves par les éléments ou ordalies jouent un grand rôle et que, surtout dans la basse Côte d'Ivoire, dirigent les féticheurs, dont l'islamisme a détruit, en pays mandé-dyoula, la participation au jugement des procès, enfin la pratique de l'esclavage.

Ces coutumes sont intimement liées à celles des Achanti. Cela s'explique par ce fait qu'ils sont le peuple conquérant. Leur état politique et social, plus avancé que celui des autochtones, s'est, suivant les lois de l'Histoire, imposé à eux ; — si bien que directement ou indirectement, les naturels de la Côte d'Ivoire ont subi l'influence des tribus venues de l'est au cours du xviiie siècle.

Cette parenté des coutumes achanti et de celles des fétichistes de notre colonie apparaît clairement, à la lecture de l'ouvrage, publié à Londres, en 1887, par le lieutenant-colonel Ellis, sous le titre suivant : *The Tshi-Speaking Peoples of the Gold Coast of West Africa. Their Religions, Manners, Customs, Laws, Language*, etc. Si l'on ne possède pas une connaissance suffisante de l'anglais, on n'a qu'à lire la traduction, que M. Clozel a faite du chapitre XX, — spécialement consacré aux *Lois*, — de ce remarquable travail [1]; et l'on pourra ainsi noter les traits essentiels suivants :

Comme les habitants de la Côte d'Ivoire, dont je viens de rappeler les institutions communes, les *Achanti, Fanti, Zema*, etc., de la *Gold Coast* pratiquent le mariage par achat, la répression de l'adultère par une amende infligée au complice de la femme et une correction administrée à cette dernière, le divorce par la volonté de l'un des conjoints, une forme très adoucie de l'esclavage, la mise en garantie pour dettes. On retrouvera aussi, chez les voisins de la Côte de l'Or, cette parenté par les femmes, qui détermine le régime successoral, la coexistence de la propriété personnelle et de la propriété collective, les compositions pécuniaires, etc.

On le voit, j'ai raison de dire que profonde est l'empreinte laissée par les lois coutumières des Achanti sur les fétichistes de nos possessions de Guinée.

1. *Les Coutumes indigènes de la Côte d'Ivoire*, p. 237 et suiv.

Ce fait, définitivement établi, — et c'est par là que je compléterai les remarques générales, conclusion de mon travail sur les indigènes de ces parages, — il me reste à exposer quelques considérations, relatives à la captivité, dont il a été souvent question au cours des pages précédentes, au fétichisme et aux moyens de le combattre, enfin au caractère que doit revêtir notre action civilisatrice sur les institutions du droit public et privé des habitants de la colonie.

L'esclavage existe dans presque toute l'Afrique, du nord au sud et de l'est à l'ouest. Mais il ne présente pas partout les traits, sous lesquels il se montre à nous à la Côte d'Ivoire. C'est ici surtout que le voyageur, venu de la *Gold Coast*, constatera la similitude des mœurs des Achanti et de nos sujets noirs. Qu'est, en effet, l'esclavage chez nos voisins anglais? Une domesticité. Rien de moins et souvent quelque chose de plus. Lisez ces lignes du lieutenant-colonel Ellis. Elles n'expriment rien, qui ne s'applique presque entièrement aux rapports entre maître et captifs dans les belles régions que baignent la Comoë et la Bandama :

« Le sort de l'esclave est de beaucoup meilleur que celui de l'ouvrier agricole en Angleterre. Dans un pays, où la nature fertile rend la culture du sol sur une grande échelle inutile, tous les esclaves sont esclaves domestiques. En règle générale, l'esclave est traité comme un membre de la famille, et, s'il est né dans le pays, hérite, en certains cas, — à défaut d'autres successeurs, — des biens de son maître. Il se marie avec les enfants de ce dernier, mange avec lui dans le même plat, participe à tous ses divertissements. Les esclaves de toutes sortes peuvent acquérir des biens propres, dont ils peuvent user comme il leur plaît, tant qu'ils continuent à servir leur maître. Il n'est pas rare qu'un esclave acquière des esclaves à lui appartenant, et parfois il arrive à une fortune et à une position supérieures à celles de son propre maître.....

« L'esclave appelle son maître *mon père* et en est appelé *mon fils*; leurs relations mutuelles sont parfaitement définies par ces termes....

« L'esclave est complètement irresponsable, excepté à l'égard de son maître, à qui il doit obéir implicitement; tous les actes commis par l'esclave, sur l'ordre de son maître, sont considérés comme des actes du maître. Celui-ci est responsable des dettes de son esclave, et doit des compensations pour tout dommage qu'il peut avoir infligé ou perte qu'il peut avoir occasionnée à des tiers. Peu importe que ce soit à dessein ou accidentellement [1]. »

---

[1]. Ellis, *Les Lois indigènes de la Côte de l'Or*, dans la traduction de M. Clozel.

Cette condition des captifs, telle que nous la décrit Ellis, est, je le répète, à très peu près, celle de leurs congénères, à la Côte d'Ivoire. C'est l'esclavage domestique. En quoi se distingue-t-il de la domesticité européenne ? Évidemment, en ce qu'il lui est supérieur. Je considère donc, — et tous les explorateurs, ayant parcouru ces régions de Guinée et les ayant étudiées, à un point de vue sociologique, seront, sans doute, de mon avis, — je considère que si nous devons réprimer avec la plus grande sévérité la *traite commerciale*, nous ne pouvons, sans nous exposer à de sanglants échecs, faire disparaître, du jour au lendemain, les *captifs de case*. Notre rôle, pour le moment, doit se borner à veiller à ce que leur état, dont ils ne demandent, d'ailleurs, pas à changer, ne soit jamais inférieur à celui des gens de service parmi les nations européennes. Nous nous efforcerons, ensuite, sans brusqueries, sans heurts maladroits, à substituer à cette forme du prolétariat un régime qui, tout en étant en plus parfaite harmonie avec les idées émancipatrices de la « cité moderne », ne jettera pas dans la misère ceux dont il aura pour but d'assurer le bonheur.

A côté de l'esclavage, le fétichisme. Qu'est-ce donc que le fétichisme, cette grande plaie intellectuelle et morale des noirs de là-bas ? On sait que ces indigènes croient à l'existence d'un Être suprême et à l'immortalité de l'âme. Mais, sur ces croyances, se greffent quantités de superstitions grossières et le culte des *fétiches*. Le fétiche est un crâne ou un ossement d'homme ou d'animal, un arbre, un objet quelconque, un esprit, auquel on attribue un pouvoir presque toujours malin et que, par suite, on a intérêt à ménager. D'où les offrandes en vivres ou en boissons, qu'on trouve à l'orée de certains bois, sur le seuil des « cases à fétiches » élevées au milieu des grandes artères du village, ou sur le bord des sentiers de forêt; d'où les cérémonies dont les directeurs sont les féticheurs, grands prêtres du culte; d'où enfin ces sacrifices humains, qui étaient autrefois habituels, non seulement à Krinjâbo, mais aux portes mêmes de Grand-Bassam.

Depuis l'organisation du gouvernement de la Côte d'Ivoire, en 1893, les administrateurs n'ont pas eu à instruire d'affaires criminelles, relatives à ces actes de barbarie. En 1898, il est vrai, lorsque dans le gros village de Mouôsso mourut le roi *Abaoussi*, le bruit se répandit à Bassam, accrédité par des missionnaires, que, sur sa tombe, plusieurs têtes seraient tranchées, pour assurer au défunt les bonnes grâces des fétiches. Je partis avec une section de miliciens et campai dans le village pendant les tam-tams de circonstance. J'attendis les événements. Rien d'anormal ne se produisit. Quand j'eus quitté Mouôsso, une surveillance étroite fut, par mon ordre, exercée, durant quelque temps, sur les faits et gestes des indigènes. La nouvelle d'aucun massacre ne parvint au chef-lieu.

On croit assez généralement que le fétichisme, dont les sacrifices humains sont l'une des nombreuses manifestations, peut être combattu avec succès par l'évangélisation des noirs. L'expérience a, jusqu'à présent, démontré le contraire. Elle a prouvé aussi que les naturels des pays de Guinée sont, dans une large mesure, « civilisables » par l'action d'une religion, qui s'adapte, mieux que le christianisme, à leur état social : celle de l'Islam.

Au lieu donc de partir en guerre, d'entreprendre, sur les prédications éloquentes de certains publicistes, des croisades contre les infidèles de nos possessions de l'Afrique tropicale, nous devons, tout en surveillant attentivement les progrès de l'islamisme, nous en faire un auxiliaire dans l'œuvre que nous poursuivons en ces régions. C'est l'idée soutenue par M. Binger, dans son livre, *Esclavage, Islamisme et Christianisme*, et, plus récemment, par M. Clozel dans les lignes suivantes :

« D'aucuns ont pris texte de la religion des Mandé-Dyoula pour les déclarer moins faciles à conduire que les païens, plus rusés, moins francs, plus foncièrement hostiles à notre domination. Il y a là, je crois, beaucoup d'exagération, et, en affirmant le contraire, on serait, à mon avis, beaucoup plus rapproché de la vérité. Il est bien évident que l'Islam est une religion puissante, qui exerce une influence très réelle sur la civilisation des Mandé-

Dyoula; que, pour réussir auprès de ceux-ci, il faut une préparation et des connaissances, inutiles vis-à-vis des païens, avec lesquels il suffit d'une dose convenable de patience et de bon sens. Mais l'Européen préparé à sa tâche obtiendra, par contre, auprès des musulmans des résultats plus rapides et plus satisfaisants, parce que leur religion même, leur civilisation particulière, mais indéniable, les font moins distants que les fétichistes et plus aptes à concevoir ce que nous attendons d'eux.

« Dans l'ouvrage que nous avons cité plus haut, M. Binger insiste sur les bienfaits de l'action musulmane en Afrique, mais fait, en d'excellents termes, les réserves qu'elle comporte : « Nous pensons que là où les musulmans colonisent, se livrent au commerce et à l'industrie, il serait malheureux de ne pas utiliser leurs services. » Et, après avoir expliqué, un peu plus loin, les causes du succès de l'Islam chez les noirs, il conclut comme nous que, si nous ne réussissons pas mieux avec eux, c'est bien souvent faute de savoir nous y prendre. Il paraît aussi, au cours de son grand voyage dans la boucle du Niger, avoir, en arrivant à Kong ou à Bondoukou, ressenti la sensation de soulagement, de bien-être, que j'ai éprouvée moi-même, lorsque, faisant partie de la mission Maistre, nous sommes entrés dans l'Adamaoua musulman, après onze mois de voyage à travers des peuplades païennes[1]. »

[1]. Clozel et Villamur, *Les Coutumes indigènes de la Côte d'Ivoire*, p. 41.

Il faut évidemment n'avoir jamais vécu, parmi les noirs musulmans, ou être de parti pris, pour ne pas convenir de la grande supériorité de la civilisation islamique sur l'état politique et social des fétichistes. Mais, diront certains, c'est précisément dans cette supériorité de l'Islam qu'est le danger. Je ne le crois pas. Ne perdons pas de vue que la mentalité du noir de Guinée n'est pas du tout celle des musulmans du nord, qui, comme nous, appartiennent à la race blanche. Les nègres de la haute Côte d'Ivoire sont tout le contraire de fanatiques, d'ennemis irréductibles de l'Européen. Ce sont surtout des commerçants. S'il existe, parmi eux, des représentants des confréries musulmanes, — on a signalé, dans les régions du nord, vingt-deux de ces religieux, dont cinq font partie de la confrérie de Kadria, cinq de celle de Tedjania et trois de celle de Senoussia, — leurs faits et gestes sont suivis de très près par les commandants de cercle; et les rapports de ces fonctionnaires ne représentent pas ces personnages comme appelés, dans un avenir plus ou moins lointain, à soulever contre nous, sous l'étendard vert du Prophète, les populations du pays mandé-dyoula.

Ces naturels paisibles ne demandent qu'à développer le chiffre de leurs affaires avec les maisons du littoral. « Les Mandé sont trop travailleurs, trop absorbés par leur négoce, écrit encore M. Clozel dans le livre que nous avons publié en collaboration, pour faire une large part dans leur vie au mysticisme et à l'idéal... Pas plus que les Kabyles algériens, ils ne se sont crus obligés de se soumettre à la législation tirée des préceptes du Koran par les jurisconsultes musulmans. Sans doute, ils disent bien appartenir au rite malékite; mais, en fait, ils ont conservé leurs propres coutumes ou adopté certaines de celles des populations autochtones... Ils doivent, cependant, à l'Islam une ouverture d'esprit, une dignité extérieure de vie, une aptitude à vivre en sociétés régulières et régies par des lois respectées, qui ont contribué à leur donner la supériorité réelle qu'ils possèdent sur les peuplades païennes. Mais, avant tout, commerçants, ne dédaignant pas les jouissances que peut procurer la richesse, ils considèrent comme les premiers des biens la paix et la sécurité des routes, suivies par les caravanes, et ils accepteront volontiers l'autorité étrangère qui leur assurera ces bienfaits. Il y a, dans ces dispositions des Dyoula, une indication pour la conduite à tenir vis-à-vis d'eux et une garantie pour l'avenir de notre domination dans le pays. »

Ainsi, faire de l'islamisme un des instruments de notre suprématie sur les tribus du nord de la colonie, telle doit, certainement, être la règle de conduite. Y voir l'ennemi, en ces parages, c'est se laisser guider par des chimères, et c'est commettre la grande injustice d'oublier que la conquête de l'Afrique française occidentale a été accomplie par ces admirables troupes de noirs musulmans que nous ont données le Sénégal et le Soudan. L'ennemi, le seul, le vrai, c'est le fétichisme, et, malheureusement, la religion chrétienne, avec ses pratiques extérieures, ne me paraît pas appelée à le détruire.

C'est donc à lutter contre ce grand obstacle au rayonnement de notre civilisation que nous devons nous attacher. L'islamisme, je viens de le dire, est parmi les religions, la seule dont nous puissions, — avec toutes les précautions, je le répète, que comporte l'appel à son concours, — nous assurer efficacement l'appui. Mais les « moyens » religieux ne sont pas les seuls. J'estime, en effet, que l'action méthodique et combinée des administrateurs, des instituteurs *laïques* et des commerçants, jointe à la réalisation des diverses entreprises, propres à faciliter et à rendre fréquents les rapports des indigènes entre eux et avec les blancs, arrivera, sinon à détruire radicalement le fétichisme, du moins à le mettre au rang des superstitions qui persistent encore chez bien des paysans de l'Europe.

Un mot, avant de prendre congé des naturels de la Côte d'Ivoire, sur notre rôle à l'égard des juridictions locales et des coutumes appliquées devant elles.

Je n'hésite pas, — et l'on accordera, sans doute,

quelque autorité à une opinion, fondée sur une expérience administrative et judiciaire de sept années, — je n'hésite pas à déclarer que ces tribunaux doivent être maintenus. La substitution radicale de nos juridictions à celles des indigènes, pour le jugement des affaires civiles et de certains procès, d'ordre pénal secondaire, les intéressant exclusivement, est impossible. C'est une utopie dangereuse. Et c'est pourquoi, du reste, un décret récent, celui du 6 août 1901, a maintenu les justices ou « palabres » du pays et en a prévu l'amélioration.

Les améliorer, telle doit bien être l'œuvre des magistrats, appelés à en surveiller le fonctionnement! Mais ce n'est pas la seule. Ils devront aussi s'employer à ce que les coutumes, en vigueur devant ces tribunaux, se rapprochent, le plus possible, des principes du droit naturel. La tâche sera souvent délicate. Mais la besogne sera bonne et efficace ; car elle sera, je n'en doute pas, méthodique, patiente et toujours guidée par l'esprit scientifique d'évolution.

Partons de ce fait que le droit traditionnel de nos sujets noirs, dépouillé de quelques sanctions, contraires à notre civilisation, est très acceptable en soi. Amendons-le avec tact et mesure. Mais, si nous voulons suivre les enseignements de la sociologie et si, suivant la belle expression du poète grec, nous voulons « avoir avec nous la raison et la justice[1] », ne lui faisons pas brusquement céder la place à notre civilisation, *filia temporis*, produit d'une formation de plus de vingt siècles. Ayons, — surtout quand nous administrons les populations si diverses, si dissemblables, les unes cultivées, les autres sauvages, celles-ci guerrières, celles-là pacifiques, de notre domaine d'au delà des mers et océans, — ayons sans cesse présente à la mémoire l'admirable définition que Montesquieu a donnée des lois : « Ce sont les rapports nécessaires qui dérivent de la nature des choses. »

1. Aristophane, dans les *Acharniens*.

Un coin de factorerie à l'époque de la traite de l'huile de palmes.

CHAPITRE VII

Le régime de la propriété. — Le domaine public et le domaine privé.

(Léon Richaud)

Les divers actes, régissant la matière, établissent une distinction entre les terrains qui peuvent être vendus ou concédés et ceux qui, répondant à des nécessités d'ordre général, ne sauraient devenir la propriété des particuliers.

Les premiers font partie du domaine privé de l'État ; les seconds constituent le domaine public et ses dépendances.

Occupons-nous d'abord de ces derniers.

On entend par dépendances du domaine public, suivant la définition de M. Maurice Hanriou, « des propriétés administratives, rendues inaliénables et imprescriptibles par leur destination d'utilité publique et par leur affectation ».

L'acte relatif au domaine public, à la Côte d'Ivoire, est le décret du 20 juillet 1900, qui détermine dans son article premier les portions du territoire qui en dépendent.

Article Premier. — Font partie du domaine public à la Côte d'Ivoire :

a) Le rivage de la mer, jusqu'à la limite des plus hautes marées, ainsi qu'une zone de 100 mètres mesurés à partir de cette limite[1] ;

b) Les cours d'eau navigables ou flottables, dans les limites déterminées par la hauteur des eaux, coulant à pleins bords avant de déborder, ainsi qu'une zone de passage de 15 mètres de large, à partir de ces limites sur chaque rive extérieure et sur chacun des bords des îles ;

c) Les sources et les cours d'eau non navigables ni flottables, dans les limites déterminées par la hauteur des eaux coulant à pleins bords avant de déborder ;

d) Les lacs, étangs et lagunes, dans les limites déterminées par le niveau des plus hautes eaux avant débordement, avec une zone de passage de 15 mètres de large à partir de ces limites sur chaque rive extérieure et sur chacun des bords des îles ;

e) Les canaux de navigation et leurs chemins de halage, les canaux d'irrigation ou de dessèchement et les aqueducs, exécutés dans un but d'utilité publique, ainsi que les dépendances de ces ouvrages ;

f) Les chemins de fer, les routes et voies de communication de toute nature, les ports et rades, les digues maritimes ou fluviales, les sémaphores, les ouvrages d'éclairage ou de balisage, ainsi que leurs dépendances ;

g) Les lignes télégraphiques et téléphoniques et leurs dépendances ;

---

1. Cette zone, appelée autrefois les cinquante pas du roi, a été créée pour permettre aux navires de se ravitailler en bois, eau, et surtout en vue de la construction d'ouvrages de défense et de protection.

h) Les ouvrages exécutés dans un but d'utilité publique pour l'utilisation des forces hydrauliques et le transport de l'énergie électrique ;

i) Les ouvrages de fortification des places de guerre ou des postes militaires, classés par le gouverneur, ainsi qu'une zone large de 250 mètres autour de ces ouvrages ;

k) Et généralement les biens de toute nature, que le code civil et les lois françaises déclarent non susceptibles de propriété privée.

Les servitudes résultant du domaine public sont énumérées dans les articles 2, 3 et 4.

ART. 2. — Les riverains des cours d'eau non navigables ni flottables sont soumis à une servitude de passage sur une zone large de 10 mètres, sur chaque rive.

ART. 3. — Tous les terrains et bâtiments des propriétés privées sont soumis à toutes les servitudes de passage, d'implantation, d'appui et de circulation, nécessaires pour l'établissement, l'entretien et l'exploitation des lignes télégraphiques et téléphoniques et des conducteurs d'énergie électrique classés dans le domaine public.

ART. 4. — Il est interdit d'élever aucune construction et de faire aucune plantation, aucune excavation ou aucun travail de terrassement dans une zone de 1.000 mètres autour des places de guerre ou de 600 mètres autour des places fortifiées. Toutefois le gouverneur pourra, à titre exceptionnel, autoriser, sur l'avis de l'autorité militaire, certains travaux dans la zone de servitude militaire, conformément à un règlement général, qui sera arrêté par le ministre des colonies.

Aucune indemnité n'est due aux propriétaires, à raison des servitudes établies en vertu des trois articles que je viens de citer.

En cas de doute ou de contestation sur les limites du domaine public ou l'étendue des servitudes, il est statué par des décisions de l'administrateur, chef de région. En cas de protestation, le gouverneur décide, après avis du chef du service des travaux publics, sauf recours au conseil du contentieux administratif. Pour les terrains et servitudes militaires, il dispose, sur avis motivé de l'autorité militaire, sauf recours à la même juridiction administrative.

Néanmoins, dans des cas exceptionnels, il peut être dérogé aux règles qui précèdent. Sur demande motivée, l'administrateur peut accorder des autorisations d'occuper le domaine public et d'y édifier des établissements, suivant certaines conditions, déterminées par un arrêté pris en conseil d'administration, et exempter des servitudes de passage sus-indiquées.

Mais ces autorisations ont un caractère essentiellement provisoire et sont toujours révocables, par arrêtés du gouverneur en conseil d'administration, pour des motifs d'intérêt public, et sans que les bénéficiaires puissent prétendre à aucune indemnité.

En outre, si des portions du domaine public sont reconnues sans utilité pour les services publics, elles peuvent être déclassées et rentrer dans le domaine privé de l'État.

Les règles générales et les pénalités à appliquer, en cas de contravention, sont édictées par l'art. 9 du décret précité.

Art. 9. — Des règlements généraux, arrêtés par le gouverneur et approuvés par le ministre des colonies, édictent les règles relatives à la police, à la conservation et à l'utilisation du domaine public, ainsi qu'à l'exercice des servitudes d'utilité publique et des servitudes militaires.

Les contraventions à ces règlements seront punies d'une amende de 1 franc à 300 francs, sans préjudice de la réparation du dommage causé et de la démolition d'office des ouvrages indûment établis sur le domaine public et dans les zones de servitudes.

Les contraventions sont constatées par des procès-verbaux, dressés par les agents commissionnés par l'administrateur chef de région. Les procès-verbaux seront déférés à l'administrateur, chef de région, qui jugera en premier ressort, sauf recours au conseil du contentieux administratif.

Par une disposition bienveillante, à l'égard des premiers colons, il a été admis que les particuliers qui possédaient, en vertu de titres réguliers et définitifs, antérieurs au décret du 20 juillet 1900, des terrains compris dans le domaine public, ne pourraient être dépossédés que moyennant le payement ou la consignation d'une juste et préalable indemnité.

De même, au cas où l'intérêt public exigerait, pour l'exercice des servitudes, la démolition ou la destruction des travaux ou plantations effectués par les propriétaires antérieurement à la promulgation dudit décret.

L'indemnité sera fixée par une commission arbitrale de trois membres : un désigné par le gouverneur, un par le propriétaire et le troisième par les deux premiers d'un commun accord.

Ainsi, à part les quelques exceptions que je viens de signaler, aucune portion du domaine public ne peut être concédée à des particuliers.

Au contraire, des aliénations en toute propriété peuvent être faites sur le domaine privé de l'État.

De quoi est donc constitué le domaine privé et par qui est-il administré ?

Le régime des terres domaniales à la Côte d'Ivoire est soumis aux règles édictées par le décret du 30 août 1900.

L'art. 1er, qui reproduit les termes mêmes du Code civil dispose :

Art. 1er. — Les terres vacantes et sans maître de la Côte d'Ivoire font partie du domaine de l'État.

Mais l'État abandonne une partie de ses droits à la colonie. Celle-ci, en effet, est une personne civile qui peut posséder, et le décret du 20 novembre 1882 sur le régime financier des colonies attribue aux budgets locaux les produits des terres domaniales, en leur faisant supporter les dépenses de colonisation. Ce sont ces dispositions que consacre et précise l'art. 2 du décret du 30 août 1900.

Art. 2. — A moins qu'il en soit autrement ordonné par des dispositions législatives ultérieures, les produits domaniaux de la Côte d'Ivoire resteront attribués au budget local de la colonie, à titre de subvention pour les dépenses de colonisation.

Les dépenses de colonisation comprennent celles ayant pour objet la gestion du domaine, l'établissement et l'exploitation des lignes télégraphiques, des routes, des chemins de fer, des ponts ; l'amélioration et l'exploitation des voies navigables ; l'établissement des centres de colonisation ; l'introduction des colons et des travailleurs libres ou soumis au régime de l'immigration ; le recrutement, l'armement et l'entretien des forces de police, nécessaires à la sécurité des colons ; les service des emprunts contractés par la colonie pour l'exécution des travaux publics précités, et, en général, toutes les dépenses destinées à favoriser le développement économique du pays.

Les modes d'aliénation des terres domaniales sont au nombre de deux :

La vente et la concession à titre gratuit.

La vente peut se faire soit aux enchères publiques, soit de gré à gré.

Le premier mode de procéder, la vente par adjudication publique, qui offre le plus de garanties et semble le plus pratique, n'est guère praticable que pour des parcelles du domaine, situées dans les centres ou à proximité, et lorsque plusieurs concurrents se présentent.

Mais elle n'est pas toujours possible, soit par l'absence de concurrent, soit par suite de l'éloignement du lot demandé.

On préfère alors, pour des parcelles du domaine inférieures à 1.000 hectares, traiter de gré à gré, à titre onéreux ou à titre gratuit, sous certaines conditions résultant de règlements, arrêtés par le gouverneur en conseil et approuvés par le ministre des colonies.

Voyons maintenant par qui sont attribuées les concessions de jouissance temporaire.

Art. 5. — La concession de jouissance temporaire d'une terre domaniale est donnée :

1° Lorsque la superficie de la concession ne dépasse pas 10.000 hectares, par le gouverneur en conseil d'administration, suivant les conditions d'un règlement général, approuvé par le ministre des colonies, après avis de la commission des concessions coloniales instituée par le décret du 16 juillet 1898.

2° Lorsque la superficie dépasse 10.000 hectares, par un décret, avec cahier des charges, sur le rapport du ministre des colonies, après avis de la commission des concessions coloniales.

Lorsque l'aliénation a lieu par vente ou par un traité de gré à gré entre l'administration et le particulier, l'acheteur devient entièrement et irrévocablement propriétaire, sans qu'on puisse lui imposer, sauf convention spéciale, d'autres obligations que celles résultant des servitudes du domaine public.

Au contraire, dans les concessions à titre gratuit, l'autorité qui les accorde, en échange des droits qu'elle confère aux concessionnaires, leur impose certaines obligations et soumet l'obtention du titre de propriété définitif à certaines formalités et obligations.

Étudions les conditions, imposées aux concessionnaires en ce qui touche la concession de jouissance temporaire et la transformation du titre provisoire en titre définitif.

Pour les concessions supérieures à 10.000 hectares, accordées par le ministre des colonies, le décret de concession fixe, par un cahier des charges, les formalités et obligations, auxquelles sont soumis les concessionnaires, et les conditions à remplir en vue de l'obtention de la concession à titre définitif.

Il est donc impossible de fixer des règles générales, pour ce cas, les obligations pouvant varier à l'infini, en raison soit de l'étendue, soit de la situation, soit du but poursuivi, soit de toute autre cause.

Pour les concessions d'une contenance de moins de 10.000 hectares, accordées par le gouverneur, — et c'est là le cas le plus général, — les règles sont établies par un arrêté local du 27 avril 1901, dont je vais examiner rapidement les principales dispositions.

Les concessions de terrains ruraux de 200 à 10.000 hectares feront l'objet de demandes au gouverneur. Ces demandes mentionneront les noms, prénoms, date et lieu de naissance, ainsi que le domicile des demandeurs, qui produiront les pièces constatant leur nationalité.

En cas d'association, les actes de société devront être déposés au secrétariat général, qui les rendra aux intéressés après en avoir établi des copies conformes.

La demande sera accompagnée d'un croquis et fera connaître la situation, la contenance approximative, les limites générales de la concession, ainsi que le genre d'exploitation à laquelle elle est destinée.

Les demandes sont rendues publiques, par la voie du *Journal Officiel* et des affiches apposées au chef-lieu et à la résidence de l'administrateur, chef de la région où se trouve la concession demandée.

S'il est formé des oppositions, le gouverneur statue en conseil d'administration dans le délai d'un mois.

Si plusieurs demandes portent sur un même terrain, il est procédé à une adjudication entre les concurrents admis à soumissionner par le gouverneur en conseil.

Si l'adjudication ne donne pas de résultat, le gouverneur pourra traiter de gré à gré, après avis du conseil d'administration.

Si le bénéficiaire d'une concession veut la céder, en tout ou en partie, la cession devra être approuvée par le chef de la colonie et lui être notifiée dans les six mois.

L'article 3 de l'arrêté précité divise les concessions en deux catégories et en deux zones.

La première comprend toute la côte, toutes les lagunes et tous les fleuves, ces derniers jusqu'aux points terminus de la navigation à vapeur aux eaux moyennes.

La deuxième comprend la région de l'intérieur : tout le territoire non désigné dans la première zone.

Dans la première catégorie, on classe les concessions de terrains propres aux cultures industrielles (cacao, café, caoutchouc, etc.).

La seconde concerne les concessions de terrains propres à l'élevage et à l'exploitation des produits naturels du sol.

Il est bien entendu que les concessions ne comprennent que la surface du sol, ainsi que les carrières de matériaux de construction ; les autres carrières et les mines ainsi que les produits du sous-sol, sont réservés.

Dans la première zone, la longueur des concessions sur la côte, les lagunes ou les fleuves, ne pourra excéder le double de leur profondeur.

Les concessions riveraines de la mer, des lagunes ou des fleuves sont soumises aux servitudes provenant du domaine public. En outre, le concessionnaire subira les servitudes de passage que l'administration estimera nécessaire de constituer.

Le concessionnaire respectera les droits de jouissance, reconnus par les autorités locales aux indigènes, ainsi que ceux dont il sera justifié par les autres ayants droit.

L'administration locale se réserve la faculté d'approuver les contrats passés entre les concessionnaires et les naturels.

Les frais, provenant du déplacement de fonctionnaires, soit pour l'homologation des contrats passés avec les indigènes ou tout autre ayant droit, pour abandon des droits usagers, soit pour les travaux de délimitation, ne pourront excéder 0 fr. 50 par hectare ; ils seront supportés par le concessionnaire, qui ne sera mis en possession du titre provisoire de concession qu'après règlement desdits frais.

Les actes de concession seront inscrits sur un

registre *ad hoc* et soumis à la formalité de l'enregistrement ; les frais de timbre, d'enregistrement et de tous actes relatifs à la concession, seront à la charge du concessionnaire.

Les redevances dues à la colonie sont déterminées par l'article 8 ci-après ; la progression du chiffre de ces redevances indique la préoccupation de l'administration locale de ne pas grever, dans les premières années, le budget de l'entreprise, en même temps que d'obliger le concessionnaire à mettre en valeur les terrains, dont il a la jouissance, pour subvenir au plus tôt à celles plus élevées des années où, normalement, la concession doit rapporter.

Art. 8. — Les concessionnaires, aussitôt en possession de leur titre de concession provisoire, devront payer annuellement à la colonie une redevance fixe calculée sur la totalité de la concession accordée, savoir :

Première zone. — Région côtière :

a) Concessions de terrains propres aux cultures industrielles (cacao, café, caoutchouc, etc.) :

5 centimes par hectare, pendant chacune des cinq premières années ;

20 centimes par hectare, pendant la 6e et la 7e année ;

50 centimes par hectare, pendant la 8e, la 9e et la 10e année ;

1 franc par hectare, pendant chaque année à partir de la 10e exclusivement.

b) Concessions de terrains propres à l'élevage et à l'exploitation des produits naturels du sol :

5 centimes par hectare, pendant chacune des trois premières années ;

10 centimes par hectare, pendant la 4ᵉ, la 5ᵉ et la 6ᵉ année ;

30 centimes par hectare, pendant la 7ᵉ, la 8ᵉ, la 9ᵉ et la 10ᵉ année ;

50 centimes par hectare, pendant chaque année à partir de la 10ᵉ exclusivement.

Deuxième zone. — *Région de l'intérieur :*

a) Concessions de terrains propres aux cultures industrielles (cacao, café, caoutchouc, etc.) :

5 centimes par hectare, pendant chacune des cinq premières années ;

25 centimes par hectare, pendant chacune des cinq années suivantes ;

50 centimes par hectare, pendant chaque année à partir de la 10ᵉ exclusivement.

b) Concessions de terrains, propres à l'élevage et à l'exploitation des produits du sol :

5 centimes par hectare, pendant chacune des trois premières années ;

25 centimes par hectare et par an, à partir de la 3ᵉ année exclusivement.

Au cas où un impôt foncier viendrait à être créé dans la colonie, la redevance fixe annuelle dont je viens de parler serait déduite du montant de cet impôt ; le concessionnaire est, en outre, soumis à tous les droits et impôts existants ou qui seraient établis.

L'article 10 dispose que le titre provisoire de concession sera transformé en titre définitif de propriété, dès que le concessionnaire aura mis en valeur le quart de la superficie concédée.

La mise en valeur d'une concession comporte le défrichement, sous réserve de la conservation des essences utiles, l'assainissement du terrain, l'ouverture de routes ou de chemins, et l'aménagement des exploitations forestières et agricoles ; la formation, pour les terrains d'élevage, de troupeaux d'animaux domestiques comprenant au moins une tête de gros bétail ou trois de menu bétail par trois hectares de pâturage.

Les concessionnaires d'exploitation de caoutchouc veilleront à ce que les indigènes ne détruisent pas les lianes et arbres producteurs ; de plus, afin d'éviter la disparition complète des essences à latex, ils seront tenus de planter tous les cinq ans, au moins, cinq pieds de caoutchouc par hectare concédé.

Des plants seront, d'ailleurs, mis gracieusement à leur disposition par le jardin d'essai de la colonie.

Enfin, pour les parties maintenues, à l'état de forêt, ils devront se conformer aux règlements en vigueur en matière forestière.

On le voit, les obligations auxquelles sont soumis

les bénéficiaires de concessions gratuites, ne sont ni bien nombreuses, ni bien dures, et présentent autant d'avantages pour la colonie que pour le colon.

Ce dernier aura, du reste, droit à l'attribution en toute propriété de 5 à 10 hectares, dès qu'il aura édifié des constructions pour l'habitation des Européens et des indigènes.

Ainsi donc, dès que le colon aura mis en valeur les terrains, à lui abandonnés, il deviendra propriétaire; au cas contraire, la colonie reprend ses droits.

Quid de la déchéance du concessionnaire ?

Si, dans l'année qui suit la remise du titre provisoire de concession, il n'a pas construit une maison d'habitation européenne et des communs pour loger les travailleurs indigènes, il est, quelle que soit la nature de la concession, déchu de ses droits.

S'il s'agit d'une concession, destinée à des cultures industrielles, il devra, à la fin de la cinquième année de possession, avoir mis en valeur le dixième au moins de sa concession, avec un minimum fixé à 25 hectares, si celle-ci n'en comporte que 1.000.

Au cas où la concession serait de moins de 1.000 hectares, l'acte qui la régit déterminera les obligations, suivant les circonstances et la nature même de l'exploitation.

Le concessionnaire peut encore être frappé de déchéance :

1° Si, bénéficiaire d'une concession destinée à l'élevage, il n'a pas constitué, à la fin de la cinquième année, des troupeaux de 500 têtes de gros bétail ou de 1.500 têtes de menu bétail pour 10.000 hectares.

2° Si, après la mise en demeure, il n'a pas effectué, dans le délai d'un mois, le paiement des redevances, prévu à l'article 8 dont j'ai donné plus haut le texte.

Si donc l'une quelconque de ces clauses n'est pas exécutée, le concessionnaire perd tous droits et l'État rentre en possession des terrains.

Toutefois, à l'expiration d'un délai de dix ans, le concessionnaire, qui n'aura pu mettre en valeur le cinquième de sa concession, pourra demander la résiliation du contrat. Après vingt ans, cette résiliation résultera d'une décision du gouverneur en conseil d'administration.

Le concessionnaire conservera en toute propriété un territoire équivalent à quatre fois la superficie mise en valeur, y compris cette superficie.

Le reste fera retour au domaine.

L'administration se réserve, en outre, le droit, tant que la concession n'est pas définitive, de reprendre les terrains, nécessaires aux besoins des services ou des travaux d'utilité publique, moyennant le paiement d'une indemnité représentative de la valeur des constructions et installations diverses ou des cultures établies sur ces terrains, indemnité fixée par une commission qui détermine la valeur desdits travaux.

Si le concessionnaire est en possession du titre définitif, il ne pourra être dépossédé qu'en vertu du droit commun d'expropriation.

En cas de décès d'un concessionnaire, pourvu du titre définitif, ses héritiers lui succèdent de plein droit, à condition qu'ils produisent ou fassent produire, par mandataire spécial, dans un délai d'un an au maximum, les titres authentiques constatant leurs droits à la succession.

En cas de contestation entre Européens et indigènes, l'administrateur sera chargé du règlement du litige, sauf appel devant le gouverneur en conseil d'administration.

Les différends entre les concessionnaires et l'administration seront soumis au conseil du contentieux administratif.

Tout ce qui précède, on le sait, s'applique aux concessions d'une étendue de 200 à 10.000 hectares.

Pour celles d'une contenance inférieure à 200 hectares, elles sont accordées par le gouverneur en conseil d'administration, à titre onéreux ou gratuit, et à des conditions qui seront déterminées pour chacune par l'acte de concession lui-même.

Examinons maintenant les règles auxquelles est soumise l'exploitation des forêts dans la colonie.

C'est un décret du 20 juillet 1900, qui fixe la législation relative aux bois domaniaux et aux bois appartenant à des particuliers.

Nul ne peut entreprendre une exploitation forestière, dans les bois du domaine, s'il n'est muni d'une autorisation du gouverneur ou de son délégué, autorisation d'ailleurs personnelle et temporaire ; l'exploitant pourra, en outre, être tenu au paiement d'une redevance fixée par le gouverneur. Celui-ci aura la faculté de décider la mise en réserve de parties de forêt déjà exploitées s'il le juge nécessaire, et imposer à l'exploitant tel ou tel mode d'exploitation.

Les arbres à latex devront tous être respectés ; pour les autres essences, des décisions du gouverneur fixeront la dimension minima, à laquelle on pourra les couper.

La récolte des gommes, résines, caoutchouc, gutta-percha, celle des écorces tinctoriales ou tannifères devra être faite, de manière à ne pas détruire le végétal producteur.

L'exploitant, muni d'un permis temporaire, laissera couper et enlever par les agents de l'administration tous les bois nécessaires aux services publics de la colonie.

On a estimé qu'il était bon d'apporter certaines restrictions aux libertés d'exploitation tant forestière qu'agricole, industrielle que commerciale, soit pour préserver les forêts du domaine, soit pour éviter des inconvénients provenant du déboisement. C'est à cette préoccupation que répondent les interdictions contenues aux art. 8 et 9 du décret précité.

Art. 8. — Il est interdit de déboiser ou de défricher les terrains ci-après :

1° Les versants des montagnes et côteaux offrant un angle de 35° et au-dessus.

2° Les terrains désignés par arrêté motivé du gouverneur.

Art. 9. — En dehors des terrains désignés à l'art. 8, aucune étendue supérieure à 400 hectares ne pourra être déboisée sans autorisation de l'administrateur, chef de région.

Pour les essences de grande valeur, l'exploitant sera tenu de faire planter chaque année, à ses frais, un nombre de plants de même nature, au moins double de celui des arbres abattus dans l'année. De même, pour le caoutchouc et la gutta-percha, il devra planter annuellement un nombre d'arbres ou de lianes à latex, qui ne sera pas inférieur à 150 ou 200 pieds par tonne récoltée dans l'année.

Les produits forestiers ne doivent circuler à la Côte d'Ivoire que s'ils portent la marque de l'exploitant, marque déposée par lui au greffe du tribunal.

Les pénalités auxquelles s'expose le contrevenant sont prévues par l'art. 14.

Art. 14. — Les infractions au présent décret et aux arrêtés pris par le gouverneur pour son exécution seront punies d'une amende de 20 francs à 10.000 francs. Dans cette limite le ministre des colonies, sur la proposition au gouverneur, déterminera le tarif des amendes afférentes à chaque espèce de contravention.

Les exploitants ou leurs représentants à la Côte d'Ivoire sont responsables du paiement des amendes et frais, résultant des condamnations prononcées contre leurs ouvriers ou préposés, par application du paragraphe précédent.

Les actions et poursuites, résultant des infractions au décret, seront portées devant le tribunal de première instance ou la justice de paix à compétence étendue

Toutefois, les contrevenants auront toujours le droit de demander à transiger avant le jugement ; ces transactions seront soumises à l'approbation du gouverneur ou de son délégué.

Ce qui vient d'être dit s'applique uniquement aux bois du domaine exploités en vertu d'une autorisation temporaire par des particuliers. Ces dispositions permettent de ne pas laisser improductives les immenses forêts du pays, tout en conservant à la colonie les essences précieuses qui constituent sa richesse.

Mais les particuliers exercent, sur les bois qui leur appartiennent, tous les droits de propriété.

Les seules obligations, auxquelles ils sont soumis, sont celles résultant des art. 8 et 9, que nous avons cités plus haut, et des formalités relatives à la circulation des produits forestiers.

Ils ne seront tenus à reboiser que le cinquième de

la superficie leur appartenant, jusqu'à concurrence de 10 hectares par an au minimum, les graines et plants leur étant fournis par l'administration.

Enfin, les pénalités établies par l'art. 14 leur sont aussi applicables.

Quant aux indigènes, ils continueront à exercer les droits usagers, dont ils jouissent actuellement, tant sur les forêts domaniales que sur les bois des particuliers.

J'ai résumé aussi rapidement et aussi succinctement que possible, dans les lignes qui précèdent, les principales dispositions du régime foncier à la Côte d'Ivoire, et donné aux Européens, désireux d'aller y coloniser, les principales notions sur les formalités à accomplir pour l'obtention d'une concession, les obligations et les droits qui en résulteront pour eux.

Il me reste à dire quelques mots, maintenant, du régime de la propriété foncière.

Un décret du 20 juillet 1900 institue, dans la colonie, une conservation de la propriété et des hypothèques, et fixe la procédure à suivre pour l'immatriculation des immeubles.

Les immeubles, appartenant à des Européens et descendants d'Européens ou à des indigènes naturalisés Français, seront seuls soumis aux dispositions qui vont suivre.

Les biens, appartenant aux indigènes, continueront à être régis par les coutumes et usages locaux.

Qu'est-ce que l'immatriculation et quel est son objet ?

L'immatriculation est la constitution et l'enregistrement du titre de propriété. Elle est effectuée par le conservateur de la propriété foncière, qui est, comme son nom l'indique, chargé de la conservation des actes relatifs à la propriété. Elle n'est obligatoire que dans les cas de vente ou concession en pleine propriété de terrains domaniaux, d'achat, par des Européens à des indigènes, de biens appartenant à ces derniers, et enfin lorsqu'un concessionnaire acquiert, après mise en valeur, la propriété de terrains ayant fait l'objet d'une concession de jouissance temporaire.

Le chapitre II du décret fixe la procédure à suivre pour l'immatriculation et énumère les individus susceptibles de la requérir.

Le requérant remet au conservateur une déclaration, mentionnant ses nom, prénoms, domicile, état civil, la description de l'immeuble, etc., etc., et joint à l'appui les titres de propriété, contrats, actes publics et documents quelconques intéressant l'affaire.

La réquisition d'immatriculation est publiée le plus rapidement possible et, pour cela, insérée aux publications officielles de la colonie. Il en est extrait un placard qui est adressé à l'administrateur de la circonscription où se trouve l'immeuble ; celui-ci le fait afficher et publier dans les 48 heures, partout où besoin est.

Il désigne, en outre, dans le plus bref délai possible, un agent dûment qualifié pour procéder sur place au bornage provisoire de l'immeuble, ainsi qu'à la consignation des revendications qui peuvent se produire.

Le procès-verbal de bornage, mentionnant les protestations formulées par des tiers, est adressé au conservateur, ainsi qu'un plan de l'immeuble dressé conformément au bornage.

Les oppositions à l'immatriculation et les réclamations contre le bornage ne peuvent être reçues que pendant un délai de deux mois, à dater de la publication de la réquisition au *Journal officiel* du gouvernement. Les droits des absents et des incapables sont défendus par le président du tribunal ou le juge de paix, auquel sont adressés par le conservateur la réquisition et les pièces et titres, déposés à l'appui.

S'il n'existe pas d'opposition, le président du tribunal ou le juge de paix, après avoir examiné si la demande est régulière, si les diverses formalités ont été observées, — et précisé les droits réels dont l'immeuble est grevé, — rend l'ordonnance d'immatriculation.

S'il y a des oppositions, la demande est portée devant le tribunal ou la justice de paix, qui statue au fond, prononce l'admission en tout ou partie de l'immatriculation, ordonne l'inscription des droits réels et fait rectifier le bornage et le plan s'il y a lieu. Le conservateur procède à l'immatriculation conformément à la décision du juge.

Les droits, qui s'appliquent aux portions du domaine public comprises dans un immeuble immatriculé, subsistent indépendamment de toute inscription.

Le titre de propriété, établi par le conservateur, comporte la description de l'immeuble, sa contenance, les plantations et constructions qui s'y trouvent, et porte un numéro d'ordre. Les titres de propriété sont établis sur un registre spécial. Le propriétaire seul a droit à une copie complète du titre de propriété.

Le titre de propriété est définitif et inattaquable ; il forme, devant les juridictions françaises, la base unique de tous les droits réels existant sur l'immeuble.

Les immeubles immatriculés ne peuvent plus être replacés sous l'empire du droit commun.

J'ai donné, ci-dessus, les quelques principes généraux qu'il est nécessaire de connaître pour pouvoir accomplir les formalités indispensables à l'acquisition de la propriété définitive. Une étude plus approfondie sortirait des limites de cet ouvrage ; et je ne saurais mieux faire, pour tout ce qui concerne la procédure, que de renvoyer le lecteur au décret du 20 juillet 1900.

Le titre II de ce décret examine les transmissions de propriété et les constitutions de droits réels ; il précise les obligations et prévoit : 1° les effets résultant de l'inscription, sur les titres de propriété, de tous les actes intéressant les ayants droit; 2° le mode d'opérer les inscriptions et les radiations ou réductions d'inscriptions; 3° la forme des inscriptions, etc., etc.

Le titre III fixe les obligations et la responsabilité du conservateur ; le titre IV les règles relatives à l'immatriculation des immeubles vendus par autorité de justice; enfin, le titre V les dispositions générales, en ce qui concerne le jugement des contestations, la création de conservations de la propriété, et les frais d'immatriculation.

Indigènes traînant une bille d'acajou.

Billes d'acajou à Grand-Bassam.

CHAPITRE VIII

Le Régime des mines [1].

(ROGER VILLAMUR)

« La plupart des peuples des côtes de l'Afrique sont sauvages ou barbares. Je crois que cela vient beaucoup de ce que des pays presque inhabitables séparent de petits pays qui peuvent être habités. Ils sont sans industrie ; ils n'ont points d'arts ; *ils ont en abondance des métaux précieux*, qu'ils tiennent immédiatement des mains de la nature [2]. » Ce que

---

1. Ce chapitre est la reproduction partielle du chapitre IX de mon ouvrage sur les *Attributions judiciaires des administrateurs et chefs de poste en service à la Côte d'Afrique*, paru en mai 1902, chez A. Pedone. J'y renvoie donc le lecteur pour plus de détails.
2. *Esprit des lois*, liv. XXI, chap. II. Montesquieu poursuit : « Tous les peuples policés sont donc en état de négocier avec eux avec avantage : ils peuvent leur faire estimer beaucoup de choses de nulle valeur, et en recevoir de très grand prix. » Donné par le grave magistrat et philosophe, le conseil ne manque pas de piquant. Mais ici, Montesquieu a beaucoup vieilli : nos nègres de la côte connaissent très bien le prix des choses, — trop bien, diraient certains commerçants.

Montesquieu dit, en général, des habitants du littoral s'applique, en particulier, aux peuplades de la Côte d'Ivoire : elles sont sans industrie et n'ont guère d'arts. En revanche, on sait que certaines d'entre elles possèdent des gisements aurifères importants, et qu'il est même des tribus sachant travailler le précieux métal.

Après Montesquieu, nombreux sont ceux qui, dans leurs écrits, ont noté la présence de l'or sur le sol africain. Mais l'attention du public européen ne s'est portée vers les richesses minérales de nos possessions de Guinée que tout récemment. C'est, il y a deux ans à peine, que des sociétés se sont constituées, en vue de l'exploitation des mines de ces parages. A l'heure présente, la Côte d'Ivoire, notamment, attire une véritable nuée de prospecteurs. Les résultats des premières recherches faites paraissent satisfaisants. Si même, il en faut croire la pittoresque et enthousiaste expression d'un ingénieur, de qui je reçus la visite, quand j'étais délégué du gouverneur, à Grand-Bassam, le filon, — car il est question de filon, — affecterait la forme d'une immense poire, dont le corps serait sur le territoire français et la tige en pays anglais. Je souhaite aux contrées, auxquelles m'attachent des liens déjà anciens, la possession de la partie charnue de cette poire, peut-être plus accessible, — quoique le dragon indigène soit, lui aussi, à redouter, — et, à coup sûr, plus tentante que les pommes merveilleuses du jardin des Hespérides. Et, en prévision d'un essor important du mouvement, qui, au moment où j'écris ces lignes, se dessine très nettement, il est utile d'entrer en quelques détails sur la législation minière de nos parages africains.

Cette législation est renfermée en deux actes : 1º le décret du 6 juillet 1899, réglementant la recherche et l'exploitation des mines dans les colonies ou pays du protectorat de l'Afrique continentale, autres que l'Algérie et la Tunisie; 2º le décret du 4 août 1901, relatif à la recherche et à l'exploitation de l'or par dragage dans le lit des rivières.

I

On retrouve, dès les premiers articles du décret du 6 juillet 1899, la distinction classique entre les carrières et les mines. Les unes comprennent les matériaux de construction et les amendements pour la culture des terres, à l'exception des nitrates et sels associés et des phosphates. Les autres sont constituées par les gîtes et toutes les substances minérales, susceptibles d'être utilisées par l'industrie et non classées dans les carrières. Celles-ci sont réputées ne pas être séparées de la propriété et de l'exploitation de la surface ; elles en suivent les conditions; il en est de même des tourbières.

Les droits qu'on peut acquérir sur les mines sont

de trois sortes : droits d'*exploration*, de *recherches*, d'*exploitation*. Chacune de ces matières forme l'objet d'un titre spécial, dont j'exposerai plus loin l'économie.

J'indique, au préalable, les dispositions générales du décret.

Elles ont trait : 1° aux autorisations personnelles, requises pour pouvoir poursuivre des explorations, recherches ou exploitations ; 2° aux réserves faites en faveur des indigènes et du domaine public ; 3° aux droits sur les terrains domaniaux et sur ceux ayant fait l'objet de concessions antérieures ; 4° aux dommages causés aux particuliers.

Les autorisations sont accordées par le gouverneur. Pas de distinction entre citoyens français et sujets étrangers. Il s'ensuit que les dispositions du décret s'étendent à ceux-ci, aussi bien qu'à ceux-là. Mais, en vertu de l'article 8 de cet acte administratif, les fonctionnaires en service dans la colonie ne sont pas admis à bénéficier de permis.

Art. 8. — Nulle personne, nulle société ne peut entreprendre ou poursuivre en son nom des explorations, des recherches ou une exploitation, sans être munie d'une autorisation personnelle, délivrée par le gouverneur.

L'autorisation, prévue au présent article, ne peut être accordée à aucun fonctionnaire en activité de service dans la colonie.

Toute personne ou toute société, qui s'est fait délivrer l'autorisation prévue au présent article, doit faire connaître le domicile par elle élu dans la colonie, auquel lui seront faites, par l'administration, toutes les notifications nécessaires à l'application du présent règlement. Ce domicile sera rappelé sur l'autorisation.

Toute demande en permis d'exploration, de recherche ou d'exploitation, doit rappeler le numéro et la date de l'autorisation dont le demandeur est titulaire en vertu du présent article.

Les réserves en faveur des indigènes et du domaine public sont faites par les deux articles suivants :

Art. 9. — Les indigènes conservent leur droit coutumier d'exploiter les gîtes superficiels d'or et de sel jusqu'à la profondeur à laquelle ils peuvent atteindre, suivant les conditions de chaque gisement, avec leurs procédés actuels.

Nul permis d'exploration, de recherches ou d'exploitation ne peut donner le droit d'entraver ces travaux.

Toutefois, des puits peuvent être forés à travers ces gisements superficiels, pour l'exploration, la recherche ou l'exploitation des gisements profonds, après entente avec les exploitants indigènes, ou, à défaut d'entente, moyennant une autorisation de l'administration et le payement d'une indemnité en faveur des ayants droit, égale au double du préjudice causé.

En cas de contestation sur la nature, l'étendue et l'exercice des droits, appartenant aux indigènes en vertu du présent article, il est statué par le commandant ou l'administrateur du cercle ou de la circonscription, sauf appel, dans le délai de six mois, devant la justice de paix à compétence étendue.

Art. 10. — Nul permis d'exploration, de recherches ou d'exploitation ne donne le droit de faire des fouilles, à moins de 10 mètres de chaque côté des routes et chemins sans une autorisation spéciale de l'administration, ni dans une zone de 50 mètres autour des villages et groupes d'habitations, des puits et des lieux de sépultures.

Les droits accordés aux titulaires de permis d'exploration, de recherches ou d'exploitation, sur les terrains domaniaux ou les concessions particulières, sont déterminés par l'article 11 :

Art. 11. — Les permis d'exploration, de recherches ou d'exploitation donnent le droit d'occuper librement, dans l'intérieur du périmètre correspondant, les terrains domaniaux nécessaires aux travaux, lorsque ces terrains ne se trouvent pas compris dans le périmètre d'une concession de puissance temporaire.

Dans ce dernier cas, comme dans le cas des terrains de propriété privée ou de terrains mis en culture, l'occupation des terrains nécessaires aux travaux d'exploration, de recherches ou d'exploitation ne peut avoir lieu, à défaut de consentement du concessionnaire, du propriétaire ou du possesseur desdits terrains, que par une autorisation de l'administrateur du cercle ou de la circonscription, et à charge d'une préalable indemnité.

Le permissionnaire peut occuper, en dehors de son

périmètre, dans les conditions du présent article, les terrains destinés à l'établissement des pistes, sentiers ou chemins nécessaires pour aborder son périmètre ou en sortir les produits.

Enfin, les dommages causés aux particuliers, propriétaires immobiliers ou cultivateurs du sol sur lequel on se livre à des travaux d'exploration, de recherches ou d'exploitation, donnent ouverture à une action en dommages. Cette action est portée devant l'administrateur du cercle ou de la circonscription, qui en connaît en dernier ressort, si la valeur du litige ne dépasse pas 150 francs, et au delà, à charge d'appel dans les six mois devant le tribunal de la Côte d'Ivoire. L'indemnité, à laquelle l'exécuteur des travaux est condamné en faveur du demandeur, doit être double du préjudice causé à ce dernier.

Ces règles générales posées, le décret du 6 juillet 1899 traite, en son titre II, des explorations dans les régions non ouvertes à l'exploitation, régions dans lesquelles, en vertu de l'article 7, § 2, il ne peut être procédé à des recherches ou des exploitations.

Les explorations ont lieu, — sur demande à lui adressée, — en vertu d'un permis spécial donné par le gouverneur. Si l'on poursuit l'obtention d'un permis d'exploration sur plus de 50.000 hectares, l'arrêté en question doit être soumis à l'approbation du ministre des colonies.

Toute demande fait connaître, avec croquis ou carte à l'appui, les limites ou l'étendue de la région sollicitée et n'est recevable que si elle est accompagnée du versement d'une somme de cinq centimes par hectare. A noter que si la demande n'est que partiellement accueillie, le montant des droits versés en trop est immédiatement remboursé à l'intéressé.

S'il y a plusieurs concurrents pour la même région, le gouverneur juge des motifs ou des considérations devant faire donner la préférence à l'un quelconque d'entre eux.

Quels sont les droits et les obligations du titulaire d'un permis ?

Art. 16. — Le permis d'exploration donne le droit d'effectuer tous travaux de fouilles, de sondages et de reconnaissance de toutes mines dans l'étendue de la région à laquelle il s'applique.

Le permissionnaire ne peut disposer du produit des recherches qu'avec une autorisation spéciale du gouverneur.

Le permis d'exploration est valable pour deux ans; il ne peut être prorogé.

Le permis ne peut être cédé.

Il confère au permissionnaire un droit de préférence à tous autres pour l'obtention, dans l'étendue de son permis d'exploration, des permis de recherches ou d'exploitation, prévus aux titres III et IV, sous les conditions stipulées par ces mêmes titres.

Le permissionnaire doit, avant l'expiration de son

permis, sous peine de déchéance des droits de préférence à lui conférés, faire connaître, avec carte ou croquis à l'appui, les résultats détaillés de ses recherches et produire les demandes de permis de recherches ou d'exploitation dont il entend bénéficier.

Les demandes sont examinées par le gouverneur et il est statué dans les six mois qui suivent leur dépôt.

Le titre III réglemente les permis de recherches. Celles-ci, comme les explorations, ne peuvent avoir lieu qu'en vertu d'un arrêté local. Mais, à la différence du permis d'exploration, celui de recherches est susceptible, sous certaines conditions d'enregistrement, d'être cédé à toute personne ou société munie de l'autorisation prévue par l'article 8 précité.

La demande doit être accompagnée du versement d'une somme, calculée à raison de 10 centimes par hectare jusqu'à 1.000 hectares, de 20 centimes au-dessus, jusqu'à 5.000, de 40 centimes au-dessus.

Quelle est la procédure qui suit ou peut suivre cette demande?

Art. 21. — La demande de permis de recherches est inscrite sur un registre spécial, avec indication de la date et de l'heure auxquelles elle a été déposée; il en est délivré récépissé. Elle est immédiatement affichée par les soins de l'administration à la porte de ses bureaux. Les oppositions sont reçues aux bureaux de la colonie dans les trois mois à partir de l'affichage; elles sont notifiées au demandeur par les soins de l'administration.

A l'expiration de ce délai, si aucune opposition n'est survenue, le permis est délivré par le gouverneur. Il est inscrit sur un registre spécial.

En cas d'opposition, il est statué par le conseil du contentieux administratif. L'opposant dont la réclamation a été reconnue fondée doit, dans les trois mois de la décision, à peine de déchéance, introduire une demande régulière. Les sommes versées par le demandeur dont la demande est rejetée lui sont restituées.

Valable pour deux ans, renouvelable une seul fois et sous certaines charges, le permis confère à son titulaire, si celui-ci manifeste ses désirs avant l'expiration du délai biennal, un droit de préférence pour l'obtention d'un permis d'exploitation du sol où il a été procédé à des recherches.

Quant aux autres droits conférés, ils sont indiqués par les articles 19 et 24, ainsi conçus :

Art. 19. — Le permis donne le droit exclusif de faire, dans tous les terrains non grevés de droits antérieurs de recherches ou d'exploitation, tous travaux de fouilles, de sondages et de reconnaissances dans l'étendue d'un centre qui doit être rattaché à un point géographique défini d'une façon précise, tant dans la demande que dans le croquis qui doit lui être joint. Ce centre devra être et rester signalé matériellement à la surface, dès que la demande aura été présentée et que le permis aura été accordé.

Art. 24. — Tout détenteur d'un permis de recherches peut disposer du produit de ses fouilles, sous la condition d'en faire la déclaration à l'administration et de se conformer aux articles 36 et 38.

Avant d'aborder les matières du titre IV, il convient de citer une disposition importante, relative au placement des centres de deux périmètres. Elle est renfermée dans l'article 27 :

Art. 27. — Une même personne ou une même société ne peut déterminer simultanément deux périmètres de recherches dont les centres seraient à moins de 20 kilomètres l'un de l'autre.

Le permis d'exploitation, dont traite le titre IV, s'obtient par l'introduction d'une demande qui, accompagnée : 1° d'un croquis indiquant l'orientation et la position du périmètre demandé ; 2° du versement d'une somme, calculée à raison de 2 francs par hectare, pour les permis d'or et de gemmes, et de un franc pour les permis de toutes autres substances, donne lieu aux formalités exposées en l'article 21 précité. Si la demande n'est pas accueillie ou n'est accueillie que partiellement, la somme versée ou la fraction versée en trop est remboursée au demandeur. Le permis d'exploitation est délivré pour une durée de 25 ans et peut être renouvelé. Il est cessible comme celui de recherches et aux mêmes conditions.

Il donne, de plus, ouverture, entre autres droits et obligations, aux suivants :

Art. 29. — Le permis d'exploitation donne le droit de faire, au fond et au jour, tous travaux et tous établissements nécessaires à l'exploitation de la mine et au traitement de ses produits dans un périmètre de forme rectangulaire, d'une étendue de 24 hectares au moins et de 800 hectares au plus, pour l'or et les gemmes, et de 2.500 hectares pour toutes autres substances, le petit côté du rectangle n'étant pas inférieur au quart du grand.

Art. 34. — Dans les six mois de l'institution, le périmètre doit être aborné ; un plan de bornage est déposé, par les soins du permissionnaire, aux bureaux de l'administration.

Art. 36. — A partir de la troisième année qui suivra l'institution, le permissionnaire doit payer, par année et par avance, une taxe de un franc par hectare compris dans son périmètre pour l'exploitation de l'or et des gemmes, et de 50 centimes pour l'exploitation de toutes autres substances.

Art. 37. — Tout permissionnaire tient sur place un registre d'extraction et un registre de vente ou d'expédition, dressés dans les formes qu'indiquera un arrêté du gouverneur.

Aucune expédition d'or ou de gemmes ne pourra être faite par un permissionnaire d'exploitation de ces substances, sans être accompagnée d'un laissez-passer, détaché d'un registre à souche tenu par ledit permissionnaire. Ce laissez-passer indique les noms de l'expéditeur, du destinataire et du transporteur, la date de l'expédition, l'itinéraire qui doit être suivi, la nature et le poids de la substance expédiée.

Les registres mentionnés au présent article seront communiqués, à toute réquisition des représentants de l'administration et visés par eux.

ART. 38. — Il est dû sur la valeur, au lieu d'extraction, des minerais extraits, un droit qui ne peut excéder 5 %. Le taux en est déterminé chaque année, suivant la nature des substances, par le conseil général pour la colonie du Sénégal et par le gouverneur en conseil d'administration pour les autres colonies.

Aucun autre droit de circulation ou de sortie ne peut être prélevé sur les substances minérales.

Les obligations de payement de redevances sont sanctionnées par l'article 39, en vertu duquel :

ART. 39. — A défaut de payement dans les six mois de l'échéance, après mise en demeure, de l'une ou l'autre des redevances, stipulées aux articles 36 et 38, le gouverneur en conseil d'administration ou en conseil privé prononce la déchéance du permissionnaire.

Jusqu'à ce que la déchéance soit prononcée, le permissionnaire peut en arrêter les effets, en versant, outre les taxes arriérées, une amende égale à 20 % du montant de ces taxes.

Le permissionnaire déchu ne peut, avant l'adjudication, enlever aucun des appareils ou machines servant à l'exploitation.

Le titre IV prévoit ensuite la mise en adjudication, par les soins de l'administration, des périmètres pour lesquels la permission est expirée, sans que le renouvellement en ait été demandé, et de ceux pour lesquels la déchéance a été prononcée.

Cette matière est l'objet d'une procédure particulière.

Les deux derniers titres du décret sont consacrés l'un aux pénalités, l'autre aux pouvoirs réglementaires du gouverneur, à qui, aux termes de l'article 50, il incombe de prendre tous les arrêtés nécessaires à la mise à exécution dudit acte.

La procédure pénale, prévue par le titre V, est des plus simples : les contraventions aux prescriptions édictées et aux arrêtés locaux, pris en conformité de l'article 50, sont constatées et dénoncées comme en matière de simple police. Les procès-verbaux sont dressés par les officiers de police judiciaire, les agents des mines ou les agents d'autres services commissionnés à cet effet par le gouverneur. Ils sont transmis au procureur de la République près le tribunal du ressort, et les affaires sont étudiées et solutionnées, suivant les règles des décrets qui réorganisent les juridictions de la colonie.

Pour ce qui est des peines applicables, elles sont portées aux cinq articles dont voici les dispositions :

Art. 45. — Sont punis d'une amende de 250 à 5.000 francs et d'un emprisonnement de six jours à trois mois :

1° Ceux qui se livrent, sans en avoir le droit, à l'exploitation de l'or ou de gemmes ;

2° Ceux qui exportent ou tentent d'exporter des substances, classées dans les mines, sans qu'elles aient payé les droits.

Art. 46. — Sont punis d'une amende de 100 à 1.000 francs et d'un emprisonnement d'un à cinq jours :

1° Ceux qui se livrent, sans en avoir le droit, à l'exploitation des substances, classées dans les mines autres que l'or et les gemmes ;

2° Ceux qui, y étant obligés, ne tiennent pas, d'une façon régulière, les registres d'extraction, de vente et d'expédition, prévus à l'article 37, et refusent de les communiquer aux agents de l'administration ;

3° Ceux qui déplacent de mauvaise foi les signaux ou bornes, marquant les permis de recherches ou les permis d'exploitation.

Art. 47. — Toutes autres contraventions au présent décret ou aux arrêtés du gouverneur, rendus pour son exécution, seront punies d'une amende de 5 à 100 francs et d'un emprisonnement de un à cinq jours.

Art. 48. — En cas de condamnation, pour les faits prévus aux articles 45 et 46, premier paragraphe, la confiscation des substances saisies est prononcée.

Art. 49. — L'article 463 du Code pénal est applicable aux contraventions au présent décret.

II

Le décret du 4 août 1901 soumet la recherche et l'exploitation de l'or et des gemmes par dragage, dans les rivières et cours d'eau de nos colonies africaines, autres que l'Algérie et la Tunisie, aux règles posées par le décret du 6 juillet 1899. Il prévoit néanmoins quelques dérogations et modifications à cet acte. Ce sont les suivantes :

Art. 2. — Par dérogation à l'article 19 du décret du 6 juillet 1899, le périmètre de recherches, d'une étendue de 8.000 hectares au plus, est constitué, non par un cercle, mais par deux lignes droites ou polygonales, parallèles à l'axe moyen du cours d'eau, distantes de cet axe de 100 mètres au moins de chaque côté, et par deux normales à l'axe du cours d'eau.

Il devra être annexé à la demande de permis de recherche un croquis indiquant la situation et les limites de ce périmètre, avec rattachement des quatre sommets extrêmes à des points géographiques définis d'une façon précise. Ces sommets devront être et rester signalés matériellement à la surface, dès que la demande aura été présentée et après que le permis aura été accordé.

L'intéressé devra indiquer avec détail, dans sa demande, la méthode de recherche qu'il se propose de faire suivre.

Le permis portera mention des conditions imposées par le gouverneur, et auxquelles le permissionnaire sera tenu de se soumettre en ce qui concerne tant la méthode de recherches autorisée, que les obligations jugées nécessaires pour assurer la libre navigation et la conservation du chenal.

Art. 3. — Par dérogation à l'article 27 du décret du 6 juillet 1899, une même personne ou une même société peut détenir simultanément des périmètres de recherches contigus.

Art. 4. — Par dérogation à l'article 29 du décret du 6 juillet 1899, le périmètre d'exploitation, d'une étendue de 24 hectares au moins et de 800 hectares au plus, est constitué par deux lignes droites ou polygonales, parallèles à l'axe moyen du cours d'eau, distantes de cet axe de 100 mètres, au moins, de chaque côté, et par deux normales à cet axe, sans obligation d'un rapport minimum entre la largeur et la longueur du périmètre.

Art. 5. — Il devra être annexé à la demande en permis d'exploitation un croquis indiquant la situation et les limites de ce périmètre, avec rattachement des quatre sommets extrêmes à des points géographiques, définis d'une façon précise.

L'intéressé devra faire connaître avec détail, dans sa demande, la méthode d'exploitation qu'il se propose de suivre et le projet des travaux qu'il se propose d'exécuter.

Le permis portera mention des conditions imposées par le gouverneur, et auxquelles le permissionnaire sera tenu de se soumettre, en ce qui concerne, tant la méthode d'exploitation à suivre et les travaux à exécuter, que les obligations jugées nécessaires pour assurer la libre navigation et la conservation du chenal.

Enfin, aux termes de l'article 32 du décret de 1899, le gouverneur, statuant en conseil d'administration, peut refuser un nouveau permis d'exploitation, qui lui serait demandé, en vertu de l'article 28, à une personne ou à une société, qui en détiendrait déjà à une distance de moins de cinq kilomètres. Ces dispositions ne s'appliquent pas aux exploitations par dragage.

MISSION HOUDAILLE

CARTE DES TRAVAUX ÉTUDIÉS PAR LA MISSION

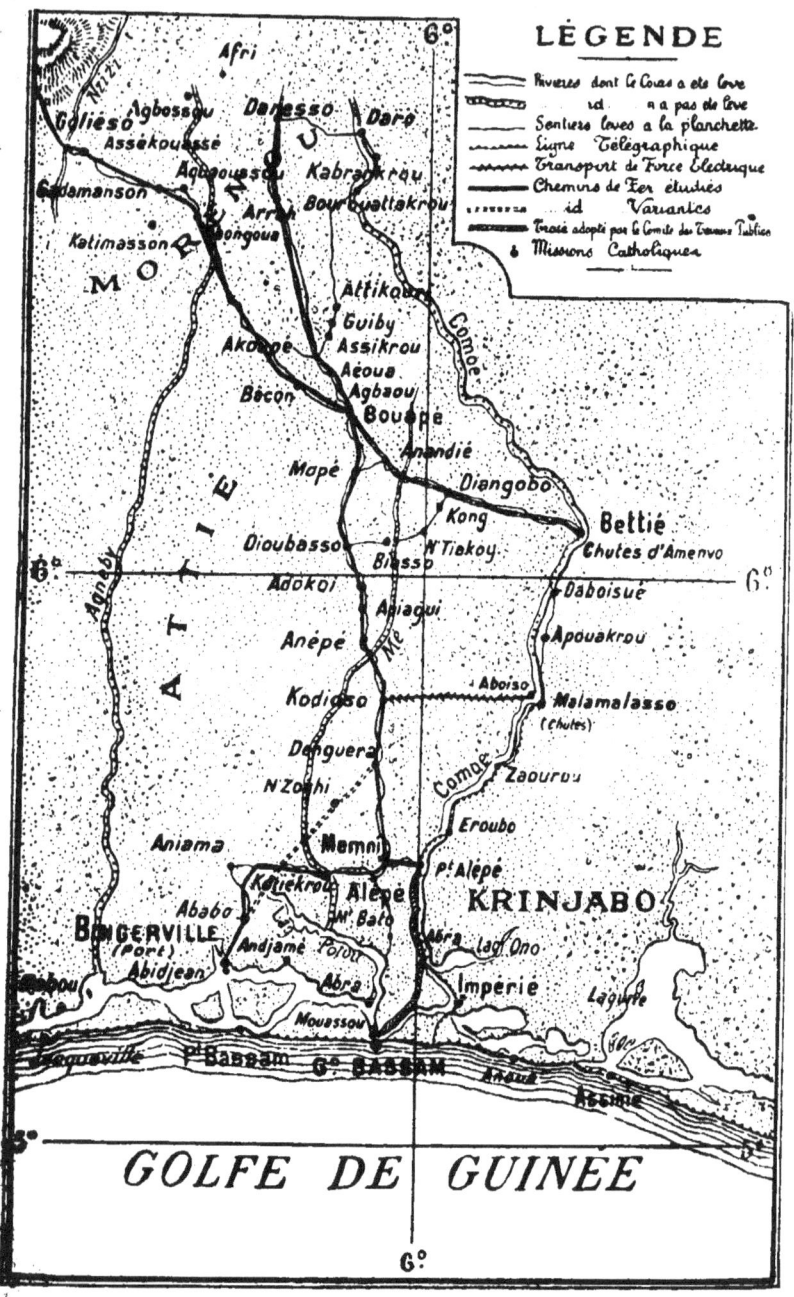

Carte extraite de : *LA DÉPECHE COLONIALE ILLUSTRÉE*

CHAPITRE IX

Situation et avenir économiques du pays. — Les facteurs de son développement : les grands travaux. — Conclusions.

(Roger Villamur et Léon Richaud)

On sait les ressources si nombreuses de la colonie. On connaît celles méritant plus spécialement d'attirer l'activité et les capitaux des compagnies coloniales et des riches particuliers. On possède des données sur le régime de la propriété et sur celui des mines. Il y a lieu, pour clore cette contribution à l'étude de la Côte d'Ivoire, d'examiner la situation économique du pays et de rechercher les moyens propres à ménager un avenir prospère à son commerce et à son industrie.

Les affaires y sont dans un état des plus rassurants. Il suffit, pour s'en convaincre, de voir l'essor remarquable pris par les transactions en quelques années.

Pour nous en tenir à la période décennale de 1890-1899, voici quelques renseignements qui, à cet égard, ne manquent pas d'intérêt :

En 1890, c'est-à-dire à l'époque où nos *Établissements* n'étaient pas encore constitués en colonie autonome, les affaires se chiffraient par 2.800.000 francs (importations 1.200.000 francs, exportations 1.600.000). En 1894, deuxième année du gouvernement de M. Binger, elles atteignaient, sous l'heureuse impulsion donnée au pays par son premier gouverneur, les chiffres de 3.100.000 francs aux importations et de 4.100.000 francs aux exportations. En 1899, malgré les événements qui ont jeté le deuil sur la colonie et ont un instant paralysé son activité économique, elles se sont élevées à 12.253.000 francs, en chiffres ronds, les importations comptant pour 6.390.000 francs et les exportations pour 5.863.000. Ce chiffre total de 12.253.000 francs accuse sur celui de 1890, première année où ont été établies des statistiques locales sérieuses, une augmentation de 9.453.000 francs et sur celui de l'année 1898, regardée comme excellente au point de vue commercial, une augmentation de 1.461.000 francs.

Les articles les plus importés sont les étoffes, les spiritueux, le tabac en feuilles, la poudre de traite, le plomb en barres, le sel marin et gemme ; les principaux produits d'exportation, on ne l'a pas oublié, sont l'huile et les amandes de palme, l'acajou et le caoutchouc. Jusqu'à ces dernières années, les transactions se sont surtout faites avec la Grande-Bretagne, par l'intermédiaire des maisons soit françaises, soit anglaises. Mais le commerce avec la métropole est dans une progression croissante, tandis que celui avec l'étranger est presque stationnaire. Les statistiques détaillées, relatives au quatrième trimestre de 1899, donnent un chiffre total de 1.890.000 francs, dépassant de 670.000 francs celui de la période correspondante de 1898. Les produits dirigés sur l'étranger représentent une valeur de 1.050.000 francs. Ceux expédiés en France, une valeur de 840.000 francs. La différence en faveur de l'étranger n'est donc pas écrasante. Quant aux progrès accomplis par les relations commerciales de la colonie avec la métropole, ils sont très sensibles.

Les valeurs en francs, données par les statistiques précitées, sont afférentes aux produits figurant dans le tableau ci-dessous :

Produits	France	Grande-Bretagne	Allemagne	Totaux
Acajou.......	790.000 kg	1.387.000 kg	46.000 kg	2.223.000 kg
Amandes de palme.....	356.000	515.000	57.000	928.000
Caoutchouc..	28.000	137.000	7.000	173.000
Café.........	23.000	10	»	23.010
Huile de palme........	1.213.000	324.000	2.200	1.539.200
Ivoire.......	4	471	»	475
Poudre d'or.	5	2	»	7

Grâce au développement commercial qu'elle a atteint en ces derniers temps, la situation financière de la colonie est, — nous avons insisté plus haut sur ce point, — aussi satisfaisante que possible. Le budget s'équilibre annuellement par un très notable excédent de recettes.

Celles-ci, on le sait, sont surtout alimentées par les douanes, qui assurent la perception des droits de sortie de trois francs par bille sur les bois (arrêtés des 22 décembre 1897 et 31 octobre 1901) et des droits de consommation. Ces derniers sont déterminés par un arrêté pris le 19 juin 1899 par M. le gouverneur intérimaire Capest, en exécution de la convention signée le 14 juin 1898 entre la France et la Grande-Bretagne.

Cet acte est d'une trop haute importance pour que nous ne le reproduisions pas *in extenso*.

Il est ainsi conçu :

ARRÊTÉ *fixant la taxe de consommation à acquitter par les marchandises ou produits de toute origine et de toute provenance consommés dans la colonie de la Côte d'Ivoire.*

Le Gouverneur de la Côte d'Ivoire p. i.,

Vu l'article 51 de l'ordonnance organique du Sénégal du 7 septembre 1840, rendue applicable à la colonie par le décret du 10 mars 1893 ;

Vu la convention signée, entre la France et la Grande-Bretagne, le 14 juin 1898 ;

Vu le câblogramme du Ministre des colonies du 16 juin 1899 ;

Arrête :

Article premier. — Provisoirement et jusqu'à ce qu'il ait été statué par décret, les marchandises ou produits de toute origine et de toute provenance, portés au tableau ci-annexé, consommés dans la colonie de la Côte d'Ivoire, qu'ils y aient été importés, récoltés ou fabriqués, seront soumis à une taxe unique de consommation dont la quotité est fixée par le même tableau.

Art. 2. — La liquidation de ladite taxe sera faite par le service des douanes et par tous autres agents que l'administration locale croira devoir désigner.

Art. 3. — Toutes les dispositions en vigueur dans la colonie, en matière de douane, et notamment le décret du 26 janvier 1897, sont applicables à la taxe unique de consommation.

Art. 4. — L'importation des monnaies d'argent étrangères est prohibée....[1].

Art. 5. — Il est accordé une tolérance de casse de 6 % sur les spiritueux en bouteilles, et une tare de 10 % sur les spiritueux en fûts et sur le tabac en feuilles.

---

[1]. Le second § de l'article 4 concernait la taxe sur les monnaies d'or. Il a été rapporté par arrêté du 8 novembre 1899.

Art. 6. — Sont abrogées toutes dispositions contraires au présent arrêté.

Art. 7. — Le présent arrêté sera enregistré et communiqué partout où besoin sera, publié et affiché, et inséré au *Journal officiel* de la colonie.

Grand-Bassam, le 19 juin 1899.

P. Capest.

EXEMPTIONS

Sont exemptés de tous droits, quelle que soit leur provenance :

Les objets d'habillement contenus dans les bagages des voyageurs, alors même que les voyageurs n'en sont pas accompagnés, mais à la double condition que ces objets portent des traces d'usage et que leur quantité soit en rapport avec la position sociale du propriétaire.

Les objets de toute nature composant le mobilier des Français et des étrangers, qui viennent s'installer dans la colonie ou qui y rentrent, à condition qu'ils portent des traces de service et soient notoirement destinés à l'usage des importateurs et de leurs familles.

Les vivres, matières et objets appartenant à l'État.

Les objets destinés au culte et à l'instruction publique.

Les animaux vivants, vivres frais, voies ferrées et leurs wagons, grues, treuils, chaudières à vapeur, tubes et barres de foyer de rechange pour chaudières à vapeur, moteurs à vapeur de toutes sortes complets, machines à décortiquer le café complètes, scieries mécaniques, appareils de sondage et de forage, mercure natif, baleinières de barre, futailles vides montées ou non, la houille ou charbon de terre, les chaloupes à vapeur et chalands, ancres et leurs chaînes, le ciment, les tuiles, tôles ondulées pour toitures, les portes et fenêtres manufacturées, les pièces de charpente en fer et en bois, les sacs vides pour l'emballage des produits du sol, les lances à boucle servant à l'exportation du bois d'acajou.

Vu pour être annexé à l'arrêté du 19 juin 1899.

Le Gouverneur p. i.,

P. Capest.

Tableau des droits de consommation annexé à l'arrêté du 19 juin 1899, modifié par celui du 30 juin 1900 en ce qui concerne les taxes établies pour les alcools.

(Décret du 11 août 1897. — Convention de Bruxelles du 8 juin 1899.)

Désignation des marchandises	Unités sur lesquelles portent les droits	Droits
		fr.
Cidres, bières, limonades (*la bouteille considérée comme litre*)....	hectol.	15
Vins ordinaires titrant moins de 16°	id.	5
— — 16° et au-dessus.......................	id.	15
Vermouth, vins aromatisés et de liqueurs.........................	id.	40
Vins mousseux (*la bouteille considérée comme litre*)................	id.	60
Alcool suivant dosage, l'alcool pur étant taxé à......................	id.	156
Liqueurs de traite titrant moins de 25°..........................	id.	50
Autres liqueurs	id.	60
Armes de traite	la pièce	2.50
Poudre de traite	100 kil.	70
Plomb en barres, nasses ou plaques	id.	10
Sel marin.......................	id.	1
Tabacs en feuilles	id.	100
Tabacs manufacturés............	id.	200
Pétrole	id.	5
Matériaux de construction........	valeur	7 %
Marchandises non dénommées.....	id.	10 %

L'essor économique rapide que nous montrent les statistiques douanières sont d'un heureux présage. Il autorise à espérer que, quand l'ensemble des travaux, de nature à faciliter l'exploitation de ses richesses, aura été effectué, la Côte d'Ivoire jouira d'une prospérité inconnue de celles de nos vieilles possessions qui, à l'âge d'or, ont été le mieux partagées.

Quels sont donc ces travaux ?

En premier lieu, dans tout pays, aussi neuf que celui-ci, se placent les travaux de l'explorateur. Il reste, — nous l'avons dit déjà, — bien des régions de notre grande province africaine où n'a pas pénétré le moindre Européen. Elles sont, d'après les renseignements indigènes, bien arrosées, riches en essences forestières et assez abondamment aurifères. Il est, du reste, à remarquer que partout, sur cette terre de Guinée, où les Européens pénètrent pour la première fois, il constatent que les produits du sol sont aussi variés et aussi riches que dans les centres ouverts à l'exploitation. Il y a, en conséquence, un intérêt essentiel à ce que les explorateurs de la première heure, à qui les établissements commerciaux de la colonie doivent tant, voient leur œuvre poursuivie et complétée.

Il ne suffit pas d'explorer un pays et de le mettre en relations avec les commerçants venus pour exploiter ses ressources. Il faut encore faciliter ces rapports par la réalisation de certains travaux.

En première ligne vient l'ouverture de voies de communication. On s'est mis à l'œuvre dans la colonie ; et les premiers travaux effectués ont, dans une large mesure, contribué au progrès économique signalé tantôt.

Ils comprennent l'extension du réseau télégraphique et la percée ou l'élargissement d'un certain nombre de chemins.

Le télégraphe a fait son apparition à la Côte

d'Ivoire sous le gouvernement de M. Binger. C'est à M. l'inspecteur Heiby, aujourd'hui percepteur des contributions directes dans les Vosges, que revient l'honneur d'avoir, secondé par M. l'administrateur Joulia, doté notre jeune possession d'un ensemble de lignes, qui mettent en relations tous les points de la côte et qui, très prochainement raccordées au réseau du Sénégal-Soudan, assureront l'échange rapide des nouvelles entre les diverses provinces de l'Afrique occidentale [1].

Les chemins de brousse sont encore, presque partout, les seuls reliant entre eux les villages. N'eût-on voyagé qu'une heure en Guinée, on garde impérissable le souvenir de ces sentiers étroits, tortueux, accidentés, tantôt coupés par des marais, des ruisseaux ou des ravines, tantôt barrés par des arbres que les ans ou les tornades ont abattus. Si ces voies sont praticables pour les indigènes ou les singes, elles ne le sont guère pour quiconque est habitué à nos admirables routes nationales ; et elles ne sont utilisables commercialement que si on les transforme par l'élargissement et autres travaux.

C'est ce qui a été fait de 1897 à 1899 inclus : 1° dans l'Indénié, sous la direction de M. Clozel, administrateur du cercle; 2° entre Dabou et Tiassalé, sous la surveillance de M. l'adjoint des affaires indigènes Marsault ; 3° entre Alépé et Memni par les soins de la mission Houdaille. Ajou-

1. Voir la note au bas de la page 50.

tons que, dans le courant de l'année 1902, a été ouverte la route d'Alépé à Malamalasso.

Le réseau de l'Indénié est important. Voici, en substance, les renseignements que les publications officielles locales nous donnent à son sujet :

« Le but que s'est proposé l'administration supérieure a été d'offrir aux caravanes des pistes facilement et sûrement praticables, utilisables au besoin par les bêtes de bât. Il s'agissait de contribuer, d'une façon rapide et efficace, au développement du commerce avec l'intérieur, en lui présentant des facilités nouvelles.

« L'état actuel du réseau montrera dans quelle mesure ce résultat a été obtenu.

« Une première route (111 kilomètres) part d'*Aboiso*, point terminus de la navigation sur la rivière *Bia*, pour aboutir à *Diambarakrou*, dans le sud de l'Indénié. De Diambarakrou à *Zaranou* une route unique (27 kilomètres) se partage en deux branches à partir du chef-lieu de l'Indénié. La branche ouest (85 kilomètres) aboutit à *Attakrou* sur la Comoë. La branche est part de Zaranou pour arriver à *Assikasso*, au-dessus du 7ᵉ degré de latitude nord; elle comporte deux voies : l'une, plus occidentale, mesure 95 kilomètres et dessert les gros villages d'*Abengourou* et de *Yakassé*; l'autre, longeant la frontière anglaise, est longue de 90 kilomètres, passe par *Niabley*, *Manzano* et *Attiébentékrou*.

« De Yakassé, un tronçon de 40 kilomètres mène à Tengouélan et dessert le sud Abron. D'Assikasso à *Bondoukou* un chemin de 140 kilomètres environ traverse la forêt.

« L'ensemble du réseau est relié à la Comoë et au port de Grand-Bassam : 1° par la route de Diambarakrou à Attiéréby en amont de Bettié (17 kilomètres); 2° par la route de Diambarakrou à *Daboisué* (25 kilomètres). De Daboisué, un tronçon de 25 kilomètres mène à *Malamalasso* en aval des grands rapides de la Comoë. »

A partir de Malamalasso, on peut suivre soit la voie fluviale, soit la voie terrestre jusqu'à *Alépé*. La Comoë est, de ce point à Grand-Bassam, navigable pour les vapeurs de commerce et les canonnières du gouvernement.

Quelle que soit l'étendue du réseau, sillonnant les contrées situées au nord de l'ancien chef-lieu, il reste beaucoup à faire. L'amélioration de ce qui a été accompli et l'ouverture d'autres routes praticables sont parmi les travaux qui, en l'état présent d'élan vigoureux pris par le commerce du pays, s'imposent le plus impérieusement.

Trois autres entreprises dont la réalisation est indispensable sont celles d'un chemin de fer, d'un port et la mise en communication des lagunes de la partie orientale de la colonie.

On connaît, en ce qui regarde le chemin de fer,

le projet de transnigérien, élaboré par le capitaine, aujourd'hui colonel, Marchand. Nous n'y reviendrons pas, sa mise à exécution n'ayant pas été décidée. Mais nous devons donner quelques détails sur le double projet, dû à la mission Houdaille et approuvé à la fin de l'année 1899 par le département des colonies.

Le tracé adopté, pour la voie ferrée, est celui de la ligne qui, partant d'*Abidjan* met l'Attié en communication avec la lagune Ébrié et avec Alépé. Pour ce qui est du port, les travaux de M. le capitaine Crosson-Duplessis, membre de la mission, concluent à son établissement en eau profonde dans la baie d'Abidjan, au nord de *Petit-Bassam*. Il y aura lieu, pour le créer, de creuser préalablement, dans la langue de sable séparant cette dernière localité de l'Ébrié, une chenal de 800 mètres, et d'opérer ensuite un dragage de deux kilomètres dans la lagune.

Le port d'Abidjan, en offrant aux paquebots de fort tonnage un abord aisé, est destiné à contribuer puissamment à la transformation économique du pays. Mais ses travaux dureront plusieurs années. Aussi, a-t-on pensé que leur entreprise ne devait pas avoir pour résultat d'arrêter ceux du *wharf* de Grand-Bassam. Ceux-ci ont été activement menés. Ils ont été achevés en 1900. Et, quelques mois après, en 1902, le wharf a été ouvert à l'exploitation.

Jusqu'au moment de l'ouverture du port d'Abidjan, il rendra de très appréciables services; et nous estimons que, même après la réalisation des travaux dont M. le capitaine Crosson-Duplessis a fait l'étude, il aura son utilité et sera loin d'être une charge pour la compagnie concessionnaire.

Un mot, maintenant, de la jonction des lagunes.

Lagunes de *Fresco*, de *Lahou*, de l'*Ébrié*, du *Potou*, de *Grand-Bassam*, d'*Aby*, etc., en d'autres termes, toutes celles de la partie orientale de la colonie, ont entre elles de frappantes analogies.

En général peu profondes près de la dune de sable qui les sépare de la mer, elles atteignent des profondeurs assez considérables en leur milieu et près de leur rebord septentrional.

Tandis que la rive sud, presque toujours parallèle au rivage du golfe de Guinée, présente une ligne continue, basse et sablonneuse, où croissent, par endroits, des pandanus et des palétuviers, la rive nord est bizarrement découpée par des baies qui, parfois, s'avancent au loin dans les terres, comme celle de *Tiakba*, en pays bouboury, par des criques au dessin capricieux et par des promontoires recouverts d'une végétation, invraisemblablement touffue et viride, où, parmi les arbres de haute futaie, se dressent les vastes et gracieux panaches de palmiers oléifères et les acajous aux luxuriantes frondaisons.

Les principales de nos lagunes, — entre autres

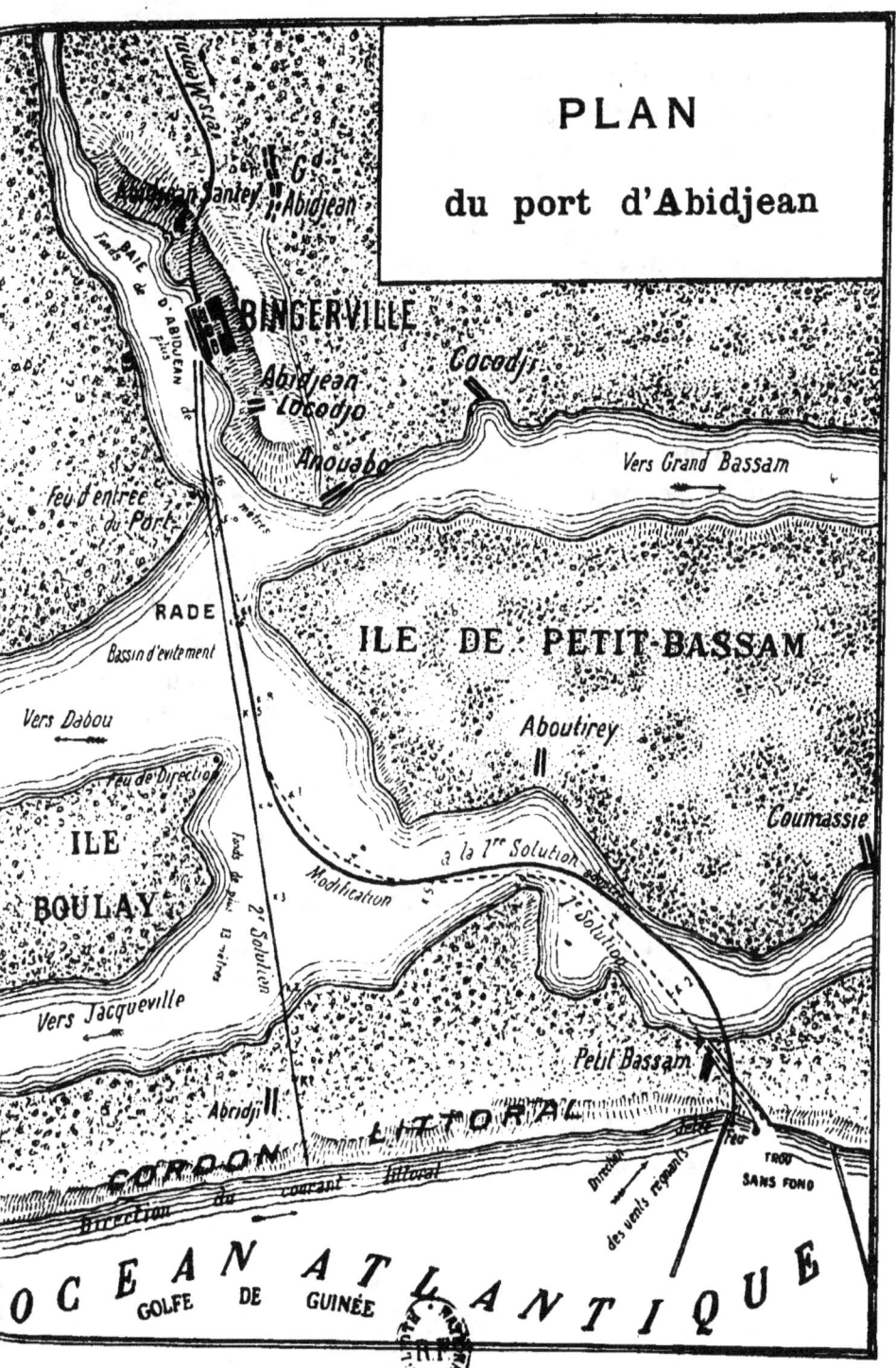

Carte extraite de : LA DÉPÊCHE COLONIALE ILLUSTRÉE

celle de l'Ébrié, — sont parsemées d'îlots verdoyants et très agréables à l'œil, mais dont les bords marécageux sont rendus inaccessibles par le fouillis tourmenté des racines de palétuviers.

Les eaux de ces lagunes communiquent entre elles par des chenaux, encore assez peu connus, ou par une suite de marécages, où l'arbre des fièvres règne en maître et constitue un obstacle infranchissable à la navigation.

Au cours de l'année 1901, on a commencé à rechercher s'il ne serait pas possible de créer des canaux permettant de passer de l'un à l'autre de ces lacs.

Pendant la tournée, faite au mois d'août 1901 dans l'est par M. le gouverneur intérimaire Clozel, le cours du *N'Ganda-Ganda* et du *Nabéné* a été reconnu et relevé. MM. Michel, ingénieur, Richaud, administrateur, et Lahaye, adjoint des affaires indigènes, qui avaient accompagné ou rejoint le chef de la colonie, ont parcouru le *Kodioboué*, vaste lac qui sert de réservoir à la Comoë et alimente le chapelet des petites lagunes *Hébé*, *Bottobé* et *Balou* ou *Bérou*, perdues au milieu d'un immense marais situé au sud de l'Akapless. L'administrateur Léon Richaud a pu ainsi dresser une carte exacte de toute la région comprise entre la lagune de l'Ébrié et celle d'Aby.

Les résultats des recherches du gouverneur et des fonctionnaires, au concours de qui il avait fait appel, ont été, ainsi que la carte, publiés par la *Géographie*, en son numéro du 15 avril 1902.

Dernièrement enfin, on a reconnu la possibilité de passer de la lagune de Lahou dans celle de l'Ébrié par un bras de la Bandama, qui vient déboucher au fond de la baie de Tiakba.

Cette question de la jonction des lagunes est de la plus haute importance.

Les travaux à exécuter ne paraissent, au premier abord, devoir être ni très difficiles, ni très coûteux. Quand ils seront terminés, et que les passes seront draguées et balisées, nous aurons une véritable mer intérieure, où la navigation sera facile et sûre, et qui permettra d'amener et de concentrer en un point le produit et les richesses de ces parages.

Si l'achèvement du réseau télégraphique, la percée de nouvelles routes ou l'amélioration de sentiers indigènes, l'ouverture du wharf à l'exploitation, la construction de chemins de fer, la création d'un port en eau profonde et la mise en communication des lagunes de l'est sont appelés à modifier la face des choses à la Côte d'Ivoire, il est deux autres facteurs de développement, sur lesquels nous nous arrêterons un instant en terminant. Ce sont l'organisation de l'enseignement professionnel et le transfert du chef-lieu commercial de la colonie au siège actuel du gouvernement.

On a vu plus haut que, parmi les tribus du littoral, celles des Apolloniens, des Agni et des Alladian étaient les plus avancées. Les unes et les autres, mais surtout les Apolloniens, qu'on rencontre dans toutes les régions, vendant des marchandises et achetant des produits et qu'on a avec raison appelés les *Juifs de la Côte d'Ivoire*, sont arrivés à un degré relatif de civilisation. Néanmoins, on ne trouve pas, chez eux, les artisans ou les auxiliaires commerciaux dont on a besoin. Si, dans l'état actuel des choses, l'administration et le commerce cherchent en vain sur place les ouvriers et les employés d'ordre secondaire qui leur sont nécessaires, ce n'est pas que ces naturels soient inaptes à leur fournir des auxiliaires de cette nature, c'est qu'ils n'ont pas été suffisamment préparés à ces besognes et à ces emplois. Les enfants indigènes, et surtout ceux issus des trois tribus précitées, possèdent une intelligence très vive. Ils arrivent vite à parler notre langue et à l'écrire. Ils rendent aisée la mission de l'instituteur. Pour peu qu'on tâche d'utiliser les aptitudes que ces petits élèves manifestent, on rendra de grands services à la colonie. Le meilleur élément des écoles ne fournit aujourd'hui que des interprètes, des boys et des cuisiniers. C'est regrettable. Il est capable de mieux. Ces enfants, poussés les uns vers les métiers, les autres vers les emplois de commis secondaires d'administration et de commerce, ne tarderaient pas à devenir de très utiles auxiliaires et auraient l'avantage de coûter moins cher que des Européens et de n'avoir, eux, rien à redouter du climat.

Tirer le plus de parti possible de l'indigène et de ses ressources diverses , tel est, à notre avis, l'un des buts que nous devons poursuivre dans celles de nos possessions d'outre-mer, qui ne sont pas des colonies de peuplement. Et nous croyons que ce but, l'organisation de l'enseignement professionnel nous aidera à l'atteindre à la Côte d'Ivoire.

Nous avons parlé, en second lieu, du transfert du chef-lieu *commercial.*

En étudiant le climat du pays, il a été question de l'inclémence toute spéciale de celui de Grand-Bassam. L'insalubrité de ce point a, lors des dernières manifestations, sous forme épidémique, de la peste et de la fièvre jaune, ému le public métropolitain. On s'est demandé, en France, s'il convenait d'évacuer Bassam ou de l'assainir. Les partisans de l'assainissement ont surtout fait valoir, à l'appui de cette solution, des raisons d'ordre commercial, telles que les frais et dommages qui résulteraient, pour les factoreries, d'un déplacement quelconque. Eh bien, *Bassam n'est pas susceptible d'être assaini.*

Bâtie parmi les marais, sur une langue de sable, qui, longue de deux kilomètres sur quatre cents mètres de profondeur moyenne, est enserrée par le Golfe de Guinée au sud, l'embouchure de la Comoë à l'est, une brousse épaisse, dont les pieds plongent dans la vase, à l'ouest, et, au nord, une petite lagune parallèle au rivage, sans cesse tourmentée enfin par la barre, dont les fréquents débordements rendent vains tous travaux de dessèchement, la ville ou plutôt la triste bourgade n'est ni habitable pour le moment, ni apte à être rendue habitable pour l'avenir.

L'air qu'on y respire est lourd, sursaturé d'humidité, empoisonné. Empoisonnée aussi l'eau qu'on y boit et qu'on prend dans des puits recevant les infiltrations du *Cimetière de l'Ouest*, où reposent les victimes des épidémies de 1899. Les émanations de ce sol, — sol qui, depuis l'époque de la première occupation, reçoit chaque jour des apports de toute nature et dans lequel on ne peut faire de tranchées, sans découvrir des matières animales ou végétales en décomposition, — sont constantes et minent rapidement les organismes les plus résistants. Tout, en un mot, sur cette plage de mort, aide à l'éclosion et aux fureurs des épidémies.

L'évacuation de ce point par les blancs, — évacuation définitive, sans le moindre esprit de réoccupation ultérieure, — s'impose donc. Bassam est la seule localité qui, lors des épidémies de 1899 et 1902, ait été atteinte. Partout ailleurs, où dans le pays, il existe des agglomérations d'Européens, à Lahou, Alépé, Dabou, Jacqueville, Assinie, etc., ils peuvent, sans se trop laisser prendre par l'anémie paludéenne, faire des séjours doubles de ceux qu'on pouvait humainement exiger de leurs congénères, à Grand-Bassam, avant la réapparition des épidémies. Partout, dans la colonie, où, en 1899 et

1902, ont été isolés des Européens, non encore atteints par la fièvre jaune, ceux-ci se sont bien portés. L'expérience est concluante. Grand-Bassam doit être abandonné par tous ceux que guettent les affections endémiques, susceptibles ou non de revêtir, à tout instant, la forme épidémique.

Les maisons de la colonie ont intérêt, quoi qu'on en ait dit, à suivre l'exemple donné par l'administration et à établir ailleurs leur chef-lieu. Les faits ne sont-ils pas là pour leur démontrer qu'elles n'ont rien à gagner, qu'elles ont même tout à perdre à une reprise du vomito negro ou de la peste au siège central de leurs factoreries? Du reste, transfert ne signifie pas abandon absolu. Grand-Bassam, par sa position commerciale de premier ordre, à l'embouchure de la Comoë et à l'entrée des lagunes Ébrié et Potou, servira longtemps encore de magasin général et de point d'exportation aux grandes sociétés. Force sera à ces dernières et force sera, par suite, à l'administration d'y conserver des établissements. Mais ceux-ci, — entrepôts, wharf, douanes, postes et télégraphes, câble, — devront être réduits au strict indispensable; et leur direction devra être confiée à des agents n'ayant rien ou presque rien à redouter du climat.

Le transfert du chef-lieu administratif a été décidé par le département peu après l'extinction des épidémies de 1899. Deux solutions ont été étudiées. Le choix s'était d'abord porté sur Abidjan, point de départ du futur chemin de fer. Il s'est arrêté ensuite et définitivement sur Adjamé, emplacement proposé par MM. les gouverneurs Capest et Roberdeau.

Le plateau d'Adjamé a le privilège d'offrir une altitude, approchant de cent mètres, et, partant, un air moins chargé de miasmes que celui des régions voisines. De plus, l'eau y est meilleure qu'ailleurs. Enfin, Adjamé a l'avantage appréciable, en des parages où la vie matérielle n'est pas toujours facile, d'offrir un terrain éminemment propre aux cultures maraîchères. Et il a aussi celui d'être à proximité de Grand-Bassam, qui restera longtemps encore, pour les raisons ci-dessus exposées, un centre important, et de Petit-Bassam, où doit avoir lieu la percée du chenal destiné à réunir la lagune à la mer.

Ce sont ces diverses considérations qui ont inspiré les propositions du gouvernement local et déterminé le choix définitif. On n'a pas perdu de temps. Dès la décision prise par le ministre, on s'est mis à l'œuvre. M. l'ingénieur Michel et ses adjoints, MM. Gonsolin, Borne et Prunel, officiers d'administration du génie, et M. l'administrateur Lamblin, commandant du cercle des lagunes, et ses seconds, ont, sur la savane qui couvre le plateau, commencé à diriger l'édification des maisons devant loger les services publics. L'activité dépensée de part et d'autre a été telle que, le

24 novembre 1900, le siège du gouvernement a pu être transféré à Adjamé, devenu peu de jours après *Bingerville*, et que le chef de la colonie, son secrétariat particulier et le secrétariat général ont pu être abrités dans les constructions nouvelles. Aujourd'hui, les services de la justice, des travaux publics, des postes et de l'imprimerie sont, à leur tour, installés au chef-lieu. Bingerville, comme par enchantement, est donc sorti de terre. Puisse la future grande cité, sous le haut patronage que la colonie a salué avec la plus vive satisfaction et qui ne pouvait être mieux choisi, atteindre rapidement la prospérité qu'on espère pour elle !

*
* *

Voici la fin de notre modeste contribution à l'étude du pays où nous avons vécu, — l'un de nous surtout, — de longues années. Nous avons voulu faire ressortir les ressources multiples de ce sol si fécond qui, pour tout nouveau venu à la Côte d'Ivoire, est, en quelque région qu'il pénètre, un sujet constant d'admiration, et de ce sous-sol, qui bientôt peut-être réservera à ceux appelés à le fouiller, autant de surprises qu'en ont causées ceux du Klondyke et du Transvaal. Ensuite, nous avons parlé du climat et dit comment on pouvait éviter d'être irrémédiablement frappé par lui. Nous avons donné des indications sur les naturels, leurs divisions, leur état politique et social, leurs coutumes, les moyens de les arracher au fétichisme et de s'assurer leur concours, et, en ce qui a trait au régime foncier, nous avons, en exposant le régime de la propriété et celui des mines, précisé les avantages auxquels, sous certaines conditions, peuvent prétendre les Européens ou assimilés, désireux de se livrer là-bas à des entreprises commerciales, agricoles, industrielles ou autres. Enfin, nous avons fait connaître la situation économique très bonne de la colonie et les moyens propres, selon nous, à la rendre meilleure encore.

Nous nous estimerons satisfaits si, de l'ensemble de notre étude, se dégage l'impression pour le lecteur que le pays possède tout ce qu'il faut pour rémunérer sûrement et largement ceux qui ne craindront pas de consacrer leurs capitaux, leur activité et leurs aptitudes à l'exploitation de ses richesses.

Déjà, d'ailleurs, l'attention des capitalistes de France, membres d'associations minières, de sociétés commerciales ou de compagnies agricoles, s'est portée sur lui. Les maisons françaises, si elles ne font pas encore la majeure partie de leurs affaires avec la métropole, dominent à Bassam et autres lieux ; et tout démontre que nos nationaux n'ont pas à se repentir d'avoir créé des établissements sur ces plages lointaines. Souhaitons que l'exemple donné par des capitalistes entreprenants porte ses fruits. Formons des vœux pour que l'émigration des fortunes qui dorment, dans notre belle France, en des placements plus ou moins productifs, se fasse vers nos possessions de l'ouest africain et n'oublie pas la Côte d'Ivoire au passage.

Au début de ce travail, l'occasion s'est offerte de citer un publiciste, mort en pleine activité productrice, et qui, comme tout Européen ayant vécu dans le pays, a espéré en son avenir. Citons une dernière fois M. Pierre d'Espagnat :

« Des temps nouveaux, a-t-il écrit, paraissent luire enfin. Une ère s'ouvre de vie coloniale et d'expansion lointaine. Puisse-t-elle être généreuse à notre colonie presque née d'hier ! Puisse la Côte d'Ivoire entrer bientôt enfin dans cette voie de magnifique développement que lui réserve la nature féconde, s'éveiller à la destinée que lui promettent toutes les bonnes fées équatoriales penchées sur son berceau ! Oui, qu'elle devienne heureuse et prospère à son tour cette côte française de Guinée, si mystérieuse, si attachante, d'où l'on pense si souvent, par les belles nuits de la *Croix du Sud*, à la patrie lointaine, au cher « ruisseau de la rue du Bac », cette terre où des Français abordèrent les premiers voici 514 ans, et sur laquelle, tant que le monde sera monde, on ne cessera de chérir la France et d'acclamer son nom [1] ! »

Les souhaits, formés en termes si éloquents par M. Pierre d'Espagnat, s'accompliront certainement. En 1896, au moment où l'auteur des *Jours de Guinée* écrivait ces lignes, la Côte d'Ivoire était déjà dans une situation pleine de promesses. Quelques-unes de celles-ci se sont réalisées depuis. Ajoutons que le caractère revêtu par notre autorité en ces régions ne peut qu'aider à leur progrès économique. Cette autorité n'apparaît-elle pas sous la forme d'une sorte de protectorat? Et ce régime n'est-il pas le plus apte à faciliter le développement d'une colonie?

« Il a le mérite, écrit avec raison M. Arthur Girault, de ne pas effrayer, de laisser toutes les choses en place. Ceux qui avaient antérieurement le pouvoir le conservent : ils semblent simplement s'aider de l'expérience et des conseils des résidents français. Il n'y a rien de changé en apparence, alors qu'au fond tout se transforme, que nos produits et nos idées s'infiltrent peu à peu. Ainsi, un peuple qui aurait résisté à outrance à une annexion immédiate, laquelle aurait tout bouleversé et aurait eu la prétention de tout changer d'un coup de baguette, se familiarise progressivement avec l'influence édu-

---

1. *Revue des Deux Mondes*, livraison du 1er septembre 1896.

catrice de ceux qui se présentent non en conquérants mais en frères aînés. Qu'importe que plus tard ce protectorat se transforme ou nom en annexion? L'essentiel c'est d'avoir non l'apparence, mais la réalité du pouvoir [1]. »

C'est par la pratique de ce régime qui, en fait, a toujours été celui de la Côte d'Ivoire que nous arriverons, sinon à nous assimiler entièrement, du moins à nous concilier étroitement les indigènes. Ce résultat, déjà acquis en certaines régions, ne saurait tarder à être obtenu sur toute l'étendue du pays. Lorsque ce sera là un fait accompli, que les travaux, dont nous avons indiqué les plus urgents, auront été réalisés, et que les autres moyens de pénétration et de civilisation, dont il a été question au cours de cette étude, auront été mis en œuvre, les obstacles les plus importants au progrès, — obstacles malgré lesquels, cependant, celui-ci se manifeste avec vigueur, — auront été vaincus pour toujours. La jeune colonie aura cessé de marcher dans l'espérance. Elle vivra dans la prospérité.

FIN

[1]. Arthur Girault, *Principes de colonisation et de législation coloniale.*

APPENDICES

APPENDICES

I

ARRANGEMENT FRANCO-LIBÉRIEN DU 8 DÉCEMBRE 1892

Article premier. — Sur la Côte d'Ivoire, et dans l'intérieur, la ligne frontière entre les possessions françaises et la République de Libéria sera constituée comme suit :

1° Par le thalweg de la rivière *Cavally* jusqu'à un point situé à environ vingt milles, au sud du confluent de la rivière *Fodédougou-Ba* à l'intersection du 6° 30' latitude nord et du 9° 12' longitude ouest ;

2° Par le parallèle passant par ledit point d'intersection jusqu'à la rencontre du 10° longitude ouest de Paris, étant entendu, en tous cas, que le bassin du *Grand-Sesters* appartient au Libéria et que le bassin du Fodédougou-Ba appartient à la France ;

3° Par le méridien 10° jusqu'à sa rencontre avec le 7° latitude nord. A partir de ce point, la frontière se dirigera en ligne droite vers le point d'intersection du degré 11 avec le parallèle qui passe par *Tembi-Counda*, étant entendu que la ville de *Barmaquilla* et la ville de *Mahomadou* appartiendront à la République de Libéria, les points de *Nakala* et de *Mousardou* restant, par contre, à la France ;

4° La frontière se dirigera ensuite vers l'ouest, en suivant ce même parallèle jusqu'à sa rencontre au 13° longitude ouest de Paris avec la frontière anglaise de Sierra-Leone. Ce travail devra, en tous cas, assurer à la France le bassin entier du Niger et de ses affluents.

Art. 2. — La navigation sur la rivière Cavally, jusqu'au confluent du Fodédougou-Ba, sera libre et ouverte au trafic et aux habitants des deux pays.

La France aura le droit de faire, à ses frais, dans le cours ou sur l'une ou l'autre rive du Cavally les travaux qui pourraient être nécessaires pour le rendre navigable, restant toutefois entendu que, de ce fait, aucune atteinte ne sera portée aux droits de souveraineté qui, sur la rive droite, appartiennent à la République de Libéria. Dans le cas où les travaux exécutés donneraient lieu à l'établissement de taxes, celles-ci seraient déterminées par une nouvelle entente entre les deux gouvernements.

Art. 3. — La France renonce aux droits résultant pour elle des anciens traités, conclus sur différents points de la Côte des Graines, et reconnaît la souveraineté de la République de Libéria sur le territoire à l'ouest de la rivière Cavally.

La République de Libéria abandonne, de son côté, toutes les prétentions qu'elle pourrait faire valoir sur les territoires de la Côte d'Ivoire situés à l'est de la rivière Cavally.

Art. 4. — La République de Libéria facilitera, comme par le passé, dans la mesure de ses moyens, le libre engagement des travailleurs sur la Côte de Libéria par le gouvernement français ou par ses ressortissants.

Les mêmes facilités seront accordées réciproquement à la République de Libéria et à ses ressortissants sur la partie française de la Côte d'Ivoire.

Art. 5. — En reconnaissant à la République de Libéria les limites qui viennent d'être déterminées, le gouvernement de la République française déclare qu'il n'entend s'engager que vis-à-vis de la République libérienne libre et indépendante et fait toutes ses réserves, soit pour le cas où cette indépendance se trouverait atteinte, soit dans le cas où la République de Libéria ferait abandon d'une partie quelconque des territoires qui lui sont reconnus par la présente convention.

Annexe à l'arrangement.

Article premier. — Au cas où des princes ou chefs indigènes, dont les États sont placés dans les territoires appartenant à la France, viendraient à se réfugier sur le territoire reconnu à la République de Libéria par l'arrangement du 8 décembre 1892, toutes les facilités, compatibles avec la dignité d'un État libre indépendant, seront accordées à la France pour la poursuite et la capture des fugitifs.

Art. 2. — La République de Libéria ayant fait certains frais d'établissement sur la partie de la côte, qui se trouve à l'est du Cavally, la France s'engage à payer au gouvernement de la République libérienne une somme de 25.000 francs, à titre d'indemnité.

Fait à Paris, le 8 décembre 1902.

G. Hanotaux.
J. Haussmann.
Baron de Stein.

II

ARRANGEMENT FRANCO-BRITANNIQUE DU 12 JUILLET 1893

Les commissaires spéciaux, nommés par les gouvernements de la France et de la Grande-Bretagne, en vertu de l'article 5 de l'arrangement du 10 août 1889, n'étant pas parvenus à tracer, entre les territoires respectifs des deux puissances, sur la Côte d'Or, une ligne de démarcation conforme aux dispositions générales de l'article 3 de cet arrangement et aux indications du paragraphe final de l'arrangement du 26 juin 1891, les plénipotentiaires soussignés, chargés, en exécution des déclarations échangées à Londres, le 5 août 1890, entre le gouvernement de la République française et le gouvernement de Sa Majesté Britannique, de délimiter les sphères d'intérêt respectives des deux pays, dans les districts sud et ouest du moyen et du haut Niger, se sont entendus pour fixer, dans les conditions ci-après énoncées, la ligne de démarcation entre les possessions françaises et britanniques de la Côte d'Or :

1° La frontière britannique part de la côte, à Newton, à une distance de 1.000 mètres à l'ouest de la maison occupée, en 1884, par les commissaires britanniques, puis se dirige droit vers le nord jusqu'à la lagune de Tanoë ou Tendo, suit la rive sud de cette lagune jusqu'à l'embouchure de la rivière Tanoë ou Tendo (des quatre îles qui se trouvent à proximité de cette embouchure, les deux qui sont au sud étant attribuées à la Grande-Bretagne, et les deux qui sont au nord à la France). La frontière britannique longe, à partir de cet endroit, la rive gauche de la rivière Tanoë ou Tendo jusqu'au village de Nougoua, que, vu sa situation sur la rive droite de cette rivière, l'Angleterre consent à reconnaître à la France.

2° La frontière française part également sur la côte, de Newton, à une distance de 1.000 mètres à l'ouest de la maison occupée, en 1884, par les commissaires britanniques. Elle s'avance, de là, droit au nord, vers la lagune de Tanoë ou Tendo, puis traversant cette lagune, en suit la rive nord, et les rives nord et est de la lagune Ehi, jusqu'à l'embouchure de la rivière Tanoë ou Tendo, et suit la rive droite de cette rivière jusqu'au village de Nougoua.

3° La frontière britannique continue à suivre la rive gauche du Tanoë ou Tendo, durant cinq milles anglais, en amont de la maison qui sert actuellement de résidence au chef de Nougoua. Elle traverse en ce point la rivière et se confond avec la frontière commune déterminée ci-dessous.

La frontière française suit la rive droite du Tanoë ou Tendo, également pendant cinq milles en amont de Nougoua, jusqu'au moment où elle est rejointe par la frontière anglaise.

4° La frontière commune quitte la rivière Tanoë et se dirige au nord vers le sommet de la colline de Ferraferrako. De là, passant à deux milles à l'est des villages d'Assikasso, Sankaina, Assambossona et Akouakrou, elle court à deux milles à l'est de la route conduisant de Souakrou à la rivière Boi, pour atteindre cette rivière à deux milles au sud-est de Bamianko, village qui appartient à la France. De là, elle suit le thalweg de la rivière Boi et la ligne tracée par le capitaine Binger (telle qu'elle est marquée sur la carte ci-annexée), laissant Edubi, avec un territoire s'étendant à un mille au nord de ce point, à la France, jusqu'à ce qu'elle atteigne un point situé à 16.000 mètres droit à l'est de Yaou; à partir de ce point, elle coïncide avec la ligne tracée par le capitaine Binger (voir la carte ci-annexée), jusqu'à un point situé à 1.000 mètres au sud d'Abou-rouferrassi, village appartenant à la France. Elle continue à se tenir ensuite à une distance de 10 kilomètres à l'est de la route conduisant directement d'Annibile-krou à Bondoukou, par Bodonfil et Dadiassi, passe à mi-chemin entre Buko et Adjamrah, court à 10 kilomètres à l'est de la route de Bondoukou, viâ Sorobango, Tambi, Takhari et Bandagadi, et atteint la Volta au point d'intersection de cette rivière et de la route de Bandagadi à Kirkindi. Elle suit alors le thalweg de la Volta jusqu'à son intersection par le 9° de latitude nord.

5° Il est convenu que les habitants des villages français, qui, antérieurement à la conclusion du présent arrangement, jouissaient du droit de pêche sur la rivière de Tanoë ou Tendo, continueront à jouir de ce droit, en se conformant aux règlements locaux.

6° La frontière déterminée par le présent arrangement est inscrite sur la carte-ci annexée.

7° Dans la pensée des parties contractantes, le présent arrangement complète et interprète la section I de l'article 3 de l'arrangement du 10 août 1889, relatif à la délimitation des possessions britanniques et françaises sur la Côte d'Or et le paragraphe final de l'arrangement du 26 juin 1891.

Fait à Paris, le 12 juillet 1893.

*Les
Commissaires français :*

G. Hanotaux.
J Haussmann.

*Les
Commissaires britanniques :*

H. Phipps.
J.-A. Crowe.

III

CONVENTION FRANCO-BRITANNIQUE DU 14 JUIN 1898

Le gouvernement de la République française et le gouvernement de Sa Majesté la Reine du Royaume-Uni de la Grande-Bretagne et de l'Irlande, Impératrice des Indes, ayant résolu, dans un esprit de bonne entente mutuelle, de confirmer le protocole, avec ses quatre annexes, préparés par leurs délégués respectifs pour la délimitation des possessions françaises de la Côte d'Ivoire, du Soudan et du Dahomey, et des colonies britanniques de la Côte d'Or et de Lagos, et des autres possessions britanniques à l'ouest du Niger, ainsi que pour la délimitation des possessions françaises et britanniques et des sphères d'influence des deux pays à l'est du Niger, les soussignés :

S. E. M. Gabriel Hanotaux, ministre des affaires étrangères de la République française, et S. E. le très honorable Sir Edmund Monson, ambassadeur de S. M. la Reine du Royaume-Uni de la Grande-Bretagne et d'Irlande, Impératrice des Indes, près le Président de la République française, dûment autorisés à cet effet, confirment le protocole avec ses annexes, dressé à Paris, le 14 juin 1898, et dont la teneur suit :

PROTOCOLE

Les soussignés :

René Lecomte, ministre plénipotentiaire, sous-directeur-adjoint à la Direction des affaires politiques du ministère des affaires étrangères ;

Louis-Gustave Binger, gouverneur des colonies, hors cadres, directeur des affaires d'Afrique au ministère des colonies ;

Martin Gosselin, ministre plénipotentiaire, premier secrétaire de l'ambassade de Sa Majesté Britannique, à Paris ;

William Everett, colonel dans l'armée de terre de Sa Majesté Britannique et « assistant-adjudant général » au bureau des renseignements au ministère de la guerre ;

Délégués respectivement par le gouvernement de la République française et par le gouvernement de Sa Majesté Britannique, à l'effet de préparer, en exécution des déclarations échangées à Londres le 5 août 1890 et le 15 janvier 1896, un projet de délimitation définitive entre les possessions françaises de la Côte d'Ivoire, du Soudan et du Dahomey et les colonies britanniques de la Côte d'Or et de Lagos et les autres possessions britanniques à l'ouest du Niger, et entre les possessions françaises et britanniques et les sphères d'influence des deux pays à l'est du Niger, sont convenus des dispositions suivantes qu'ils ont résolu de soumettre à l'agrément de leurs gouvernements respectifs :

ARTICLE PREMIER. — La frontière, séparant les colonies

françaises de la Côte d'Ivoire et du Soudan de la colonie britannique de la Côte d'Or, partira du point terminal nord de la frontière déterminée par l'arrangement franco-anglais du 12 juillet 1893, c'est-à-dire de l'intersection du thalweg de la Volta Noire avec le 9ᵉ degré de latitude nord et suivra le thalweg de cette rivière vers le nord jusqu'à son intersection avec le 11ᵉ degré de latitude nord.

De ce point, elle suivra dans la direction de l'est ledit parallèle de latitude jusqu'à la rivière qui est marquée sur la carte n° 1 annexée au présent protocole comme passant immédiatement à l'est des villages de Souaga (Zwaga) et de Sébilla (Zébilla). Elle suivra ensuite le thalweg de la branche occidentale de cette rivière, en remontant son cours jusqu'à son intersection avec le parallèle de latitude passant par le village de Sapeliga. De ce point, la frontière suivra la limite septentrionale du terrain appartenant à Sapeliga jusqu'à la rivière Nouhan (Nuhan) et se dirigera ensuite par le thalweg de cette rivière, en remontant ou en descendant suivant le cas, jusqu'à un point situé à 3.219 mètres (2 milles) à l'est du chemin allant de Gambaga à Tingourskou (Tenkrugu) par Baukou (Bacwu). De là, elle rejoindra en ligne droite le point d'intersection du 11ᵉ degré de latitude nord avec le chemin indiqué sur la carte n° 1 comme allant de Sansanné-Mango à Pama par Djebiga (Jebigu).

Art. 2. — ....
....

Art. 5. — Les frontières déterminées par le présent

protocole sont inscrites sur les cartes n°s 1 et 2 ci-annexées.

Les deux gouvernements s'engagent à désigner, dans le délai d'un an pour les frontières à l'ouest du Niger et de deux ans pour les frontières à l'est de ce même fleuve, à compter de la date de l'échange des ratifications de la convention qui doit être conclue aux fins de confirmer le présent protocole, des commissaires qui seront chargés d'établir sur les lieux les lignes de démarcation entre les possessions françaises et britanniques en conformité et suivant l'esprit des stipulations du présent protocole...............

Art. 6. — Les deux puissances contractantes s'engagent réciproquement à traiter avec bienveillance (considération) les chefs indigènes qui, ayant eu des traités avec l'une d'elles, se trouveront, en vertu du présent protocole, passer sous la souveraineté de l'autre.

Art. 7. — Chacune des deux puissances contractantes s'engage à n'exercer aucune action politique dans les sphères de l'autre, telles qu'elles sont définies par les articles 1, 2, 3 et 4 du présent protocole. Il est convenu par là que chacune des deux puissances s'interdit de faire des acquisitions territoriales dans les sphères de l'autre, d'y conclure des traités, d'y accepter des droits de souveraineté ou de protectorat, d'y gêner ou d'y contester l'influence de l'autre.

Art. 8. — ....
....

Art. 9. — A l'intérieur des limites tracées sur la carte n° 2 annexée au présent protocole, les citoyens

La Côte d'Ivoire.

français et protégés français, les sujets britanniques et citoyens britanniques pour leurs personnes comme pour leurs biens, les marchandises et produits naturels ou manufacturés de la France et de la Grande-Bretagne, de leurs colonies, possessions et protectorats respectifs, jouiront pendant trente années, à partir de l'échange des ratifications de la convention mentionnée à l'article 5, du même traitement pour tout ce qui concerne la navigation fluviale, le commerce, le régime douanier et fiscal et les taxes de toute nature.

Sous cette réserve, chacune des deux puissances contractantes conservera la liberté de régler sur son territoire et à sa convenance le régime douanier et fiscal et les taxes de toute nature.

Dans le cas où aucune des puissances contractantes n'aurait notifié, douze mois avant l'échéance du terme précité de trente années, son intention de faire cesser les effets du présent article, il continuera à être obligatoire jusqu'à l'expiration d'une année à partir du jour où l'une ou l'autre des puissances contractantes l'aura dénoncé.

En foi de quoi les délégués soussignés ont dressé le présent protocole et y ont apposé leurs signatures.

Fait à Paris, en double expédition, le 14 juin 1898.

RENÉ LECOMTE.   MARTIN GOSSELIN.
G. BINGER.   WILLIAM EVERETT.

IV

RAPPORT AU PRÉSIDENT DE LA RÉPUBLIQUE, SUIVI D'UN DÉCRET, EN DATE DU 17 OCTOBRE 1899, PORTANT RÉORGANISATION DU GOUVERNEMENT GÉNÉRAL DE L'AFRIQUE OCCIDENTALE FRANÇAISE.

Paris, le 17 octobre 1899.

Monsieur le Président,

Depuis plusieurs années déjà, la domination française n'a cessé de se fortifier dans nos possessions de l'Afrique occidentale. La conquête de ces vastes territoires aura permis d'ajouter une page glorieuse à notre histoire coloniale, tantôt en donnant libre carrière à l'initiative hardie de nos explorateurs, tantôt en affirmant avec éclat les qualités brillantes de nos officiers et de nos soldats, la vaillance et la fidélité de nos troupes indigènes. Aujourd'hui, sur les pays de la boucle du Niger, comme dans les régions plus voisines de la côte, l'autorité française est suffisamment affermie pour que nous n'ayons à redouter désormais ni soulèvements étendus, ni résistances organisées.

Cette extension progressive de notre influence, résultat fécond de si valeureux efforts, a réuni peu à peu, pour les transformer en un groupe compact, les différentes fractions de l'Afrique occidentale française. La jonction de ces divers éléments n'est pas seulement constituée, dans le domaine géographique, par l'ensemble des droits que des conventions diplomatiques nous ont reconnus; elle est devenue une réalité pratique, aujourd'hui que des communications régulières, facilitées par un réseau terrestre de lignes télégraphiques, unissent entre elles et relient au Sénégal nos colonies de la côte d'Afrique.

Aucun obstacle de fait, aucun intérêt supérieur, n'empêche dès lors de faire prévaloir, dans les possessions françaises de l'Afrique occidentale, les principes fondamentaux de notre organisation politique. Il est nécessaire, désormais, que le représentant le plus élevé de l'autorité centrale, le gouverneur général, assume entièrement la direction supérieure de nos diverses colonies, y compris la Côte d'Ivoire et le Dahomey, sans qu'aucun organisme politique ou militaire se constitue et agisse soit au-dessus de lui, soit en dehors de lui.

Pour entrer dans ces vues, il importe maintenant d'éviter, là du moins où elle n'est pas encore indispensable, toute confusion des pouvoirs administratifs et militaires; il paraît possible également de rattacher aux colonies, dont ils sont le développement naturel, les territoires aujourd'hui réunis sous le nom de « colonie du Soudan français » en un groupement manifestement artificiel et provisoire. C'est sous l'influence des mêmes considérations, enfin, qu'il semble sage actuellement d'instituer un commandement supérieur ayant sous ses ordres toutes les troupes de l'Afrique occidentale, les répartissant, selon les besoins, entre nos diverses possessions, mais demeurant toujours, dans les limites d'un rôle exclusivement militaire, l'auxiliaire du gouverneur général.

C'est sur ces bases, Monsieur le Président, que j'ai préparé et que j'ai l'honneur de soumettre à votre haute sanction le projet de décret ci-annexé. A l'exception des territoires, le plus récemment soumis à notre influence, et qui, rattachés administrativement au Sénégal, sont maintenus sous la direction de deux commandants militaires, ce projet place sous le régime du pouvoir civil toutes nos possessions de l'Afrique occidentale. Il donne à l'autorité française, dans son origine et dans son exercice, plus d'harmonie, de cohésion et d'uniformité; il tend à assurer rapidement aux diverses fractions de notre empire africain un développement commercial, dont quelques-unes, le Sénégal et la Guinée française notamment, offrent déjà, par leur prospérité présente, l'exemple le plus remarquable. C'est, sur le terrain économique, la préface d'une fusion étroite d'intérêts qu'il est utile, au plus haut point, de préparer et d'inaugurer à bref délai dans les possessions de l'Afrique occidentale française.

Je vous serai reconnaissant, Monsieur le Président, de vouloir bien, si vous l'approuvez, revêtir le présent décret de votre signature.

Je vous prie d'agréer, Monsieur le Président, l'hommage de mon profond respect.

Le Ministre des Colonies,
Albert DECRAIS.

Le Président de la République française,

Sur le rapport du Ministre des Colonies,

Vu l'article 18 du sénatus-consulte du 3 mai 1854;

Vu le décret du 20 novembre 1882 sur le régime financier des colonies;

Vu les décrets des 16 juin 1895 et 25 septembre 1896, portant organisation du gouvernement général de l'Afrique occidentale française,

Décrète :

Article premier. — Les territoires ayant constitué jusqu'à ce jour les possessions du Soudan français cessent d'être groupés en une colonie ayant son autonomie administrative et financière.

Les cercles de Kayes, de Bafoulabé, de Kita, de Satadougou, de Bamako, de Ségou, de Djenné, de Nioro, de Goumbou, de Sokolo et de Bougouni sont rattachés au Sénégal.

Les cercles de Dinguiray, de Siguiri, de Kouroussa, de Kankan, de Kissidougou et de Beyla sont rattachés à la Guinée française.

Les cercles ou résidences de Odjenné, de Kong et de Bouna sont rattachés à la Côte d'Ivoire.

Les cantons de Kouala ou Nebba, au sud de Liptako, et le territoire de Say, comprenant les cantons de Djennaré, de Diongoré, de Folmongani et de Botou, sont rattachés au Dahomey.

Les cercles ou résidences de la circonscription dite *région nord et nord-est du Soudan français*, savoir ceux de Tombouctou, de Lumpi, de Goundam, de Bandiagara, de Dori et de Ouahigouya, ainsi que les cercles ou résidences de la circonscription dite *région Volta*, savoir ceux de San, de Ouagadougou, de Léo, de Koury, de Sikasso, de Bobo-Dioulassou et de Djebougou, forment deux territoires militaires, relevant du gouverneur général et placés sous la direction de deux commandants militaires.

Art. 2. — Le gouverneur général de l'Afrique occidentale française est chargé de la haute direction politique et militaire de tous les territoires dépendant du Sénégal, de la Guinée française, de la Côte d'Ivoire et du Dahomey.

Art. 3. — Un officier général ou supérieur remplit, à Saint-Louis, auprès du gouverneur général, les fonctions de commandant supérieur des troupes de l'Afrique occidentale.

Son autorité s'exerce, au point de vue militaire et sous la haute direction du gouverneur général, dans les colonies du Sénégal, de la Guinée française, de la Côte d'Ivoire et du Dahomey. Les troupes, placées sous son commandement, sont, selon les nécessités politiques, réparties entre ces diverses colonies.

Art. 4. — Les recettes et les dépenses des cercles ou résidences de l'ancienne colonie du Soudan français, rattachés au Sénégal, y compris ceux des territoires militaires, forment un budget autonome.

Ce budget est arrêté, chaque année, par le gouverneur général en conseil privé. Le gouverneur général a l'ordonnancement des dépenses, mais il peut sous-déléguer les crédits qui sont à sa disposition.

Il est pourvu à l'exécution des engagements financiers,

pris par l'ancienne colonie du Soudan français, sur les ressources de ce budget spécial.

Art. 5. — Les recettes et les dépenses des territoires, rattachés à la Guinée française, à la Côte d'Ivoire et au Dahomey, sont inscrits respectivement aux budgets locaux de ces différentes colonies.

Art. 6. — Toutes les dispositions contraires au présent décret sont et demeurent abrogées.

Art. 7. — Le Ministre des Colonies est chargé de l'exécution du présent décret.

Fait à Paris, le 17 octobre 1899.

Émile LOUBET.

Par le Président de la République :

Le Ministre des Colonies,

Albert DECRAIS.

V

RAPPORT AU PRÉSIDENT DE LA RÉPUBLIQUE, SUIVI D'UN DÉCRET, EN DATE DU 1ᵉʳ OCTOBRE 1902, PORTANT RÉORGANISATION DU GOUVERNEMENT GÉNÉRAL DE L'AFRIQUE OCCIDENTALE FRANÇAISE.

Paris, le 1ᵉʳ octobre 1902.

Monsieur le Président,

L'organisation de nos possessions de l'Afrique occidentale a suivi, jusqu'à présent, dans ses transformations successives, l'évolution, assez lente d'abord, puis brusquement accentuée, qui a marqué, dans ces territoires, le développement de l'influence française. Alors que notre domination était encore à ses débuts, sinon par ses origines historiques, du moins par ses résultats, l'acte fondamental dont les principes essentiels n'ont pas cessé de présider, dans l'Afrique occidentale française, à l'exercice de la puissance publique, l'ordonnance du 7 septembre 1840, avait pu réunir dans l'organisation commune du *Sénégal et dépendances*, les établissements épars, déjà créés sur le littoral, depuis le cap Blanc jusqu'au golfe de Guinée. Mais, plus tard, quand les efforts de nos explorateurs et de nos soldats, poursuivant l'œuvre de Faidherbe, eurent commencé à étendre nos possessions vers l'intérieur du continent, on dut reconnaître que, pour donner aux unes comme aux autres des chances égales de développement, il fallait les transformer en colonies distinctes, chacune ayant son autonomie administrative et financière. Ainsi se constituèrent les colonies de la Guinée française, de la Côte d'Ivoire et du Dahomey ; ainsi fut créée, non sans quelque confusion des pouvoirs civil et militaire, la colonie du Soudan français ; ainsi, dans l'étendue même du Sénégal proprement dit, les territoires annexés, dotés, avec un budget local, d'institutions électives, se distinguèrent des pays de protectorat, maintenus, avec des budgets régionaux, sous un régime différent.

A ces colonies séparées, où se manifestaient tantôt des intérêts divergents et tantôt des nécessités communes, il fallait donner, toutefois, une direction supérieure qui, à l'écart des conceptions particularistes, achevât l'unification politique et hâtât le progrès économique de nos diverses possessions. Un décret du 16 juin 1895, en instituant un gouvernement général de l'Afrique occidentale française, a, pour la première fois, répondu à cette préoccupation. Plus récemment, un décret du 17 octobre 1899 a, sur l'ensemble de nos possessions, fortifié les pouvoirs du gouverneur général, tandis que disparaissait, en tant que colonie autonome, le Soudan français, dont les territoires étaient rattachés au Sénégal, à la Guinée, à la Côte d'Ivoire et au Dahomey.

L'œuvre reste inachevée néanmoins. Le gouvernement général de l'Afrique occidentale française ne dispose pas d'un instrument financier qui lui soit propre et puisse lui donner, dans l'ordre administratif, une existence indépendante. A l'heure actuelle, entre nos diverses possessions, l'union n'est réalisée qu'en la personne du gouverneur général et, à ce point de vue même, elle demeure insuffisante.

Hors du Sénégal, en effet, le gouverneur général n'a que la direction politique et militaire des colonies placées sous son autorité ; il reste étranger à la gestion intérieure de leurs intérêts, à leur développement agricole et commercial. Abstention forcée, d'autant plus regrettable qu'elle se produit à une époque où l'essor économique des possessions françaises de l'Afrique occidentale prend une importance réelle, manifestée par un mouvement commercial dont la valeur totale, en 1901, a dépassé 160 millions de francs, par un accroissement de recettes budgétaires, enfin par l'exécution ou le projet de grands travaux d'utilité générale.

Dans ces circonstances, j'ai pensé que le moment était venu de donner au gouverneur général de l'Afrique occidentale française des moyens d'action directs, au service d'une autorité plus étendue. Avant tout, entre nos différentes possessions, le gouverneur général doit tenir le rôle d'un arbitre supérieur dont l'intervention ne puisse être jamais, en matière administrative ou politique, ni écartée, ni contestée. Mais cette haute responsabilité et ce pouvoir conciliateur ne se justifient et ne se peuvent librement exercer que si le gouverneur général a sous sa dépendance immédiate un personnel expérimenté et s'il dispose de ressources budgétaires dans l'intérêt commun de nos possessions.

Il est non moins désirable, d'ailleurs, que le gouverneur général de l'Afrique occidentale française, pour mieux assurer l'entière indépendance du contrôle général qui lui appartient, évite le plus possible d'assumer lui-même l'administration spéciale et directe d'un des territoires placés sous son autorité.

C'est sous l'influence de ces considérations, Monsieur le Président, que j'ai préparé et que j'ai l'honneur de soumettre à votre signature le projet de décret ci-annexé. Dans l'ensemble de ces dispositions, ce projet maintient en principe aux colonies de l'Afrique occidentale, sous la direction du gouverneur général, leur autonomie administrative et financière, affirmée chaque année par l'établissement de budgets distincts qui seront désormais approuvés par décrets. Mais, en même temps, par une subordination plus étroite du personnel, une centralisation plus complète de la correspondance et un contrôle moins limité des diverses administrations, il étend l'autorité du gouverneur général sur les services locaux de nos possessions. Il fortifie de même l'action de ce haut fonctionnaire, en lui assurant le concours immédiat de services généraux, dont les dépenses seront dorénavant prévues à une section d'un budget déterminé, comprenant les dépenses communes à nos différentes colonies. Enfin, ce projet de décret transfère de Saint-Louis à Dakar le siège du gouvernement général, pour mieux en sauvegarder la liberté d'action, en dehors et au-dessus des administrations locales, et il place la colonie du Sénégal sous l'autorité d'un lieutenant-gouverneur, à l'égal de la Guinée, de la Côte d'Ivoire et du Dahomey. Le gouverneur général devra pourvoir encore lui-même, il est vrai, à l'administration de certaines régions, jusqu'alors rattachées au Sénégal, et qui prendront le titre de *territoires de la Sénégambie et du Niger* ; il sera, toutefois, assisté spécialement, dans l'exercice de cette partie de ses attributions, par le secrétaire général du gouvernement général, ainsi que par le délégué permanent, son représentant à Kayes.

A ces dispositions, devront faire suite des actes particuliers ayant pour objet d'assurer le fonctionnement régulier d'un conseil du gouvernement général de l'Afrique occidentale française, et d'unifier dans une hiérarchie et sous des règles communes le personnel appartenant aux principaux services de nos possessions. Ainsi, le gouvernement général de l'Afrique occidentale française sera devenu alors une réalité. Étroitement unies sous une direction commune, reliées géographiquement, nos colonies de l'Afrique occidentale seront prêtes désormais à constituer un empire solide et compact, aussi confiant dans l'avenir qu'il sera sûr du présent.

Je vous prie d'agréer, Monsieur le Président, l'hommage de mon profond respect.

Le Ministre des Colonies,
Gaston Doumergue.

Décret *portant réorganisation du gouvernement général de l'Afrique occidentale française.*

Le Président de la République française,

Vu l'article 18 du sénatus-consulte du 3 mai 1854 ;

Vu le décret du 20 novembre 1882, sur le régime financier des colonies ;

Vu le décret du 17 octobre 1899, portant organisation du gouvernement général de l'Afrique occidentale française ;

Vu le décret du 6 avril 1900, portant réorganisation du personnel des gouverneurs des Colonies ;

Sur le rapport du Ministre des Colonies,

Décrète :

Article premier. — Le gouvernement général de l'Afrique occidentale française comprend :

1° La colonie du Sénégal, à laquelle cessent d'être rattachés les pays de protectorat ;

2° La colonie de la Guinée française ;

3° La colonie de la Côte d'Ivoire ;

4° La colonie du Dahomey;

(Ces trois colonies avec leurs limites actuelles);

5° Les pays de protectorat, actuellement dépendants du Sénégal, et les territoires du haut Sénégal et du moyen Niger, qui sont désormais groupés en une unité administrative et financière nouvelle, sous le nom de *Territoire de la Sénégambie et du Niger.*

Art. 2. — Le gouverneur général de l'Afrique occidentale française est le dépositaire des pouvoirs de la République dans les colonies et territoires ci-dessus énumérés.

Il a seul le droit de correspondre avec le gouvernement.

Art. 3. — Le gouverneur général est assisté d'un secrétaire général du gouvernement général et d'un conseil de gouvernement dont la composition sera ultérieurement déterminée.

Il organise les services, à l'exception de ceux qui sont régis par les actes de l'autorité métropolitaine ; il règle leurs attributions.

Il nomme à toutes les fonctions civiles, à l'exception des emplois de lieutenants-gouverneurs, de secrétaires généraux, de magistrats, de directeur du contrôle, de directeurs généraux, de chefs des principaux services, d'administrateurs et de ceux dont la nomination est réservée à l'autorité métropolitaine par des actes organiques.

Pour ces divers emplois, les nominations se font sur sa présentation et les fonctionnaires sont mis à sa disposition et répartis par lui entre les colonies et territoires de l'Afrique occidentale, sauf en ce qui concerne les lieutenants-gouverneurs, les secrétaires généraux et les magistrats.

Art. 4. — Le gouverneur général peut déléguer, par décision spéciale et limitative et sous sa responsabilité, son droit de nomination aux lieutenants-gouverneurs du Sénégal, de la Guinée, de la Côte d'Ivoire et du Dahomey.

Art. 5. — Le gouverneur général a sa résidence officielle à Dakar, Saint-Louis demeurant le siège du gouvernement du Sénégal.

Le gouverneur général détermine, en conseil de gouvernement et sur le rapport des lieutenants-gouverneurs intéressés, les circonscriptions administratives dans chacun des territoires et colonies de l'Afrique occidentale française.

Art. 6. — Les colonies et territoires composant le gouvernement général de l'Afrique occidentale française possèdent leur autonomie administrative et financière dans les conditions déterminées ci-après :

Les colonies du Sénégal, de la Guinée française, de la Côte d'Ivoire et du Dahomey sont administrées chacune, sous la haute autorité du gouverneur général, par un gouverneur des colonies portant le titre de lieutenant-gouverneur et assisté par un secrétaire général.

Le gouverneur général administre directement, ou par délégation spéciale au secrétaire général du gouvernement général, les territoires de la Sénégambie et du Niger.

Il est assisté spécialement à cet effet par un conseil d'administration.

Art. 7. — Les budgets des colonies et territoires de l'Afrique occidentale française, établis conformément à la législation en vigueur, sont arrêtés par le gouverneur général en conseil de gouvernement et approuvés par décrets rendus sur la proposition du ministre des colonies.

Les dépenses du gouvernement général, du contrôle, des directions générales, des services communs et d'intérêt général sont inscrites dans une section spéciale du budget des territoires de la Sénégambie et du Niger.

Le budget desdits territoires est alimenté par les recettes de toute nature perçues dans ces territoires et par des contributions des colonies du Sénégal, de la Côte d'Ivoire et du Dahomey. Le montant de ces contributions sera annuellement fixé par le gouverneur général en conseil de gouvernement et arrêté par le décret approbatif du budget.

Art. 8. — Chaque lieutenant-gouverneur est, sous le contrôle du gouverneur général, ordonnateur du budget de la colonie qu'il administre.

Le gouverneur général a l'ordonnancement des dépenses du budget des territoires de la Sénégambie et du Niger; il peut sous-déléguer les crédits qui sont à sa disposition.

Les dispositions du décret du 20 novembre 1882 sur le régime financier des colonies sont applicables aux budgets de l'Afrique occidentale française.

Art. 9. — Sont abrogées toutes les dispositions des décrets et arrêtés antérieurs, en ce qu'elles ont de contraire aux présentes dispositions, dont l'application sera réglée par des arrêtés du gouverneur général.

Art. 10. — Le Ministre des Colonies est chargé de l'exécution du présent décret, qui sera inséré au *Journal officiel de la République française*, au *Bulletin des Lois* et au *Bulletin officiel du ministère des colonies*.

Fait à Paris, le 1ᵉʳ octobre 1902.

Émile LOUBET.

Par le Président de la République :
Le Ministre des Colonies,
    Gaston DOUMERGUE.

VI

INHUMATION DES RESTES MORTELS DE MM. EUDES ET LEVOAS A DABOU.

Au mois d'août 1898 se produisit, dans les environs de Grand-Bassam, un événement qui mit en deuil la population de la colonie : l'assassinat de MM. Eudes et Levoas, à Pandah, village de l'Ébrié. Ce n'est qu'en 1899, sept mois après, que les derniers honneurs purent être rendus à ces deux nouvelles victimes de la tribu des Boubouri. Le Journal officiel de la Côte d'Ivoire, *en son numéro du 1ᵉʳ avril 1899, a publié le compte rendu suivant de cette triste cérémonie :*

Le lundi 20 mars a eu lieu, à Dabou, l'inhumation des restes de MM. Eudes et Levoas.

Cette cérémonie, où se sont exprimés, dans un touchant recueillement, les sympathies dont jouissaient MM. Eudes et Levoas et le douloureux souvenir de leur fin tragique, a réuni, très nombreux, les représentants de la colonie européenne de la région.

Le deuil a été conduit par MM. Roger Villamur, Chef du secrétariat du gouvernement, représentant le Gouverneur, et Voisin, Administrateur du cercle de Dabou.

Au cimetière, que M. l'Administrateur Voisin a fait établir non loin de la Mission catholique et dont les tombes inaugurales sont celles des malheureuses victimes de Pandah, M. Villamur, après l'absoute donnée par le clergé de Dabou, a prononcé l'allocution suivante :

« Messieurs,

« Désigné par le Chef de la colonie pour le représenter à la pieuse cérémonie qui nous réunit autour de ces tombes, je viens, en son nom, adresser un adieu suprême aux victimes de Pandah, à nos amis très regrettés, MM. Eudes et Levoas.

« Sept mois se sont écoulés depuis le jour où la nouvelle de leur mort tragique arriva au chef-lieu. Elle n'y trouva d'abord que des incrédules. Le raisonnement se refusait à admettre que ceux que nous pleurons aujourd'hui et qui avaient su s'acquérir parmi nous, comme parmi la population indigène, avec qui ils étaient journellement en contact, de générales et chaudes sympathies, le raisonnement, dis-je, se refusait à admettre qu'ils fussent, non loin de nous, dans un village de lagune, tombés sous les coups d'un groupe d'assassins.

« Hélas ! la nouvelle n'était que trop vraie. Le télégramme que MM. Jolly et Rousseau avaient, en l'absence de M. l'Administrateur du cercle de Dabou, adressé, le 17 août, à M. le Gouverneur, était confirmé le lendemain. Ceux d'entre vous, Messieurs, qui se trouvaient à cette époque à Grand-Bassam, n'oublieront jamais les détails poignants que, dans son télégramme confirmatif, M. l'Administrateur de Dabou donnait sur la mort de MM. Eudes et Levoas.

« *La canonnière* Diamant, *disait en substance le télégramme, a quitté Dabou à six heures du matin et est arrivée deux heures après au débarcadère de Pandah, où elle a mouillé. A midi, Eudes proposa au mécanicien Levoas de descendre à terre, pour y chercher du bois — ce que ce dernier accepta. Levoas prit un fusil du bord et un paquet de cartouches, sans charger l'arme.*

« *Aussitôt sur le rivage, ils furent accostés par des indigènes. L'un de ceux-ci tendit la main à Eudes, pendant que d'un groupe, placé derrière, partaient trois coups de fusil. Eudes tomba à terre et eut immédiatement la tête tranchée. Levoas reçut, presque en même temps, deux décharges dans le dos. Il tomba, à son tour, pour ne plus se relever... Les corps restèrent aux mains des indigènes.* »

« Vous connaissez, Messieurs, les événements qui ont suivi ce drame douloureux et qui ont amené les gens du village, auquel appartenaient les assassins, à nous rendre les corps des victimes. Au milieu de nos tristesses, nous avons, au moins, la satisfaction de pouvoir remplir, à l'égard de ceux qui nous furent chers, les derniers devoirs.

* * *

« MM. Eudes et Levoas étaient, dans toute la force du terme, des sympathiques, comme je le disais tantôt. Ils possédaient à un haut degré ce je ne sais quoi de rare qui fait que, sans recherche, par le seul don d'une nature douce, aimante, dévouée, et d'un caractère loyal et franc, on gagne les sympathies du milieu dans lequel on vit. Ai-je besoin de rappeler que les qualités dont ils faisaient preuve, dans la pratique de leurs professions respectives, s'harmonisaient avec leurs qualités d'hommes privés ?

« Agent d'une importante maison commerciale, M. Eudes avait, dans l'exercice des fonctions spéciales qu'il remplissait, fonctions exigeant, par leur nature, la possession de connaissances variées, et nécessitant, par le contact journalier qu'elles impliquent avec l'indigène, de l'énergie, de la patience et du tact, M. Eudes avait acquis l'estime et la confiance de ses chefs. Au moment où la destinée a voulu qu'il cessât d'être des nôtres, il était pour la maison Swanzy un précieux agent.

« M. Levoas fut, pendant plus d'un an et demi, au service de la colonie, en qualité de mécanicien. Il ne tarda pas à se faire apprécier de ses supérieurs, qui le considéraient comme un excellent auxiliaire. Détail navrant : M. Levoas se disposait à aller jouir auprès des siens d'un congé bien gagné, après un long séjour à la côte, lorsqu'il tomba victime des assassins de Pandah.

« Messieurs,

« J'ai rappelé les faits criminels qui ont coûté la vie à nos amis Eudes et Levoas. J'ai, en quelques mots, tenté de dire leurs qualités d'hommes privés et leurs qualités professionnelles. En présence de ces tombes, qui, pour toujours, vont se refermer, le langage est impuissant à traduire tous les sentiments qui nous étreignent. A peine permet-il d'exprimer à ces jeunes hommes, si tragiquement enlevés à l'affection de leurs parents et de leurs amis, l'adieu déchirant, l'adieu suprême.

« Chers amis, reposez en paix ! »

M. l'Administrateur Voisin a pris ensuite la parole et a remercié les représentants de la colonie européenne du pieux empressement qu'ils ont mis à se rendre à Dabou pour accompagner MM. Eudes et Levoas à leur demeure dernière.

VII

Les Coutumes indigènes de la Côte d'Ivoire par F.-J. Clozel, Secrétaire général du gouvernement, et Roger Villamur, Juge-Président à Bingerville. Un vol. grand in-8 de 538 pages, avec une carte ethnographique dressée par M. Cartron, Administrateur-adjoint.

(*Communication faite par* M. YVES GUYOT *à la Société d'Anthropologie de Paris, dans la séance du jeudi 4 décembre 1902* [1].)

Ce volume est une contribution précieuse à l'ethnographie. Il est le résultat d'une enquête, faite systématiquement par le gouverneur p. i. de la Côte d'Ivoire auprès des fonctionnaires et des officiers, répartis sur les territoires de la colonie. Un questionnaire leur a été envoyé, portant sur les sujets suivants : *Droit civil* : 1º de la famille ; 2º du mariage ; 3º de la filiation ; 4º de la tutelle, de l'émancipation, etc. ; 5º de la propriété ; 6º des successions ; 7º des contrats ; 8º de la prescription. — *Droit criminel* : 1º de l'infraction ; 2º des peines ; 3º réformes. — *Organisation judiciaire et procédure.*

1. On trouvera le compte rendu *in extenso* de cette importante communication et de la discussion intéressante à laquelle elle a donné lieu, dans les *Bulletins et mémoires* de la Société, année 1902, nº 6.

Ce volume représente les *Pandectes* de la Côte d'Ivoire.

Il est précédé d'une introduction, qui indique la répartition des habitants et la caractéristique de leurs divers groupes.

Les populations réunies comptent 1.139.000 habitants; les populations évaluées 820.000 : soit un total de 1.959.000 ou, en chiffres ronds, 2 millions, répartis sur 300.000 kilomètres carrés, ce qui donne 6 habitants par kilomètre carré. La suppression des guerres intestines, de tribu à tribu, sous la paix française, développera cette population. Les auteurs dissipent nettement l'illusion que les colonies, placées sous le climat tropical, peuvent servir de déversoir « au trop plein de la vieille Europe. Les immigrants de race blanche y fondraient sous le climat. L'indigène est la base de toute prospérité, le pivot de tout progrès ».

De là, la nécessité de connaître ses mœurs, ses coutumes, sa psychologie.

Les *Agni*, parents des *Achanti*, appartiennent à la grande famille ethnique, qui peuple la Côte d'Or et plus du tiers de la Côte d'Ivoire.

M. Roger Villamur a fait ressortir l'analogie de leur droit avec le droit romain et le droit moderne européen.

Le mariage se fait très régulièrement; l'inceste est prohibé. Le mari envoie aux parents de la jeune fille une dot qui représente son achat; mais, toutefois, il y a des différences suivant la région.

Dans le cercle du Baoulé, d'après M. Delafosse, auteur du *Manuel de langue agni*, qui a administré ce district, le mariage ne se fait que par consentement mutuel, sans que l'achat ou la dot existent soit du côté du mari, soit du côté de la femme. M. Tellier indique que, dans le district de l'Indénié, le mari doit verser une dot de 50 à 200 francs; M. Cartron dit que, dans le Sanwi, le jeune homme donne un cadeau; M. le capitaine Benquey dit que le mari, chez les Abron, apporte un sac de sel, deux pagnes du pays, une pièce d'étoffe et une somme d'argent de 28 fr. 75. Évidemment cette générosité représente un achat, plus ou moins atténué dans la forme. La jeune fille est consultée, partout où l'Islam n'a pas encore fait sentir son influence.

Le mariage est une affaire civile. La polygamie est répandue; mais les femmes vivent en bonne intelligence. Elles ne sont pas assujetties à des travaux plus durs que les femmes françaises.

Le père a un droit de correction modéré sur ses enfants : mais il peut les mettre en gage.

La propriété repose sur l'occupation. La culture la rend individuelle. Ce qui n'est pas cultivable reste indivis. Les Agni distinguent entre la propriété mobilière et la propriété immobilière.

Le contrat, qui est toujours verbal, se passe devant témoins, mais sans formalités solennelles.

Les Agni considèrent que la filiation maternelle présente une certitude que ne donne pas la filiation paternelle. D'après M. Delafosse, voici l'ordre de succession chez les Baoulé : 1° frère ou sœur utérins; 2° neveux ou nièces, fils ou filles de sœur utérine; 3° oncles ou tantes, frères ou sœurs utérins de mère, etc.

Les féticheurs jouent un rôle terrible. Quand quelqu'un meurt, sa mort n'est jamais considérée comme naturelle. Un féticheur désigne un individu comme en étant l'auteur responsable. Le malheureux est obligé de payer une amende. S'il est désigné plusieurs fois, il est expulsé de la tribu. Quelquefois, il est tué.

L'occupation française a supprimé les sacrifices humains; et M. Roger Villamur cite un fait personnel, qui prouve que cette coutume est bien détruite.

Le féticheur est l'être néfaste de ces tribus. Il exploite toutes les crédulités et toutes les terreurs. Dans les palabres, il déclare souvent que ses fétiches lui ont révélé la culpabilité d'un individu qui est innocent. Impossible de contester. Tout ce que peuvent faire les co-jureurs, c'est d'assurer « que l'individu désigné, ils le connaissent depuis longtemps, comme honnête, doux, et que, s'il s'est rendu coupable, ce ne peut être que dans un accès de démence momentanée ». Ils n'osent contester le bien fondé de l'accusation du féticheur; ils se bornent à plaider les circonstances atténuantes et à obtenir une réduction de peine.

Les épreuves judiciaires ont quelquefois l'avantage de contre-balancer le pouvoir du féticheur. C'est l'absurdité, corrigée par une autre absurdité.

Quant aux peines corporelles, elles sont légères; quelques coups de fouet et le serment de ne pas s'enfuir. Le fond de la pénalité, c'est le dédommagement, le *wehrgeld* germanique.

Le fétichisme est refoulé par l'islamisme, qui a pénétré tout le groupe du pays *mandé*, relevant de la Côte d'Ivoire, s'étendant un peu au-dessous du 8e degré de latitude au 10e, et du 5e degré 30 au 10e 20 de longitude.

On peut évaluer la population du groupe à 410.000 personnes, dont la grande majorité appartient aux *Sénoufo*, probablement autochtones, forgerons très habiles qui, dans les armées de Samory, fabriquaient des pièces de fusil Gras et de Kropatcheck.

Ne formant pas même de tribus, mais de simples familles, ils ont laissé les Mandé-Dyoula prendre le pouvoir politique, non point par conquête violente, mais par pénétration. M. Binger a décrit, dans son livre : *Esclavage, Islamisme et Christianisme*, la manière dont ils ont procédé. M. Clozel dit : « Peut-être devrions-nous nous approprier un peu de leur méthode, dans le plus grand intérêt de l'humanité et de l'occupation pacifique de nos colonies africaines. »

Plus loin (p. 41), il ajoute que « si nous ne réussissons pas mieux chez les noirs, c'est bien souvent faute de savoir nous y prendre ».

L'amiral Réveillère a indiqué la cause de l'attraction de l'Islam sur les noirs : « Tout noir qui professe l'Islam est l'égal de tous les musulmans. Entre l'apôtre et le disciple, il n'y a aucune barrière de races », tandis que l'Européen le traite presque toujours avec dédain.

Samory a dévasté toute cette région des Mandé. Kong, qui avait 15.000 habitants, a été détruite par lui.

Les tribus mandé ont subi une double influence, celle des Achanti et celle de l'Islam.

L'Islam a fait rétrograder la situation de la femme. Il a changé l'ordre de succession. Le frère aîné et les enfants du *de cujus* sont héritiers. La pénalité semble dominée par deux idées : le talion et la vengeance. Mais elle comporte aussi une peine morale qui s'appelle le *blâme public*.

Le volume de MM. Clozel et Villamur comprend l'étude d'un groupe de populations qu'on appelle *peuplades des lagunes* : elles occupent la partie de la Côte d'Ivoire comprise entre le Comoë et le Bandama inférieurs.

Ces noirs sont grands, bien musclés, bien proportionnés. La plupart de leurs coutumes sont les mêmes que celles des Agni. « Ce serait une erreur de croire que la condition de la femme y soit malheureuse. On peut dire, d'une façon générale, que l'homme n'exige d'elle que les travaux qui, sous toutes les latitudes, rentrent dans les attributions de la femme, épouse et mère. » La propriété individuelle est fondée sur l'exploitation. Elle redevient commune quand elle n'est plus exploitée.

Les enfants indigènes possèdent une intelligence très vive et rapidement arrivent à parler français. Ils sont capables de faire mieux que des interprètes.

Le livre IVe traite des *coutumes des tribus de la côte occidentale*. Les indigènes de la partie du littoral, comprise entre Fresco et Bliéron, sont connus sous le nom de *Kroumen*, dispersés dans des villages que ne réunit aucun lien. Ils sont d'une taille et d'une musculature exceptionnelles et sont passionnés pour la mer.

Leurs coutumes ont de nombreux points communs avec celles des Agni. Cependant, les *Néyau* admettent la parenté par les deux tiges, paternelle et maternelle.

Dans toutes ces tribus, on retrouve des esclaves. A la mort de leurs maîtres, on les sacrifiait en tout ou en partie. L'occupation française a fait disparaître cette coutume. Les auteurs du livre ont une tendance à trouver bonne la condition de l'esclave. Ils exagèrent peut-être ce sentiment par réaction contre les tendances qui voudraient supprimer complètement cette institution.

Les auteurs de cette intéressante étude considèrent que la plupart des institutions sont bien plus à améliorer doucement qu'à supprimer violemment. Celle qu'ils considèrent comme la plus détestable est celle des féticheurs. Mais on ne peut arriver à les faire disparaître qu'en transformant la psychologie des indigènes de la Côte d'Ivoire, et nous savons, par ce qui se passe en Europe, — et en France même, — que cette tâche n'est pas facile.

VIII

Au moment où nous allons mettre sous presse, le *Journal officiel* publie un décret du 12 février 1903, qui modifie les limites nord de la Côte d'Ivoire.

En voici le texte :

RAPPORT au Président de la République, suivi d'un décret modifiant les limites nord de la Côte d'Ivoire.

« Paris, le 12 février 1903.

Monsieur le Président,

Les renseignements transmis par M. le Gouverneur général de l'Afrique occidentale française sur la situation politique et ethnographique des territoires du Lobi appartenant à la Côte d'Ivoire, établissent qu'il y aurait intérêt à incorporer cette région au deuxième territoire militaire.

C'est dans ce but que j'ai préparé et que j'ai l'honneur de soumettre à votre haute sanction le projet de décret ci-annexé.

Je vous prie d'agréer, Monsieur le Président, l'hommage de mon profond respect.

Le Ministre des Colonies,
Gaston DOUMERGUE.

Le Président de la République française,

Sur le rapport du Ministre des Colonies,

Vu les décrets des 17 octobre 1899 et 1ᵉʳ octobre 1902, réorganisant le gouvernement général de l'Afrique occidentale française ;

Vu le décret du 15 octobre, organisant un conseil de gouvernement de l'Afrique occidentale française ;

Vu le rapport du gouverneur général de l'Afrique occidentale française, le conseil de gouvernement de l'Afrique occidentale française entendu ;

Décrète :

Article premier. — Les villages insoumis des Lobis, Birifous et Dagaris, situés dans la partie nord de la circonscription de Bouna (Côte d'Ivoire), sont rattachés au deuxième territoire militaire.

La nouvelle limite nord-est de la Côte d'Ivoire est formée par une ligne qui part du point où la route de Bouna à Ona coupe la Volta, au nord de Tantama ; cette ligne suit la route jusqu'au village birifou de Honéki, puis une ligne droite de Honéki à mi-chemin entre Sagona et Dokita ; passe entre les villages de Kalamou et Tlhini, au nord de Kouroukoumbay, puis à mi-chemin entre Yologo et Tampouma et rejoint la limite actuelle au sud de Selika.

Art. 2. — Le Ministre des Colonies est chargé de l'exécution du présent décret, qui sera inséré au *Jour-*

nal officiel de la République française, au *Bulletin des lois* et au *Bulletin officiel du ministère des colonies*.

Fait à Paris, le 12 février 1904.

Émile LOUBET.

Par le Président de la République,

Le Ministre des Colonies,

Gaston DOUMERGUE.

IX

La composition des conseils d'administration de la Guinée française, de la Côte d'Ivoire, du Dahomey et du Congo vient d'être modifiée et mise en harmonie avec l'organisation judiciaire nouvelle de ces quatre colonies.

Nous publions ci-dessous le texte du décret qui consacre cette dernière réforme :

RAPPORT

AU PRÉSIDENT DE LA RÉPUBLIQUE FRANÇAISE

Monsieur le Président,

Depuis la réorganisation du service de la justice dans nos colonies de l'Afrique occidentale et au Congo, des emplois de chef du service judiciaire ont été créés dans ces possessions.

Il a semblé dès lors que ces magistrats, en raison des hautes fonctions qu'ils occupent, devraient être appelés à faire partie, de façon permanente, des conseils d'administration des colonies où ils sont en service.

Dans cette pensée, j'ai préparé le projet de décret ci-joint que j'ai l'honneur de soumettre à votre haute sanction.

Ce projet n'apporte, par ailleurs, aucune modification profonde à l'organisation précédemment établie pour ces conseils locaux. L'expérience ayant toutefois démontré que l'absence simultanée de plusieurs habitants notables, membres titulaires ou suppléants, pourrait rendre difficile la réunion du conseil d'administration, j'ai prévu une disposition spéciale, qui permettrait de réduire de trois à deux, en dehors du gouverneur président, le nombre nécessaire des membres du conseil choisis parmi les habitants notables, d'une part, et celui des membres fonctionnaires siégeant avec voix délibérative d'autre part.

Ainsi serait maintenue, dans ce cas particulier, l'égalité numérique que le décret du 11 octobre 1899 a voulu établir au sein de ces conseils entre les représentants de la colonisation et ceux des administrations locales.

Si vous approuvez cette manière de voir, je vous serais reconnaissant de vouloir bien revêtir le présent projet de votre signature.

Je vous prie d'agréer, monsieur le Président, l'hommage de mon profond respect.

Le Ministre des Colonies,
Gaston DOUMERGUE.

Le Président de la République française,
Sur le rapport du Ministre des Colonies,
Vu le décret du 17 décembre 1891 portant (art. 8) organisation du conseil d'administration de la Guinée française ;
Vu le décret du 26 janvier 1895 portant organisation du conseil d'administration de la Côte d'Ivoire ;
Vu les décrets des 27 mars 1896 et 4 février 1897 portant réorganisation du conseil d'administration du Dahomey et dépendances ;

Vu le décret du 28 septembre 1897 portant (art. 6) réorganisation du conseil d'administration du Congo français ;

Vu le décret du 11 octobre 1899 portant réorganisation des conseils d'administration de la Guinée française, de la Côte d'Ivoire, du Dahomey, du Congo français et de la Côte française des Somalis;

Vu les décrets des 6 août 1901 et 15 avril 1902 organisant le service de la justice à la Guinée française, à la Côte d'Ivoire et au Dahomey ;

Vu les décrets des 26 septembre 1897, 9 avril 1898, 23 novembre 1899 et 19 décembre 1900, organisant le service de la justice au Congo français ;

Décrète :

Art. 1er. — Le conseil d'administration des colonies de la Guinée française, de la Côte d'Ivoire, du Dahomey et du Congo français comprend, en dehors du gouverneur qui en fait partie de droit, en qualité de président :

1° Le secrétaire général ;

2° Le chef du service judiciaire ;

3° Un fonctionnaire désigné par le gouverneur (le chef du service des douanes, un chef de bureau ou un administrateur) ;

4° Trois membres choisis parmi les habitants notables, désignés par le gouverneur pour une période de deux années.

Trois habitants notables sont en outre désignés par le gouverneur comme membres suppléants, pour remplacer, en cas d'absence, les trois habitants notables, membres titulaires.

Un secrétaire archiviste est attaché au conseil.

Art. 2. — Le chef du service judiciaire de la Guinée française, de la Côte d'Ivoire et du Dahomey siège au conseil d'administration de la Guinée. Il pourra y être remplacé, en cas d'absence ou d'empêchement, par le président du tribunal supérieur de Conakry.

A la Côte d'Ivoire et au Dahomey, le magistrat le plus élevé en grade dans chacune de ces deux colonies prend place au conseil d'administration.

Art. 3. — Le chef du service de santé, le chef du service des travaux publics et tous autres chefs de service, s'il y a lieu, peuvent siéger au conseil avec voix consultative ; ils peuvent également remplacer, avec voix délibérative, les membres titulaires en l'absence de ceux-ci.

Art. 4. — En cas d'absence ou d'empêchement simultané d'au moins quatre habitants notables désignés par le gouverneur comme membres titulaires ou suppléants, le conseil d'administration se composera, en dehors du gouverneur président :

1° Du secrétaire général ;
2° Du chef du service judiciaire ;
3° De deux membres notables présents dans la colonie.

Les autres fonctionnaires désignés aux articles 1 et 3 pourront toujours, s'il y a lieu, être appelés au conseil avec voix consultative.

Art. 5. — Toutes les dispositions contraires au présent décret sont et demeurent abrogées.

Art. 6. — Le Ministre des Colonies est chargé de l'exécution du présent décret, qui sera inséré au *Journal officiel de la République française* et au *Bulletin officiel du ministère des colonies*.

Fait à Paris, le 4 mars 1903.

Émile Loubet.

Par le Président de la République :

Le Ministre des Colonies,
Gaston Doumergue.

BIBLIOGRAPHIE

Allegret. L'Islamisme en Afrique, 1901.
Barret (D^r). L'Afrique occidentale, Sénégambie et Guinée, 1888.
Barbot (J.). Histoire de la Guinée, 1660.
Barot (D^r). Guide pratique de l'Européen dans l'Afrique occidentale, 1902.
Barth (H.). Voyages et découvertes dans le nord et le centre de l'Afrique, Gotha, 1857-1859.
Binger (G.). Esclavage, islamisme et christianisme, 1891.
— Du Niger au golfe de Guinée, 1892.
— De la Côte d'Ivoire au Niger, mission Marchand, *Journal des Voyages*, 1896.
— Considérations sur la priorité des découvertes maritimes sur la côte occidentale d'Afrique aux xive et xve siècles, *Bulletin du Comité de l'Afrique française*, 1900.
— Comment on devient explorateur, 1899.
— Le Serment de l'explorateur, *Journal des Voyages*, 1902-1903.
Blondiaux (Cap.). La mission Blondiaux, *Bulletin du Comité de l'Afrique française*, 1897 et 1898.

Bonneau (Lieut¹). La Côte d'Ivoire, 1898.

Borghero. Notes sur la côte de Guinée, 1886.

Bouet-Willaumez. Commerce et traite des esclaves aux côtes occidentales d'Afrique, notices coloniales publiées à l'occasion de l'Exposition de 1889, tome III.

Cadoz. Droit musulman malékite, Alger, 1853.

Card (Rouard de). Les territoires africains et les conventions franco-anglaises, 1901.

Castellani (Ch.). Vers le Nil français, 1897.

— Les Femmes au Congo, 1899.

Chailley-Bert (J.). La Politique indigène dans les colonies françaises, l'*Économiste français* du 13 décembre 1902.

Chaper. Rapport sur une mission scientifique en Assinie, *Archives des missions scientifiques et littéraires*, 1884.

Clozel (F.-J.). Bibliographie des ouvrages relatifs à la Sénégambie et au Soudan oriental, *Revue de géographie*, 1890-91.

— Quinze mois dans l'Indénié, *Journal des voyages*, 1898.

— La Côte d'Ivoire, superficie et population, *Bulletin de la Société de géographie*, 1899.

— La Côte d'Ivoire, notice historique, *Bulletin de la Société de géographie*, 1899.

— Jonction des lagunes d'Assinie et de Grand-Bassam, *La Géographie*, 1902.

— Native land tenure, Ivory Coast, *Journ. of the African Society*, n° IV, juillet 1902.

Clozel (F.-J.) et Roger Villamur. Les Coutumes indigènes de la Côte d'Ivoire, 1902.

Crosson (Cap.). L'Ethnographie de la Côte d'Ivoire, *Bulletin du Comité de l'Afrique française*, 1900.

Dapper (O.). Description des côtes de Guinée, Amsterdam, 1686.

Delafosse (M.). Essai de manuel de la langue agni, 1901.
— Essai de manuel pratique de la langue mandé, 1901.
— Les Libériens et les Baoulé, 1901.
— Sur les traces probables de civilisation égyptienne et d'hommes de race blanche à la Côte d'Ivoire, l'*Anthropologie*, 1901.

Denys de Rivoire. Au pays du Soudan, s. d.

Dépêche coloniale illustrée. La Côte d'Ivoire, n° du 28 février 1902.
— La Côte d'Ivoire, — l'exploitation des mines d'or, — n° du 30 novembre 1902.

Deping. Histoire des expéditions maritimes des Normands, 1844.

Dislère (P.). Traité de législation coloniale, 1897-1902.

Dreyfus (C.). Six mois dans l'Attié, un Transvaal français, 1900.
— La France dans l'Afrique occidentale, avec une carte hors texte, 1902.
— Les mines d'or, 1902.

Ellis (A.-B.). The Tshi-speaking peoples of the Gold Coast of West Africa, London, 1887.

Enjoy (P. d'). La Santé aux colonies, 1900.

Espagnat (P. d'). La Côte d'Ivoire, *Revue des Deux Mondes*, livr. du 1er septembre 1896.

Espagnat (P. d'). La Yoroba, scènes de la vie de Guinée, *Revue des Deux Mondes*, livr. du 15 mars 1897.
— Jours de Guinée, 1899.
Estancelin (L.). Recherches sur les voyages et les découvertes des navigateurs normands en Afrique, 1832.
Eyssèric (J.). Rapport sur une mission à la Côte d'Ivoire, *Nouvelles archives des missions scientifiques*, 1899.
— Exploration et captivité chez les Gouros, *Tour du Monde*, 1900.
Faidherbe. Le Soudan français, Lille, 1881-1885.
— La France dans l'Afrique occidentale, 1889.
— L'Avenir du Soudan, 1889.
Fleuriot de l'Angle (Amiral). Croisières à la Côte d'Afrique, *Tour du Monde*, 1872-1873.
Frey. La Côte occidentale d'Afrique, 1890.
Gaffarel (P.). Les Colonies françaises, 1880.
Gay (J.). Bibliographie des ouvrages relatifs à l'Afrique et à l'Arabie, 1875.
Girault (A.). Le Problème colonial, autonomie ou assimilation, 1984.
— Principes de colonisation et de législation coloniale, 1895.
Gourdault. L'Homme blanc au pays des noirs, 1885.
Gravier. Recherches sur les navigations européennes aux côtes d'Afrique, 1878.
Guyot (Yves). Lettres sur la politique coloniale, 1885.
— Les Coutumes indigènes de la Côte d'Ivoire par MM. Clozel et Villamur, communication à la

Société d'anthropologie de Paris; *Bulletins et Mémoires de la Société d'anthropologie*, année 1902, n° 6.

Hecquard (H.). Voyage sur la côte et dans l'intérieur de l'Afrique occidentale, 1853.

Henrique (L.). Les Colonies françaises, tome V, 1890.

Hess (J.). L'Ame nègre, 1899.

Houdaille (Mission). Côte d'Ivoire, étude du chemin de fer et du port, 1899.

Hovelacque (A.). Les Nègres de l'Afrique sub-équatoriale, 1889.

Hœckel. Les Plantes médicinales de la Côte d'Ivoire, 1900.

Isert (P.-E.). Voyage en Guinée et dans les îles Caraïbes, 1793.

Kayser (G.). Bibliographie d'ouvrages ayant trait à l'Afrique en général, Bruxelles, 1887.

Khalil. Précis de jurisprudence musulmane, trad. Perron, 1848-52.

Kemp (R. D.). Nine years at the Gold Coast, London, 1898.

Lartigue (C^t de). La Région sud du Soudan, *Bulletin du Comité de l'Afrique française*, 1899.

Lasnet (D^r). Mission du Baoulé, *Annales d'hygiène et de médecine coloniales*, 1898.

Laurent (L.). L'Or dans les colonies françaises, *Annales de l'Institut colonial de Marseille*, 1901.

Lebrun-Renaud. Les Possessions françaises dans l'Afrique occidentale, 1885.

Le Chatelier. L'Islam dans l'Afrique occidentale, 1899.

Le Dantec (Dr A.). Précis de pathologie exotique, 1900.

Le Filliatre (A.). Mission chez Samory, *Questions diplomatiques et coloniales*, 1899.

Leroy-Beaulieu (Paul). La Colonisation chez les peuples modernes, 5º édit., 1902.

Librecht d'Albéca. Notice sur les Établissements français du Golfe de Guinée, 1890.

Lomon (Ch.). Les Coutumes indigènes de la Côte d'Ivoire, d'après le livre de MM. Clozel et Villamur, *La Nouvelle Revue*, livraison du 1er décembre 1902.

Loti (P.). Le Roman d'un spahi, 1881.

Loyer (R. P.). Relation du voyage d'Issiny, 1714.

Macaire (Lt). La Richesse forestière de la Côte d'Ivoire, 1900.

Maclaud (Dr). Notes sur les Pakhalla, l'*Anthropologie*, 1896.

Marchand. Le Transnigérien, 1895.

Marchais (Des). Voyage en Guinée, 1730.

Mévil (A.). Samory, 1899.

Mille (P.). Notice sur la Côte d'Ivoire, 1900.

Monnier (M.). La France noire, Côte d'Ivoire et Soudan, 1894.

Monteil. Une Page d'histoire coloniale, la colonne de Kong, s. d.

Morel (E.-D.). Affairs of West Africa, London, 1902.

Moulins et Séris-Raymond. Annuaire et Livre d'or des administrateurs coloniaux, 1re édit., 1900; 2e édit., 1902.

Nebout (A.). Notes sur le Baoulé, *Tour du Monde*, 1900 et 1901.

OLLONE (Cap. d'). De la Côte d'Ivoire au Soudan et à la Guinée, 1901.

PÉROZ (C¹). Au Soudan français, 1889.
— Dictionnaire français-mandingue, 1891.
— Au Niger, 1892.

PETIT (E.). Organisation des colonies françaises, 1894-1895.

POBÉGUIN. La Colonie de la Côte d'Ivoire, 1894.
— Notes sur les lagunes de Grand-Lahou et Fresco, et les rivières Bandama et Yocoboué, *Bulletin de la Société de géographie*, 1897.
— De Lahou au Cavally, *Bulletin de la Société de géographie*, 1898.

QUIQUEREZ. Exploration de la Côte d'Ivoire, *Bulletin de la Société de géographie*, 1891.

RAMBAUD (A.). La France coloniale, 1895.

RAMBAUD (Cap.). La Langue mandé, 1896.

RAMUSIO (G.-B.). Primo volume delle navigationi e viaggi, Venise, 1550.

RECLUS (O.). Nos Colonies, 1889.

REICHENBACH. Étude sur le royaume d'Assinie, *Bulletin de la Société de géographie*, 1890.

REINDORF (G.-C.). History of the Gold Coast and Asantee, Basel, 1895.

ROBERTSON (G.-A.). Notes on Africa ; particulary those parts wich are situated between Cap Verd and the river Congo; containing sketches of the geographical situations, manners and customs, the trade, etc., of the various nations in this extensive tract, etc. London, 1819.

ROUSSIN (Amiral). Mémoire sur la navigation aux côtes occidentales d'Afrique, 1827.

Santarem (Vic. de). Memorio sobre a priori da de dos descobrimientos portuguezes na costa d'Africa occidental, 1842.

Sarbah (J. M.). Fanti customary Laws, London, 1897.

Sautayra et Cherbonneau. Droit musulman, 1873-1874.

Thoiré. Notes sur les cercles du Cavally et de Béréby, 1900.

Thomann (G.). La Sassandra, *Bulletin du Comité de l'Afrique française*, 1901.

— De la Côte d'Ivoire au Soudan français, la mission Thomann, *Bulletin du Comité de l'Afrique française*, 1903.

Thomasset (Cap.). La Côte d'Ivoire, géographie physique, 1900.

Treille (D^r). Hygiène coloniale, 1899.

Van Cassel. La Haute Côte d'Ivoire occidentale, *Bulletin du Comité de l'Afrique française*, 1901.

Verdier (A.). Assinie, Grand-Bassam et Lahou, 1892.

— Trente-cinq années de luttes aux colonies, 1897.

Vergoz (D^r). De quelques affections qu'on observe fréquemment chez les indigènes de la Côte d'Ivoire, *Annales d'hygiène et de médecine coloniales*, 1902, n° 2.

Vigné d'Octon. Romans africains (Chair noire, Journal d'un marin, Siestes d'Afrique, Martyrs lointains), 1893-1900.

Vignon (L.). Les Colonies françaises, 1886.

Villault de Bellefonds. Remarques sur les costes d'Afrique, et notamment sur la Coste d'Or, pour justifier que les Français y ont été longtemps auparavant que les autres nations, 1666.

Villamur (Roger). Le Service de la justice dans les colonies de la Guinée française, de la Côte d'Ivoire et du Dahomey, *La Tribune des colonies et pays de protectorat*, 1897.

— Les Habitants de la Côte d'Ivoire, *Bulletin du Comité de l'Afrique française*, 1901.

— Notice historique sur l'organisation judiciaire de la Côte d'Ivoire, *La Tribune des colonies*, 1901.

— Instructions aux administrateurs et chefs de poste, en service à la Côte d'Ivoire, sur la police judiciaire, 1901.

— Les Attributions judiciaires des administrateurs coloniaux, 1902.

— Les Coutumes indigènes de la Côte d'Ivoire (en collaboration avec F.-J. Clozel), 1902.

Vitet. Histoire de la ville de Dieppe, s. d.

Vivien de Saint-Martin. Histoire de la géographie, 1876.

— Dictionnaire de géographie universelle, s. d.

Walknaër. Histoire des voyages en Afrique, 1849.

Zimmermann. Résultats des missions Blondiaux et Eysséric, *Annales de géographie*, 1899.

Note. — Les ouvrages et les travaux, de tout ordre, dont le lieu de l'apparition n'est pas mentionné dans cette bibliographie, ont vu le jour à Paris.

Autre remarque : cet index bibliographique ne prétend nullement être complet ; son but, plus modeste, est d'indiquer les principales publications intéressant les divers sujets traités ici.

TABLE DES MATIÈRES

Dédicace...   v

Préface de M. Binger......................................   vi

Avant-Propos..   ix

Chapitre Premier. — Données historiques. (M. Roger Villamur.)...   7

Chapitre II. — Limites géographiques, superficie et population. — Organisation politique, administrative, financière et judiciaire de la colonie. (M. Léon Richaud.)..   25

Chapitre III. — Le Pays. — Son aspect général. — Sa flore et sa faune. (M. Roger Villamur.).........   69

Chapitre IV. — Le Climat et l'Hygiène. (M. Roger Villamur.) 103

Chapitre V. — Les Habitants. — Européens et naturels. (M. Roger Villamur.) 131

Chapitre VI. — Les Coutumes indigènes. (M. Roger Villamur.) 161

    Section I. — Les Coutumes du groupe agni.. 170

    Section II. — Les Coutumes du groupe mandé ou islamique 192

    Section III. — Les Coutumes des peuplades des lagunes 214

    Section IV. — Les Coutumes des tribus de la côte occidentale 235

    Section V. — Conclusions générales 253

Chapitre VII. — Le Régime de la propriété. — Le domaine public et le domaine privé. (M. Léon Richaud.) 267

Chapitre VIII. — Le Régime des mines. (M. Roger Villamur.) 293

Chapitre IX. — Situation et avenir économiques du pays. — Les facteurs de son développement; les grands travaux. — Conclusions. (MM. Roger Villamur et Léon Richaud.) 314

APPENDICES :

I. — Arrangement franco-libérien du 8 décembre 1892 339

II. — Arrangement franco-britannique du 12 juillet 1893 342

III. — Convention franco-britannique du 14 juin 1898. 346

IV. — Rapport au Président de la République, suivi d'un décret, en date du 17 octobre 1899, portant réorganisation du gouvernement général de l'Afrique occidentale française 351

V. — Rapport au Président de la République, suivi d'un décret, en date du 1er octobre 1902, portant réorganisation du gouvernement général de l'Afrique occidentale française 357

VI. — Inhumation des restes mortels de MM. Eudes et Levoas à Dabou 366

VII. — Les Coutumes indigènes de la Côte d'Ivoire.. 371

VIII. — Décret du 12 février 1901 modifiant les limites nord de la Côte d'Ivoire 378

IX. — Décret du 4 mars 1903, portant réorganisation des Conseils d'administration de la Guinée, de la Côte d'Ivoire, du Dahomey et du Congo 381

Bibliographie 387

MACON, PROTAT FRÈRES, IMPRIMEURS

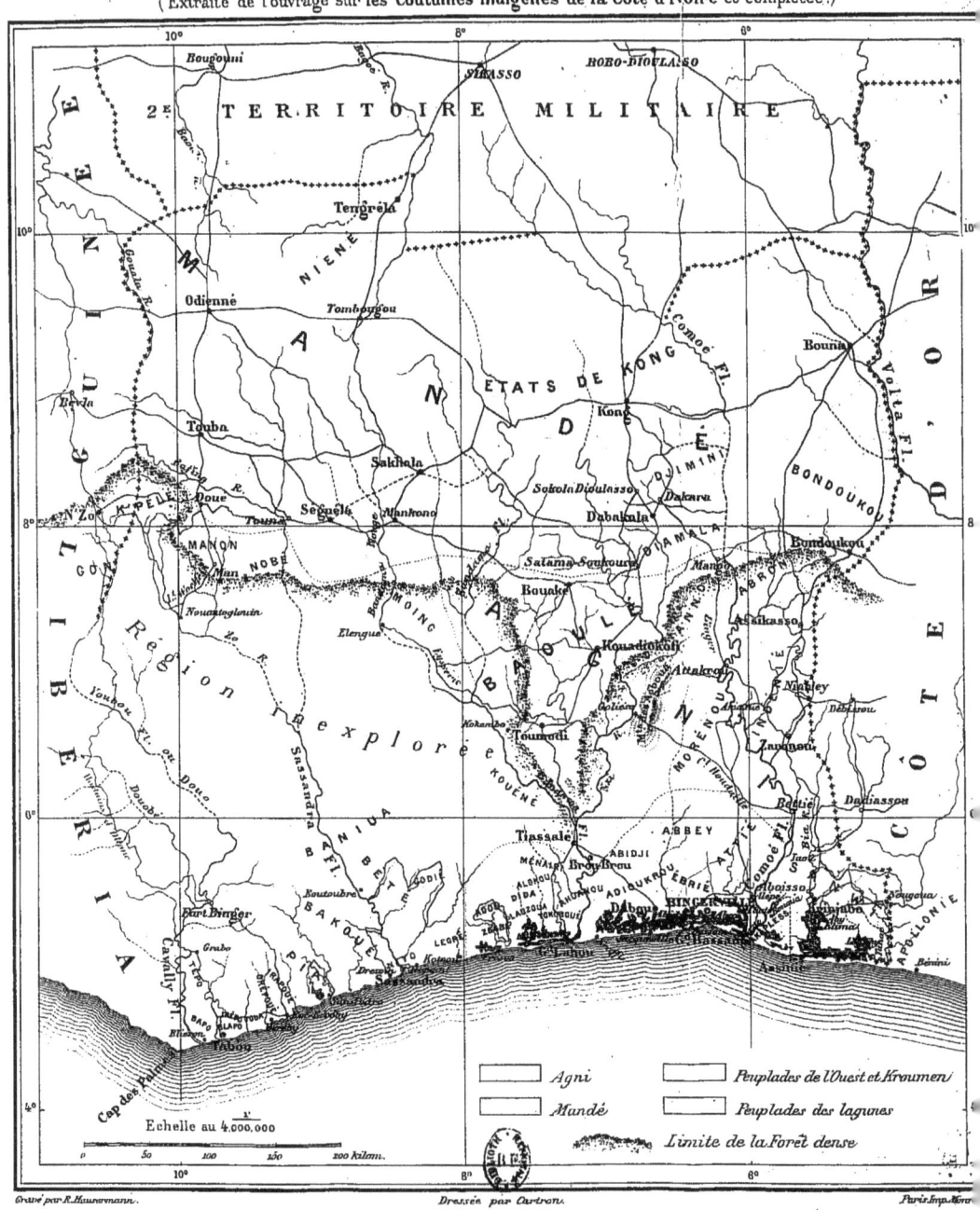

www.ingramcontent.com/pod-product-compliance
Lightning Source LLC
Chambersburg PA
CBHW060546230426
43670CB00011B/1712